辉煌中国 70 年

中国财政70年
70 YEARS OF CHINA'S PUBLIC FINANCE

◎高培勇 等／著

中国财经出版传媒集团
经济科学出版社
Economic Science Press

图书在版编目（CIP）数据

中国财政 70 年 / 高培勇等著 . —北京：经济科学出版社，2019.10（2020.9 月重印）

（辉煌中国 70 年）

ISBN 978 - 7 - 5218 - 1041 - 7

Ⅰ . ①中… Ⅱ . ①高… Ⅲ . ①财政史 - 研究 - 中国 - 1949 - 2019 Ⅳ . ①F812.97

中国版本图书馆 CIP 数据核字（2019）第 225381 号

责任编辑：孙丽丽　胡蔚婷
责任校对：蒋子明
技术编辑：李　鹏　范　艳

中国财政 70 年

高培勇　等 / 著

经济科学出版社出版、发行　新华书店经销
社址：北京市海淀区阜成路甲 28 号　邮编：100142
总编部电话：010 - 88191217　发行部电话：010 - 88191540
网址：www.esp.com.cn
电子邮箱：esp@esp.com.cn
天猫网店：经济科学出版社旗舰店
网址：http://jjkxcbs.tmall.com
北京季蜂印刷有限公司印装
787×1092　16 开　23 印张　350000 字
2019 年 10 月第 1 版　2020 年 9 月第 2 次印刷
ISBN 978 - 7 - 5218 - 1041 - 7　定价：88.00 元
（图书出现印装问题，本社负责调换。电话：010 - 88191510）
（版权所有　侵权必究　打击盗版　举报热线：010 - 88191661
QQ：2242791300　营销中心电话：010 - 88191537
电子邮箱：dbts@esp.com.cn）

辉煌中国70年
编 委 会

编委会主任：蔡　昉
编委会成员：高培勇　金　碚　金维刚　王国刚
　　　　　　魏后凯　张车伟　张燕生

总　序

新中国70年经济发展历程和启示

蔡　昉

习近平总书记指出，"无论我们走得多远，都不能忘记来时的路"，"历史是最好的教科书"。回顾和理解中华人民共和国的经济建设和发展的光辉历程、伟大成就和宝贵经验，应该把新中国成立70年、改革开放40年和党的十八大以来三个重要历史时期凸显出来进行考察，弄清楚前后承继创新的有机联系和发展逻辑。

在实现宏伟目标的过程中，通过把握历史发展大势，不断总结经验教训和修正错误，抓住历史变革时机，党领导人民团结奋斗，经过了70年光辉历程，创造了人类历史罕见的发展奇迹，积累了有益的经验并上升为中国智慧，产生了与中国日益提高的国际地位相匹配的世界意义。中国智慧和中国方案不仅对于我们自身进一步前行弥足珍贵，也是对人类社会发展规律探索的中国贡献。

孔子在谈到人的70岁年龄时说：七十而从心所欲，不逾矩。将其用来形容中华人民共和国70年走过的经济发展道路和取得的辉煌成就，可以进行一个引申性的解读，即经过长期的探索我们加深了对一般发展规律的认识，也形成了中国特色社会主义的道路、理论、制度、文化，更坚定树立了"四个自信"。

一、经济发展历程

中华人民共和国成立以来,中国由新民主主义走向社会主义,确立了社会主义基本制度,开创和拓展了中国特色社会主义道路,把社会主义理想在中国大地变为现实,为中华民族实现伟大复兴提供了重要的制度保障。党的十一届三中全会具有深远的转折意义,开启了改革开放和社会主义现代化的伟大征程。党的十八大以来,中国特色社会主义进入新时代,近代以来久经磨难的中华民族迎来了从站起来、富起来到强起来的伟大飞跃,中国特色社会主义迎来了从创立、发展到完善的伟大飞跃。

中华人民共和国成立后,中国共产党领导实施了土地改革,使农业经济摆脱封建土地制度的束缚,近3亿无地少地的农民分到了7亿亩土地和大量的农具、牲畜和房屋等,免除了每年向地主缴纳约350亿千克粮食的地租;完成了对农业、手工业和资本主义工商业三个行业的社会主义改造,奠定了社会主义工业化基础。

在新中国成立后的前30年中取得历史性发展成绩的同时,也犯了急于求成和"左"的错误,使国家发展遭遇了严重的挫折。特别是在经济建设中,忽视客观经济规律的作用,以集中计划代替市场机制,导致在微观层面生产和劳动的激励机制缺失,在宏观层面资源配置效率低下,国民经济结构失衡以及积累与消费比例失调等弊端。特别是在"文化大革命"期间,党的工作重心远离了经济建设。到了"文化大革命"后期,我国的国民经济濒临崩溃的边缘,人民温饱都成问题,国家建设百业待兴。

正视前30年计划经济的体制弊端和经济建设中的错误和挫折,中国共产党勇于拿起手术刀革除自身病症,靠自己解决自身的问题。党的十一届三中全会重新确立了解放思想、实事求是的思想路线,把全党的工作重心转向经济建设,从此中国进入改革开放这个崭新的时期。习近平总书记指出:"改革开放是我们党的一次伟大觉醒,正是这个伟大觉醒孕育了我们党从理论到实践的伟大创造。"改革开放就是革除病症,消除一切阻碍提高社会生产力、增强国家综合实力和改善人民生活水平的体制障碍与弊端。

首先,以从计划经济向社会主义市场经济体制转变为取向不断推进经济体制改革。从实行家庭联产承包制、废除人民公社到农村承包地"三权"分置；从提高农产品价格、取消农业税到打赢脱贫攻坚战；从促进乡镇企业发展到实施乡村振兴战略；从对国有企业放权让利、发展非公有制经济、建立现代企业制度，到深化国资国企改革、发展混合所有制经济，坚持"两个毫不动摇"；通过双轨制过渡的方式推动价格形成机制改革，发育产品市场和要素市场，到使市场在资源配置中起决定性作用和更好发挥政府作用。

其次，不断扩大全方位对外开放，日益走近世界舞台中央。从兴办经济特区、沿海、沿边、沿江、沿线和内陆中心城市对外开放，到加入世界贸易组织；从扩大对外商品贸易到引进外商投资；从"引进来"到"走出去"；从以资源比较优势参与全球分工体系，到国内国际联动开放发展；从共建"一带一路"、设立自由贸易试验区，到谋划中国特色自由贸易港；从多边贸易体制的积极参与者、坚定维护者，到经济全球化的积极推动力量和国际经贸规则改革负责任的参与方。

最后，从以经济体制改革为主转向全面深化经济、政治、文化、社会、生态文明体制和党的建设制度改革。特别是党的十八大以来，一系列重大改革扎实推进。按照党的十九大确定的路线图和时间表，在庆祝中华人民共和国成立70周年之后，2020年我们将全面建成小康社会、实现第一个百年奋斗目标，随后就要乘势而上开启全面建设社会主义现代化国家的新征程，向第二个百年奋斗目标进军。可见，中国正处在"两个一百年"奋斗目标相交汇的历史时点上，面对着实现中华民族伟大复兴中国梦的千载难逢机遇。

二、奇迹般的成就

1949年新中国成立，结束了半殖民地半封建社会的历史，中国人民从此站了起来，从此不断创造伟大的成就。在前30年即1949~1979年期间取得的成就为改革开放时期的发展奠定了不可低估的物质基础。

首先，结束了旧中国战乱频仍的灾难，国民经济迅速得到恢复和发展，人民开始安居乐业，生活状况得到极大的改变。随着死亡率大幅度下降，人口转变从高出生率、高死亡率和低自然增长率的第一阶段，进入高出生率、低死亡率和高自然增长率的第二阶段，成为改革开放以后向低出生率、低死亡率和低自然增长率转变的一个必经阶段。这一时期，健康事业和教育事业得到大的发展，积累了经济发展必要的人力资本，为改革开放后经济高速增长时期收获人口红利，创造了必要的条件。

其次，提出了中国建设社会主义现代化的宏伟目标。在新中国成立前后和20世纪50年代，毛泽东主席就多次提出建设现代化问题。例如，1957年毛泽东在党的八届三中全会上提出，将我国建设成为一个具有现代工业、现代农业和现代科学文化的社会主义国家。后来他在现代化内容中又加上了现代国防。根据毛泽东建议，周恩来总理分别在1964年第三届全国人民代表大会第一次会议和1975年第四届全国人民代表大会第一次会议上正式提出了"四个现代化"（1975年表述）："全面实现农业、工业、国防和科学技术的现代化。"

第三，建立起独立的比较完整的工业体系和国民经济体系。虽然新中国成立之前已经存在一定比重的工业经济，但真正意义上的工业化是从第一个五年计划时期开始的，并取得了明显的成效。1953年，全国83.1%的劳动力从事农业生产，工业就业比重仅占8.0%，工业增加值占国内生产总值（GDP）比重仅为17.6%。"一五"期间，工业总产值实际增长了81.0%，工业增加值占GDP比重在"一五"结束时增加到23.2%，提高了5.6个百分点。直到改革开放前，我国工业化水平不断提高，工业增加值占GDP比重在1978年达到44.1%。

最后，结束了长期以来经济停滞落后的状况，实现了较快的经济增长。自鸦片战争以后，中国GDP增长率长期处于徘徊不前的状态，经济总量占世界的比重和人均GDP与世界平均水平的比率都一路下降。到中华人民共和国成立之前这两个指标都降到了谷底。根据国际数据进行比较，1913~1950年期间，GDP年均增长率的世界平均水平为1.82%，而中国为-0.02%，也就是说中国经济增长处于停滞状态。由于人口的较快增长，这期间中国的人均GDP反而大幅度下降了20.5%。

新中国经济建设开始以后，这种状况得到根本的改变。1952~1978年期间，中国GDP的年均实际增长率为4.4%，略快于当时被定义为高收入国家的增长速度（4.3%），但是，仍然低于世界平均水平（4.6%）。正是在这个时期，世界上很多国家和地区，特别是日本和亚洲"四小龙"迅速发展，实现了对发达国家的赶超。也就是说，这个时期中国经济和人民生活水平，从纵向比较来看发生了天翻地覆的变化；然而，如果进行横向的比较，仍然落后于世界的发展。

实行高度集中的计划经济体制，造成了劳动和生产积极性不足、资源配置效率低下、经济结构失调等诸多弊端。特别是一系列政治运动干扰了经济建设的正常进行，使得在新中国成立后的前30年里中国经济落后于世界的发展潮流，未能实现对发达国家的赶超，仍然是一个贫穷落后的国家。这一时期的"大跃进"和"文化大革命"对国民经济造成巨大的损害，最终使这一时期人民生活水平的改善甚微。到改革开放前夜的1978年，全国农村有约2.5亿人口未能解决温饱问题，人均年收入不到100元。按照世界银行确定的标准，按照不变价购买力计算，每人每天收入低于1.9美元就意味着处于绝对贫困状态。据此，1981年中国有高达8.8亿绝对贫困人口。

从1978年开始，经济体制改革率先从农村起步，通过调动劳动和生产的积极性显著增加了农产品产量和农民收入，降低了贫困发生率；随后改革推进到城市部门，通过价格改革和发育市场、搞活国有企业和发展非公有制经济，加快了经济增长速度；与此同时，对外开放以多种方式渐进地得到推进。上述改革开放措施，针对了计划经济体制弊端，从改善微观激励机制入手，进而赋予企业和农户自主配置生产要素的权利，在不断消除阻碍资金、劳动力等生产要素流动的体制障碍的条件下，资源重新配置带来效率的改进，也通过引进外资、发展外向型经济和扩大贸易，把资源比较优势转化为国际竞争力。

1978~2018年期间，中国的GDP年平均实际增长率高达9.4%，是同期世界上最快的增长速度。而在世界经济发展的其他历史时期，也未见在如此长的时间里以如此快的速度增长的先例。史无前例的高速增长，使中国的经济发展水平在40年中实现了奇迹般的赶超。根据世界银行数据，从人均GDP来看，1978年中国属于典型的低收入国家。随着改革时期高速增长的持续，中国于1993年跨入中等偏下收入国家行列，继而在2009年跨入中等偏上收入国家行列，并同时在经济总量上超过日本成为世界第二大经济体。2018年，中国现价人均GDP达到9771美元，距离高收入国家的门槛已经近在咫尺。

更为世人所瞩目的是中国减贫事业取得的成就。1981年生活在世界银行绝对贫困标准（按 2011 年购买力平价计算每天低于 1.91 美元）以下的全球人口共 18.9 亿人，其中中国贫困人口高达 8.8 亿人，占世界贫困人口的 46.4%。2015 年，全球贫困人口减少到 7.5 亿人，中国则只剩下 960 万人，仅占全球贫困人口的 1.3%。这期间，中国对世界减贫的直接贡献高达 76.2%。实际上，2015 年之后中国按照高于世界银行的标准继续实施农村脱贫攻坚战略，2018 年末，全国农村贫困人口仅剩 1660 万人，贫困发生率为 1.7%。

在新中国成立以来的 70 年中，中国社会生产力的提高、综合国力的增强和人民生活水平的改善，都显现出历史性跨越的特点，创造了人类发展历史上罕见的奇迹。英国古典经济学的先驱大卫·休谟在 1742 年的一篇文章中曾经预言，当艺术和科学的发展在一个国家达到至真至善之后，将不可避免地走向衰微，此后艺术和科学极少有可能甚至永远不会在同一国家得到复兴。

历史上，中华文明曾经达到过辉煌的高峰，科学技术也长期在世界上居于领先地位，然而，在西方国家纷纷跟进工业革命，加快科技和经济发展的同时，近代以来的中国发展却大大落后了。直到新中国成立以后特别是改革开放以来，中国的经济、社会和科技发展才再创辉煌。迄今为止中国在各个领域赶超与发展所创造的奇迹，已经打破了这个"休谟预言"，并且将继续打破这个预言。

三、弥足珍贵的经验

新中国发展和建设的探索历程、改革开放时期取得的经济奇迹，特别是党的十八大以来在"五位一体""四个全面"全面创造的新辉煌，表现出的是一幅波澜壮阔、气势磅礴的历史画卷。这里仅选择有限角度和一些侧面进行概括，从中观察这个过程所体现的中国智慧和中国方案。

第一，从国情出发进行建设和推进改革开放。中国以建立社会主义市场经济体制为改革取向，是根据自身国情进行的选择，而不是照抄照搬任何先验的发展模式。虽然改革开放也意味着学习和借鉴国际上先进的技术、管理和发展经验，我们在过去的改革开放过程中也的确从各种有益的国际发展经验中得到启发、获得助益，然而，我们从未原封不动地照抄照搬他国的模式和路径，而是服从于发展生产力、提高综合国力和改善民生的根本目的，坚持了渐进式改革方式，秉持了改革促进发展、发展维护稳定、边改革边分享的理念，因而走出了一条符合自身国情的独特改革开放发展分享之路。

第二，发展经济必须形成适用的体制机制，调动各方面的积极性。针对传统经济体制的弊端，改革首先从建立有效的激励机制出发，取得"点石成金"的效果。实行农村家庭联产承包制、价格形成机制改革、鼓励和发展非公有制经济、打破国有企业"大锅饭"、调整中央和地方财政事权和支出责任关系等一系列改革措施，都着眼于改善激励机制，从而立竿见影地取得了调动劳动积极性、增强经营活力、加快经济增长的效果，同时也使改革获得了最广泛的共识，得到社会各方面的拥护、支持和积极参与。

第三，坚持建立社会主义市场经济体制的改革方向。矫正计划经济体制下的资源配置低效率问题，围绕建立和完善产品市场和生产要素市场进行改革，不断消除妨碍资金、劳动力、土地和其他资源要素有效配置的体制障碍，促进了生产要素的积累、流动和重新配置，在使其得到有效利用的同时，提高了劳动生产率。

第四，坚持改革开放发展同步推进，国内经济发展与参与国际分工联动。中国的经济改革与对外开放是同时发生的。始于1979年建立经济特区，先后经历了沿海城市开放到全面开放过程；于1986年提出恢复关贸总协定缔约国地位的申请，到2001年加入世界贸易组织。贸易扩大、引进外资和沿海地区外向型经济发展，为转移劳动力提供了大量就业机会，引导产业结构转向符合资源比较优势，也为制造业产品赢得了国际竞争力。2018年，中国引进的外商直接投资净流入额占到全球的19.0%，出口货物和服务总额占世界的10.6%。

第五，坚持在发展中保障和改善民生，实现共享发展。世界发展经验和教训表明，经济增长、技术变迁和经济全球化，总体上无疑都具有做大"蛋糕"的作用，却并不能自动产生分好"蛋糕"的效果，即不存在所谓收入分配的"涓流效应"。中国经验表明，只有坚持以人民为中心的发展思想，通过体制机制建设和政策体系安排，才能解决好这个做大"蛋糕"和分好"蛋糕"的两难。

四、关于这套系列丛书

这里呈现给读者的"辉煌中国70年"书系共包括八部专著，分别从中国经济的整体、中国财政、中国金融、中国对外经济贸易、中国工业发展、中国农村发展、中国社会保障和中国人口发展等领域，回顾经济发展历程，展示改革开放辉煌成就，提炼世界意义和经验启示。每部著作力图以史实为基础，对中国70年经济建设和社会发展做出简明且全面的梳理，以编年史的手法将我国经济发展的历史经验讲清楚、讲透彻，并对未来做出展望。在习近平新时代中国特色社会主义经济思想的指导下，本丛书力争在总结中国经济发展智慧、提出解决人类发展问题的中国方案方面，从学术角度做出贡献。

本丛书所选择的八个方面，尚不能充分反映新中国经济发展70年的全貌。虽然作者和编者团队分别认真写作和编辑，付出了努力，但是，囿于我们的学识和能力，不足和遗漏之处也在所难免，敬请读者提出宝贵意见和建议。同时作者和编者也愿意承担必要的责任。

在丛书即将付梓之际，还有一些感谢的话要说。

丛书从2017年底开始策划到最终出版，历时近两年时间。期间召开了多次讨论会，就丛书的写作方式、内容安排做出了统一部署。丛书写作过程中，各位作者付出了大量的时间和心力，最终将这套丛书呈现在读者面前。

丛书的选题与出版得到了相关部门的关注与肯定。2018年7月，丛书被国家新闻出版总署列入"十三五"国家重点出版物出版规划项目；2019年，丛书入选中宣部2019年主题出版重点出版物项目。这些荣誉，既是对丛书选题和作者的肯定，也是对我们的鞭策与鼓励，让我们不敢懈怠。

丛书出版得到了中国财经出版传媒集团和经济科学出版社的大力支持。他们以出版人独到的眼光和敏锐的视角捕捉到了这一有意义的选题并以强大的执行力付诸实施，保证了丛书得以高质高效地展现给读者。

最后，当然还要感谢我们的读者，你们的关注和阅读一直是我们前进的动力。

2019年8月

前言

（一）

本书系经济科学出版社组织策划的"辉煌中国70年"书系之一。在我们看来，以财政作为一个重要线索，追溯中华人民共和国70年的辉煌历程并以此庆祝新中国成立70周年具有重要的意义。

这首先是因为"兵马未动，粮草先行"。财政收支本来就是政府所从事的所有活动的经济基础，它规定并支撑着政府活动的范围、方向和重点。财政收支到位之处，方为政府职能履行之地。论及中华人民共和国70年间所走出的轨迹，不能不涉及财政这一既极其特殊、又极端重要的发展脉络。

站在历史新的更高起点上，还可以看到，在共和国的历史上，财政角色和作用的特殊性和重要性并不限于上述这些。脱出财政属于经济范畴、财税体制属于经济体制组成部分的认识局限而放眼于党和国家事业全局，一个更为关键且颇具基础和支撑意义的发现，便会接踵而至：财政是国家治理的基础和重要支柱。

理由之一：在所有国家治理活动所涉及的政府职能中，只有财政职能可以覆盖所有的政府职能，只有财政职能部门的活动可以牵动所有政府职能部门的活动。它是一项最具综合意义的基本政府职能。

理由之二：在所有国家治理体系所涉及的制度安排中，只有财税体制的触角可以伸展至国家治理体系的枝枝蔓蔓。在所有国家治理活动所涉及的制度变革中，只有财税体制的调整能够相伴于国家治理活动的方方面面。它是一项最具基础意义的基本制度安排。

理由之三：在所有国家治理事务所涉及的利益关系中，只有财政关系可以承载并牵动公共事务线索上的各方面利益。在所有国家治理活动所涉及的利益关系调整中，只有财政活动能够触碰至所有社会组织和居民个人并连接政府系统内部各部门、各级次。它是一条最具"牛鼻子"意义的基本关系链条。

这即是说，财政不仅仅是一个经济范畴，而且是一个可以跨越经济、政治、文化、社会、生态文明等多个学科的国家治理范畴。财政也不仅仅是一般意义上的国家治理要素，而且是一个可以充当基础和重要支柱、发挥基础性和支撑性作用的国家治理要素。财政更不仅仅是政府的收支或政府的收支活动，而且是一个可以覆盖经济、政治、文化、社会、生态文明等所有领域的国家治理活动。

正因为如此，在70年间，财政所面临的问题之复杂，所承载的使命之沉重，所发生的变化之深刻，所取得的成果之显著，从一个层面折射了共和国既曲折又辉煌的发展历程。也正因为这样，从浩如烟海的史料中提炼和揭示出最直接、最核心、最实质的内容，从而准确而科学地再现共和国财政70年的历史，其意义自不待言。

（二）

那么，该如何将这样一个绝非轻松的工作落实到位？

写史，固然是一个选择。但是，单纯的写史，停留于史实的追溯和描述层面，对于实现上述的目标，显然不够充分。对于已经有了70年历史并进入新时代的共和国财政而言，更加重要的，是从史实入手，一步步地提炼和揭示其历史的轨迹、历史的经验和历史的规律。只有这样，才可能在具有历史穿透力的同时，为70年间的共和国财政理出一条比较清晰的线索。于是，我们决定，把本书的主攻方向定位于"三个基本"：基本轨迹、基本经验和基本规律。

基本轨迹、基本经验和基本规律的提炼和揭示，取舍实属难免。取什么？当然要取其主线索。舍什么？自然要舍那些与主线索不那么直接关联着的枝枝蔓蔓。问题是，这条主线是什么？在长达70年的共和国历史上，在不同时点、不同背景下发生于财政领域的事项，的确数不胜数，犬牙交错。本着透过现象看本质、抓大放小的思维，将这些事项一一梳理并加以鉴别，可以发现，不仅在传统的计划经济年代，而且在改革开放的新时期尤其是在进入中国特色社会主义新时代之后，举凡涉及经济社会全局的重大事项，几乎都同财政的改革与发展有关。也就是说，改革与发展一直是贯穿共和国财政的主题。于是，我们又决定，以财政改革与发展作为提炼和揭示共和国财政基本轨迹、基本经验和基本规律的主线。

（三）

循着上述的思路，70年间的共和国财政改革与发展历程，可以大致归为如下九个既彼此独立又互为关联的时期：

- 1949~1952年，即三年国民经济恢复时期。

这是共和国财政的奠基期。以1949年10月1日新中国宣告诞生为标志，新中国财政随之建立起来。在组建从中央到地方的财政管理机构并建立统一的财政制度的同时，面对当时饱经战火摧残、几乎处于崩溃边缘的国民经济，财政主要担负了两个方面的任务：筹集并支付巨额的军政费用，以消灭残余敌对势力、接受旧政权的人员和维持新政权的运转；治理通货膨胀和整顿生产生活秩序，尽快促进国民经济的恢复和发展，改善人民生活水平。在短短的3年时间内，通过推出统一财经工作、平衡财政收支、稳定物价等一系列政策措施，为国民经济的恢复、政权的巩固以及各方面的治理工作提供了有力的保证，从而实现了国民经济的全面恢复和国家财政状况的根本好转。

- 1953~1957年，即第一个五年计划时期。

这是共和国财政步入"二元"体制格局的起点。从1953年起，在国民经济全面恢复的基础上，以实施第一个五年计划为标志，新中国开始转入有计划的经济建设时期。根据党在过渡时期的总路线和总任务的要求，作为整个计划经济体制的核心组成部分，财政担负起了为工业化筹集资金和促进社会主义改造的双重任务。一方面，以筹集社会主义工业化建设资金为重点，通过改进和加强财政收支管理，开辟和扩大财源，增加资金积累，保证了"一五"计划的顺利完成。另一方面，伴随着对农业、手工业和资本主义工商业的社会主义改造进程，逐步建立了以对不同所有制和不同区域实施"区别对待"为主要特征的财政制度体系。并且，以此为契机，财政政策逐步演化成为政府手中的发展和壮大国有制经济、削弱乃至消灭私有制经济的重要手段。可以说，正是从这个时候起，在我国逐步形成了与"二元"经济社会体制相适应的"二元"财政制度格局。

- **1958~1965年，即"大跃进"和五年调整时期。**

这是适应计划经济体制的共和国财政制度的探索期。在"一五"各项指标和"三大改造"任务全面完成的背景下，从1958年起，中国开始实施第二个五年计划。并且，以此为标志，进入了全面建设社会主义的新时期。然而，由于"大跃进"的盲目发动，经济发展并未按照原定的"二五"计划轨道运行，而是出现了大起大落，从而不得不在1961年转入长达5年的国民经济调整期。受此影响并适应这样一种特殊的体制环境，这一时期的财政管理体制做了许多积极的探索。先是配合"大跃进"实施对地方和企业的放权，在一定程度上改变了"一五"时期的过度集权的体制格局。后来，又适应国民经济调整和应对经济困难的需要，适当收缩了一部分"大跃进"期间下放过多的财权，重新加强了财权、财力的集中统一。与此同时，伴随着经济建设回归适度规模的调整进程，财政收支规模也经历了由急剧膨胀到回归常态的变化。应当说，在进入全面建设社会主义新时期之后，围绕计划经济体制而在财政制度建设上进行的适应性调整以及其他方面财政工作的改进和加强，对于保证和推动国民经济全面调整的顺利进行和恢复与发展以及此后的财政自身建设，都积累下了宝贵的经验。

- **1966~1977年，即"文化大革命"时期。**

这是共和国财政工作的危局期和管理体制的频繁调整期。1966~1977年的"文化大革命"，在将整个经济社会生活带入混乱状态的同时，也使共和国的财政工作面临困局。不仅财政管理指挥体系大大削弱，财政管理思想陷于混乱，而且国家财经秩序也受到破坏。为应对由此而引致的不断增加的财政压力，财政管理体制的变动十分频繁。这种频繁变动，既集中反映了那一时期所累积的财政压力的不断加大，也凸显了扮演苦撑危局角色的共和国财政的特殊作用。因而，客观地看，这一时期的财政，在保证国家最低限度的经常性开支、支持经济建设和工农业生产、保持财政运行的相对稳态状况等方面，取得了一些明显的成就。同时，也为此后的经济体制改革埋下了深刻的动因。

- **1978～1993 年，即以"放权让利"为主调的改革时期。**

这是共和国财政走向市场化改革的起点。以 1978 年末召开的党的十一届三中全会为标志，中国跨入了改革开放的新时期。从分配领域入手的经济体制改革，最初确定的主调，便是"放权让利"。通过"放权让利"激发各方面的改革积极性，提高被传统经济体制几乎窒息掉了的国民经济活力。而在改革初期，政府能够且真正放出的"权"，主要是财政上的管理权。政府能够且真正让出的"利"，主要是财政在国民收入分配格局中的所占份额。这一整体改革思路与财政自身的改革任务——由下放财权和财力入手，打破或改变"财权集中过度、分配统收统支，税种过于单一"的传统体制格局——相对接，便有了一系列的旨在为整体改革"铺路搭桥"的改革举措。

- **1994～1997 年，即踏上"制度创新"之路的改革时期。**

这是共和国财税体制改革思路的重大转折点。以"放权让利"为主调的改革，并未从根本上撼动作为计划经济体制重要组成部分的传统财税体制，而且，以财政上的减收、增支为代价，也使财政收支运行自身陷入了不平衡的困难境地。如此的困难境况，很快让人们从改革最初成果的喜悦中冷静下来。意识到"放权让利"的改革不可持续，在这一思路上持续了十几年之久的财税体制改革自然要进行重大调整：由侧重于利益格局的调整转向新型体制的建立。恰好，1992 年 10 月党的十四大正式确立了社会主义市场经济体制的改革目标，1993 年 11 月召开的中共十四届三中全会又通过了《中共中央关于建立社会主义市场经济体制若干问题的决定》。于是，以建立适应社会主义市场经济的财税体制为着眼点，从 1994 年起，中国的财税体制改革踏上了制度创新之路。可以说，通过那次财税体制改革，为我们初步搭建起了适应社会主义市场经济体制的财税体制机制基本框架。

- **1998～2002 年，即构建公共财政体制框架时期。**

这是共和国财政回归公共轨道的里程碑。1994 年的财税体制改革，固然使中国财税体制走上了制度创新之路，但并没有解决问题的全部。因为，说到底，1994 年财税体制改革所覆盖的，还只是体制内的政府收支，游离于体制之外的政府收支，则没有进入视野。而且，1994 年财税体制改革所着眼的，也主要是以税制为代表的财政收入一翼的制度变革，至于另一翼——财政支出的调整,虽有牵涉,但并未作为重点同步进行。与此同时,既得利益的掣肘加之财政增收的动因,也在一定程度上束缚了改革的手脚,使得一些做法带有明显的过渡性或变通性色彩。随着1994年财税体制改革成果的逐步释放,蕴含在游离于体制之外的政府收支和财政支出一翼的各种矛盾,便日益充分地显露出来并演化为困扰国民收入分配和政府收支运行过程的"瓶颈"。于是,在20世纪90年代后期,以规范政府收支行为及其机制为主旨的"税费改革"以及财政支出管理制度的改革,先后进入中国财税体制改革的重心地带并由此将改革带上了财税体制回归公共性之路——构建公共财政体制框架。

- **2003~2012年,即进一步完善公共财政体制时期。**

这是共和国财政回归公共轨道后的体制完善期。正如社会主义市场经济体制要经历一个由构建到完善的跨越过程一样,伴随着以构建公共财政基本框架为核心的各项财税体制改革的稳步推进,财税体制改革也逐渐步入深水区而面临着进一步完善的任务。在时隔5年之后,2003年10月,中共十六届三中全会召开并通过了《中共中央关于完善社会主义市场经济体制若干问题的决定》(以下简称《决定》)。在那次会议上以及那份重要文献中,根据公共财政体制框架已经初步建立的判断,提出了进一步健全和完善公共财政体制的战略目标。认识到完善的公共财政体制是完善的社会主义市场经济体制的一个重要组成部分,将完善公共财政体制放入完善社会主义市场经济体制的棋盘,从而在两者的密切联系中谋划进一步推进公共财政建设的方案,也就成了题中应有之义。以此为契机,中国的财税体制改革又开始了旨在进一步完善公共财政体制的一系列操作。

- **2012年至今,即建立以财政现代化为方向的现代财政制度时期。**

这是共和国财政进入新时代之后的重大历史变革时期。随着中国特色社会主义进入新时代,社会主要矛盾由"人民日益增长的物质文化需要同落后的社会生产之间的矛盾"转化为"人民日益增长的美好生活需要与不平衡不充分的发展之间的矛盾",经济发展由高速增长阶段转向高质量发展阶段,改革开放由以经济体制改革为主到全面深化经济、政治、文化、社会、生态文明体制改革,财政被纳入现代国家治理总体布局并摆在基础和重要支柱位置。以此为转折点,财政不仅要作为政府的收支或政府的收支活动而发挥作用，而且要作为国家治理的基础和重要支柱而在国家治理的全过程和各领域发挥基础性和支撑性作用。于是，在初步站稳公共财政体制的基础上，聚焦于国家治理现代化的全面深化改革总目标，以建立与国家治理体系和治理能力现代化相匹配的现代财政制度为目标取向，中国财政开启了一系列适应新时代的历史性变革。

（四）

从为共和国财税奠基，到支撑社会主义工业化建设并初步形成"二元"的财税体制格局；从为建立适应计划经济体制的共和国财税体制而进行艰难的探索，到为顶住各方面的动荡压力而苦撑危局并频繁进行管理体制的调整；从主要着眼于为整体改革"铺路搭桥"而在财税上"放权让利"，到走上制度创新之路、旨在建立新型的财税体制机制；从回归公共轨道的公共财政基本框架的构建，到在此之后围绕完善公共财政体制和公共财政体系而推出一系列动作；从走入中国特色社会主义新时代，到以建立匹配国家治理现代化的现代财政制度为目标取向而开启一系列历史性变革，当我们大致把握了70年间共和国财政改革与发展的基本轨迹之后，本书的篇章结构也就可随之确定下来。

全书分为上、中、下三篇，共安排了十一章内容。

上篇包括第一至第四章，旨在考察前30年的共和国财政。

第一章讨论三年国民经济恢复时期的财政。这一章概括描述了新中国成立初期的财政奠基过程。由严峻的财政经济形势入手，分析国民经济恢复时期财经工作的任务和重心，揭示建立高度集中的财税体制的必要性并说明财税领域所实施的以统一财经工作、平衡财政收支、稳定金融物价为重点的一系列政策措施。在此基础上，指出了那一时期财政在推动实现国民经济的恢复和发展方面的重要作用，构成了这一章的基本线索。

第二章讨论第一个五年计划时期的财政。从重工业优先发展战略和"一五"计划的基本任务出发，先后讨论了为社会主义工业化筹资的财税制度选择、经济社会体制的"二元"化格局以及与此相适应的"二元"财税体制的形成、基于维持中央财政集中统一目的而进行的财税体制调整以及在超额完成"一五"计划过程中的财政作用等问题。

第三章讨论"大跃进"和五年调整时期的财政。这一章在全面建设社会主义的背景下，重点考察了适应计划经济体制的财税体制的探索过程。以行政性分权为核心而展开的改革中央计划经济体制的初次探索、"大跃进"期间的财税过度放权和由此带来的财政虚假问题、在反思"大跃进"基础上而进行的财税体制调整、国民经济调整过程中财政收支格局以及管理体制发生的重大转变等问题先后囊括进了这一章。

第四章讨论"文化大革命"时期的财税。以苦撑危局为主线，这一章从起伏不定的经济形势入手，全面描述了那一时期财政工作遭遇到的诸多困难。以此为背景，先后聚焦于逆境中推出的财政整顿措施和成效、基于支撑时局和综合平衡目的而进行的财政体制的频繁更易，以及改革大潮到来之前的全面整顿财政工作尝试。旨在说明，陷于"文化大革命"危局中的中国财政，在面临一系列前所未有压力的同时，事实上也孕育了改革的生机。

中篇包括第五章至第九章，旨在考察后40年的共和国财政。

第五章讨论改革初期发生在财税体制上的变化。在这一章中，财税体制被置于"放权让利"为主调的改革背景之下，详细描述了财税体制为"启动"经济体制改革而推出的若干举措以及所做出的"铺路搭桥"式的贡献。先后进入视野的有：旨在拉开整体经济改革序幕的财税"让利"举措、旨在调整中央与地方分配关系的"分灶吃饭"改革；旨在规范国家与企业分配关系的两步"利改税"、旨在推动改革开放进程的工商税制改革、旨在探索缓解财政困难之路的调整支出结构动作以及旨在打造财税体制基础的财会制度改革。

第六章讨论1994年的财税改革。重点在于说明，这是以制度创新为特点的、突破了以往"放权让利"思路束缚的根本性的变革。在这一次的财税改革中，中国财税体制及其运行机制发生的变化具有非同小可的特殊意义。它不仅为国家财政状况的根本好转打下了基础，而且，为我们搭起了社会主义市场经济体制条件下的财税体制基本框架。

第七章的讨论扩展至1998开始的以规范政府收支行为为主要着眼点的"税费改革"。并且，由此出发，先后讨论了作为宏观调控重要手段的财政政策取向的调整过程、为作为一个整体的财税体制改革勾画蓝图的1998年的全国财政工作会议、着眼于自身的各项预算管理制度改革、具有为公共财政建设添加驱动程序之效的加入世界贸易组织（WTO）进程以及为打造社会保障营盘而推出的"两条社会保障线"举措。意在说明，在1994年以后，中国财税体制的改革已经由收入一翼延伸至支出一翼，由专注于体制内收支扩展至体制外收支。并且，最终确立了财税体制改革的总体目标——构建公共财政基本框架。

第八章将讨论的视野聚焦于完善社会主义市场经济体制的宏观背景，以进一步完善公共财政体制和公共财政体系为线索，主要记录了我国在税制改革、财政支出方向调整、政府间财政体制改革以及财政管理体制改革等方面所取得的进步。这一章的重点在于说明，完善的社会主义市场经济体制与完善的公共财政体制相辅相成，血脉相连。将公共财政建设植根于完善的社会主义市场经济体制的土壤，在两者的密切联系中谋划公共财政建设的方案，是我们的一个当然选择。

第九章立足于中国特色社会主义进入新时代的历史背景，勾勒了新时代中国财政改革与发展"路线图"。以"建立匹配国家治理现代化的现代财政制度的新境界"为目标取向，重点讨论了新时代财政和财税体制改革的全新定位、财税体制改革与全面深化改革之间的关联、现代财政制度与公共财政体制之间的关联、建立现代财政制度的重大举措以及焦点、难点和重点等几个方面的问题。同时，以中国经济发展由高速增长阶段转入高质量发展阶段为宏观背景，揭示了作为宏观调控基本手段的积极财政政策发生的深刻变化。意在指出，新时代中国财政改革与发展应当也必须在继承和发展中走出一条大不相同于以往的新路子。

下篇包括第十章和第十一章。作为全书的结语，旨在对中国财政70年的演变历程以及未来取向做出概括性阐释。

第十章站在历史新的更高起点上，概括说明了70年中国财政改革与发展的基本轨迹、基本经验和基本规律。

第十一章在国家治理体系和治理能力现代化的语境下，系统梳理了新时代中国财税体制改革的理论逻辑。

（五）

本书是在许多前期研究成果的基础上、凝聚了众多学者的心血完成的。其中，最具有标志性意义的，系 2009 年由人民出版社出版的《共和国财税 60 年》。

《共和国财税 60 年》的写作组成员有（依执笔章节排序）：高培勇（中国社会科学院）、童光辉（浙江财经大学）、马珺（中国社会科学院财经战略研究院）、范建鏋（中国社会科学院经济研究所）、冯静（中国社会科学院财经战略研究院）、张斌（中国社会科学院财经战略研究院）、温来成（中央财经大学）、杨志勇（中国社会科学院财经战略研究院）、王法忠（财政部预算司）、汪德华（中国社会科学院财经战略研究院）、张德勇（中国社会科学院财经战略研究院）、夏杰长（中国社会科学院财经战略研究院）。

本书的写作组成员是（依执笔章节排序）：高培勇（中国社会科学院）、范建鏋（中国社会科学院经济研究所）、常旭（中国社会科学院经济研究所）。

（六）

以这样一本书来概括中华人民共和国财政所走过的 70 年改革与发展历程，很难做到周全，错漏在所难免。无论从哪个方面看，中华人民共和国财政 70 年的基本轨迹、基本经验和基本规律的提炼和揭示，都是一个十分庞大的课题。

这不禁让我们想起一个令人印象深刻的故事。1949 年 10 月 1 日当天，周恩来总理对参加开国大典的丁玲和夏衍说："你们得描写这个场面。"两位妙笔生花的文学家不约而同地回答："语言太不够，太无力了。"①

我们自知，迄今为止，本书所完成的工作，还只能算是一次探索。

我们诚恳地期待着来自广大读者的批评指正。

高培勇
2019 年 8 月

---

① 夏衍著，沈宁、沈旦华编：《岁月如水流去：夏衍日记》，中华书局 2016 年版，第 86 页。亦参见徐秀丽：《中国近代史研究 70 年（1949～2019）》，载于《经济社会史评论》2019 年第 2 期。

目 录
CONTENTS

上篇 / 1

第一章 大局初定：国民经济恢复时期的中国财政 …………… 3
- 第一节 新中国成立前夕严峻的财政经济形势 / 3
- 第二节 国民经济恢复时期财经工作的任务与重心 / 5
- 第三节 高度集中财政体制的建立与调整 / 11
- 第四节 从紧的财税政策与财政经济运行状况 / 20
- 第五节 小结 / 27

第二章 宏伟蓝图：为社会主义工业化奠基的财政 …………… 28
- 第一节 制度背景：重工业优先发展战略与"一五"计划的基本任务 / 29
- 第二节 制度选择：如何为工业化筹集巨资 / 33
- 第三节 任务的顺利完成：以高度集中的计划体制为前提 / 41
- 第四节 "一五"计划的超额完成：为社会主义工业化奠定坚实基础 / 51
- 第五节 小结 / 54

第三章 曲折中探索：全面建设社会主义时期的财税体制 … 56
- 第一节 行政性分权：改革中央计划经济体制的初次探索 / 56

第二节 "大跃进"过度放权与财政虚假问题 / 59

第三节 对"大跃进"的反思和财税体制调整 / 67

第四节 财政收支格局的重大转变 / 73

第五节 经济调整中的财政管理体制变迁 / 82

第六节 小结 / 88

第四章 危局与酝酿中的变局:"文化大革命"时期频繁调整的财税体制 ⋯⋯ 90

第一节 财政经济的混乱局面 / 91

第二节 逆境中的整顿与成就 / 97

第三节 苦撑时局:财政体制的频繁变更与改革 / 101

第四节 改革大潮来临前的变动 / 109

第五节 小结 / 115

中篇 / 117

第五章 放权让利:为整体改革"铺路搭桥" ⋯⋯ 119

第一节 放权让利:拉开整体经济改革序幕 / 119

第二节 "分灶吃饭":调整中央与地方分配关系 / 123

第三节 两步"利改税":规范国家与企业分配关系 / 129

第四节 工商税制改革:改革开放的重要推动器 / 134

第五节 调整支出结构:探索缓解财政困难之路 / 137

第六节 财会制度改革:打造财税体制的微观基础 / 142

第七节 小结 / 145

第六章 制度创新:1994年的财税改革 ⋯⋯ 150

第一节 走向市场经济:财税改革的基本背景 / 150

第二节 税收制度改革:旨在创造公平竞争环境 / 157

第三节 分税制财政体制建立:规范中央与地方分配关系 / 162

第四节　1994年财税体制改革的配套措施／174

第五节　小结／175

第七章　目标定位：构建公共财政框架 …………………… 177

第一节　规范政府收支行为：1998年开始的
"税费改革"／177

第二节　由"适度从紧"转向"积极"：财政政策担负
宏观调控"主角"／184

第三节　划时代的事件：1998年全国财政工作会议／188

第四节　着眼自身改革：预算管理制度改革迈出
关键步伐／196

第五节　加入世界贸易组织：为公共财政建设添加
"驱动程序"／199

第六节　"两条保障线"：打造社会保障的营盘／203

第七节　小结／208

第八章　深化改革：进一步完善公共财政体制 …………… 209

第一节　改革步入深水区：完善公共财政体制的
基本背景／209

第二节　积极—稳健—积极：财政政策经历重大转向
调整／212

第三节　宏观经济变换背景下的新一轮税制改革／220

第四节　财政支出结构调整：向"三农"和民生倾斜／227

第五节　政府间财政体制改革：推进基本公共服务
均等化／234

第六节　推进财政管理体制改革：走向预算国家／243

第七节　小结／250

第九章　走入新时代：中国财政迎来一系列历史性变革 …… 252

第一节　站在历史新的更高起点上／252

第二节　基于全新定位的新时代财税体制改革／256

第三节　现代财政制度与公共财政体制／259

第四节　从建立现代财政制度到加快建立现代财政制度／264

第五节　未来蓝图：财税体制改革与国家治理现代化／271

第六节　积极财政政策的深刻变化／275

第七节　小结／279

下篇　／　283

第十章　从传统向现代转型的中国财政70年 …………… 285

第一节　从计划经济体制中"突围"：改革开放前财政发展与演进逻辑（1949~1978年）／285

第二节　从生产建设财政到公共财政：改革开放以来的财政公共化进程（1978~2012年）／288

第三节　迈向现代财政制度：新时代国家治理现代化的内在要求（2012~2019年）／290

第四节　小结／292

第十一章　新时代中国财税体制改革的理论逻辑 ……………… 296

第一节　财政：由经济范畴到国家治理范畴／297

第二节　财税体制：由经济体制组成部分到国家治理体系组成部分／298

第三节　改革目标：由构建公共财政体制到建立现代财政制度／299

第四节　现代财政制度：由性质匹配到现代化匹配／301

第五节　财政职能：由经济视域到国家治理视域／302

第六节　小结／304

中国财政大事记（1949~2019年）／305

参考文献／327

大局初定：国民经济恢复时期的中国财政

1949年10月1日，中华人民共和国中央人民政府成立。中国历史翻开了新的一页。

从1949年10月到1952年底，根据党的七届二中全会决议和《中国人民政治协商会议共同纲领》，该时期的基本任务有二：其一，继续完成民主革命阶段所遗留下来的任务，建立新民主主义经济制度，并通过新民主主义阶段逐步过渡到社会主义社会；其二，迅速恢复国民经济，为有计划的经济建设打下坚实基础。

上述任务落实到财政经济领域，则具体体现在如下两个方面：其一，为了消灭残余敌对势力、接受旧政权的人员和维持新政权的运转，需要支付巨额的军政费用等开支；其二，治理通货膨胀和整顿生产生活秩序，尽快促进国民经济的恢复和发展，改善人民生活水平。

第一节 新中国成立前夕严峻的财政经济形势

一、百业凋敝的经济状况

旧中国的国民经济在帝国主义、封建主义和官僚主义的多重压迫之下，生产力水平非常落后，加上连年的战火，到1949年新中国成立之时，国民经济几乎处于崩溃的边缘。

（一）工农业生产遭到严重的破坏

据统计，1949年与抗战前的最高年份相比，农业产量下降了两成以上。其中粮食产量由2774亿斤减到2162亿斤，下降22.1%；棉花由1698万担减到889万担，降低48%。[①] 除了战火的摧残，1949年严重的水灾使百姓的生活雪上加霜，1.2亿亩土地受灾，造成4000万灾民，其中重灾区达8000万亩，急待救济的灾民有700万之多。

在城市，工业产量降低了一半，其中重工业约下降70%，轻工业下降30%。1949年10月，钢铁工业有7座平炉、22座小电炉，生产能力所剩无几；发电设备总数仅剩114.6万千瓦左右。全部工业固定资产仅剩124亿元。[②] 由于生产破坏，大量企业停工倒闭，城市失业人口高达400多万人，相当于1949年年末全国在职职工人数的一半。[③]

（二）交通运输能力严重破坏，城市物资匮乏

新中国成立之初，铁路有上万公里线路、3200多座桥梁和200座隧道遭到严重破坏。尽管抢修公路26284公里，但到1949年年底能通车的仍不到原有线路的80%。华北海轮被全部劫走，上海留下可航驶的只有14.5万吨，仅相当于原有吨位的16.1%。交通运输能力的破坏，严重影响了全国货物的周转量，1949年货物周转量只有229.6亿吨公里，仅相当于新中国成立前最高水平的42.7%。[④]

交通阻梗，致使城乡物资交流不畅，城市物资匮乏。以上海为例，人民政府在接管上海时，米只够半个月食用，燃煤只够5~7天，私营纱厂存棉只够一个月之用。再加上内外反动势力的封锁、破坏和捣乱，投机资本盛行，物价飞涨，人民生活困苦不堪。

---

① 柳随年、吴敢群主编：《中华人民共和国经济史简明教程》，高等教育出版社1988年版，第8页。
② 曾培炎主编：《中国投资建设五十年》，中国计划出版社1999年版，第1页。
③ 董辅礽主编：《中华人民共和国经济史》（上），经济科学出版社1999年版，第112页。
④ 柳随年、吴敢群主编：《中华人民共和国经济史简明教程》，高等教育出版社1988年版，第8页。

二、入不敷出的财政困境

（一）庞大的财政开支

为了消灭残余敌对势力，解放全中国，人民政府不得不支付规模庞大的军费开支，1949年的军费开支占财政收入的一半以上。1950年10月，中国人民志愿军抗美援朝，军费再次激增。

随着解放区的扩大，国家行政管理机构和行政人员也要相应地增加。同时，人民政府对于一切不愿抵抗的旧军队和旧人员，采取"包下来"的政策，给予生活上的保障，亦是一笔沉重的负担。到1950年3月，连同老解放区在内，全国共有近900万军政公教人员。

除了规模庞大的军政支出外，国家还需要拨付大量的粮食、物资去救济灾民和失业工人等没有生活来源的群体，并且开展必要的经济恢复工作，如抢修铁路、兴修水利设施等。

（二）财政收入增长缓慢

新中国成立前夕，解放区的工农业生产是一片繁荣的景象。然而解放区人民为了支援革命战争，解放全中国，已经是尽最大力量缴纳公粮，很难再有增税的空间。虽然新解放区的征粮征税工作在逐步开展，但是由于税源的破坏和经验不足，收得少而且慢，国家财政非常困难。

（三）财政收支脱节

征收上来的公粮和税收都掌握在各个大行政区、省、市、县人民政府手里，中央无法确实掌握，而军政费用等大规模支出又由中央来承担。中央财政严重入不敷出，只能通过发行货币来应急，致使币值大跌，再加上内外反动势力的封锁、破坏和捣乱，物资供应紧张，物价猛涨。

第二节　国民经济恢复时期财经工作的任务与重心

新中国成立伊始，国家曾计划用3~5年的时间来恢复国民经济，把军费从占1950年预算支出的43%削减至1953年的30%，剩余的70%用于经济建设、科教文卫和改善人民生活等方面。然而朝鲜战争的爆发，打破了原有的计划，财经工作的重心不得不从稳定市场和恢复国民经济转移到国防军事上来。所以，在整个国民经济恢复时期，财经工作大致可以分为两个阶段：第一阶段，从1949年10月~1950年10月，财经工作的任务和重心是"统一、调整"；第二阶段，从1950年10月~1952年年底，财经工作的任务和重心是"边抗、边稳、边建"。

一、第一阶段财经工作的任务和重心：统一与调整

陈云在1951年回顾上一年财政经济工作时指出："去年我们做了很多工作，只有两个重点，一是统一，二是调整。统一是统一财经管理，调整是调整工商业。统一财经之后，物价稳定了，但东西卖不出，后来调整工商业，才使工商业好转。6月以前是统一，6月以后是调整。只此两事，天下大定。"[①]

（一）统一全国财经工作

为了巩固新生政权，国家不得不在脆弱的经济基础上支付规模庞大的军政费用等支出。1949年全国财政收入为303亿斤粮食，支出则高达567亿斤粮食，赤字率为46.9%，"为了弥补赤字，暂时不能不依靠发行钞票。"[②] 1949年7月人民币发行总额为2800亿元，9月为8100亿元，10月底为11000亿元，11月达到16000亿元，发行增加近5倍，致使币值大跌，[③] 再加上内外反动势力的封锁、破坏和捣乱，物资供应紧张，物价猛涨。从1949年4月到1950年2月，其间共有四次物价大幅波动。

国家对此采取了有力的措施：一方面迅速集中财力物力，打击投机资本，紧缩银根，制止物价猛涨势头；另一方面开始着手统一全国的财经工作。统一财经工作主要从以下三个方面着手：

（1）统一全国财政收支管理，税收制度、财政收支程序、供给工资标准、行政人员编制及全国总预决算，均由中央人民政府财政部编制。

---

① 《陈云文选》（1949~1956），人民出版社1984年版，第138页。
② 同上，第34页。
③ 同上，第29页。

收入一翼：除地方附加公粮和批准的地方税外，全国各地所征收的公粮和税收均由中央政府统一调拨使用。公粮征收额（包括地方附加公粮征收额在内）、税则、税目、税率，统一由中央政府决定实施，地方政府不得增减变动。为了保证征税任务能够顺利完成，各大城市及各县人民政府必须委任最好的干部担任税务局长。

支出一翼：为了保证军队和地方政府的开支和恢复国民经济的必要投资，厉行节约原则，统一编制和供给标准，并严格执行预决算制度、审计会计制度和财政监察制度。

（2）统一全国物资管理，将所有重要物资纳入国家管理范围，如粮食、纱布、工业器材等，集中用于国家急需的方面。1950年3月，成立全国仓库物资清理调配委员会，进行清查仓库，所有物资均归财经委员会统一调度、合理使用。这样一来，国家可以根据市场的供求状况及时调节市场供应，平稳物价。

（3）统一全国现金管理。1950年3月，中央人民政府指定中国人民银行为国家现金调度的总机构。国家银行设立分支机构，代理国库。外汇牌价和外汇调度统一由人民银行管理，国营经济部门及各地机关申请外汇，统一由中央财经委员会审核。一切军政机关和公营企业的现金，除若干近期使用者之外，一律存入国家银行。国家银行应尽可能吸收公私存款。国家通过统一现金管理，达到减少货币流通量的效果。

在多项政策的合力之下，1950年3月以后，物价基本保持稳定。国家只用了短短几个月时间，使广大人民迅速摆脱了多年恶性通货膨胀的困扰。用事实证明了上海资本家嘲讽"共产党是军事一百分，政治八十分，财经零分"实属无稽之谈。

（二）调整工商业、调整税收负担

由于前期政策"刹车"过急，社会经济一时间发生"后仰"现象。从1950年4月开始，商品销售量大为减少，引发工厂停工，商店歇业，到了5月，全国失业人口总额高达110多万人。[1] 另外，由于经验不足，在公粮和税收的征管过程中存在着畸轻畸重和逃税漏税等现象。为此，国家

---

[1] 项怀诚主编：《中国财政通史》（当代卷），中国财政经济出版社2006年版，第10页。

从1950年6月对财经工作进行一系列的调整,到9月基本结束。

(1) 调整工商业。民族资本主义工商业界之所以出现困境,其根源在于,以通货膨胀和商业投机为主要内容的虚假购买力不复存在。为了使工商业界摆脱困境,国家通过调整公私关系、调整劳资关系、调整产销关系等措施,让私人工商业主获得正当利润,使之在国营经济的领导下为国民经济的恢复和发展服务,公私经济"各得其所"。

其一,调整公私关系。五种经济成分在国营经济的领导下,分工合作,各得其所。对于私营工业企业,国家根据需要,采取加工订货和产品收购,以及鼓励出口滞销产品等措施,使其能够维持生产和扩大再生产;对于私营商业企业,国家通过调整公私商业的经营范围和价格,使其有利可图,鼓励私商的积极性,从而促进商业畅通。另外,在金融和税收等方面,也给予私人工商业一定的照顾。

其二,调整劳资关系。在处理工人和资本家之间关系的问题上,必须确认工人阶级的民主权利,必须有利于生产的发展,劳资之间关系通过协商解决,如果协商不成,则由人民政府仲裁。根据这一原则,一方面责成资方改进经营,反对抽调资金,躺倒不干;另一方面要求工人努力提高劳动生产率,维持企业生产。

其三,调整产销关系。国家把私人工商业企业逐步纳入计划的调节范围,克服资本主义工商业在生产和经营中的无政府状态,力求产销平衡。

上述调整不仅对私人工商业克服困难,恢复生产和发展,活跃商品市场,起到了积极的作用,而且也为以后资本主义工商业的社会主义改造奠定了基础。

(2) 调整税收负担。国家在保证财政需要的前提下,适当减轻民负。(具体内容详见本章第三节"税收政策与税收管理体制")。

二、第二阶段财经工作的任务与重心:边抗、边稳、边建

抗美援朝时期财政经济工作方针是国防第一、稳定市场第二、其他各种带投资性支出第三,这也就是后来的"边抗、边稳、边建"原则。国家之所以确定这样的先后顺序,其目的,无非是财政收支要没有赤字或尽可

能少列赤字。

（一）迅速调整财政经济政策

随着中国人民志愿军进入朝鲜抗美援朝，军费开支骤增。为了贯彻中央的"边抗、边稳、边建"的方针，财政经济工作迅速做出一系列的调整：

（1）通过短期冻结贷款来控制货币流通量。自1950年10月，军费开支突然增加，社会上"重物轻币"的思潮重新开始蔓延，各机关、部队、团体纷纷大量提款，抢购所需物资。据当时的估计，11、12月间的军费约增加4亿元，如果再加上各机关、部队、团体的提款，现金缺口将会达到6～7亿元，处理不好，势必会引起金融危机。[①] 为此，于1950年11月5日起，国家决定冻结机关、部队、团体的存款，同时暂缓贷款收购农产品，冻结期为一个月，并将这笔存款全部抵作1951年的预算拨款。这样一来，国家就避免了因应付提款和财政赤字而大量发行货币，同时也不必向国营贸易部门索回贷款，并支持国营贸易部门尽快地恢复农产品收购，保障市场供应，从而抑制了物价的上涨。

（2）通过提高税率和加强征管来增加财政收入。国家曾于1950年下半年，一度减轻了人民的税收负担，然而，出于抗美援朝保家卫国的需要，国家不得不适度增加农业税和其他税收的负担。

农业税收。1951年6月，政务院规定老解放区（东北、内蒙古、华北、山东、陕北）仍然实行比例税制；新解放区尚未实行土改的地区实行累进税率，新解放区实行土改的地区则实行缓进的累进税率，最高累进税率为30%，最低为5%。地方附加最高不超过20%（原先规定为15%）。1951年7月，政务院决定追加农业税征收概算，比原概算增加10%。

其他收入。1951年10月，财政部规定酒和卷烟实行专卖。另外，开征契税，增加若干产品货物税和进口、出口税，在开征棉纱统销税的同时，还规定棉纱存货也要按照统销税税率来补交。

除了提高税率和开征新税种之外，国家还要求各级税务机关加大征管力度，努力收回偷、漏的税款。

---

① 项怀诚主编：《中国财政50年》，中国财政经济出版社1999年版，第86页。

采取上述措施后，1951年财政收入大幅增加，到1951年底，财政收入共计133.14亿元，比1950年增加1倍以上。

(3) 削减支出。在财政增收的同时，国家继续实行供给制和低薪制，削减军费以外其他支出，除了与战争有直接关系的军工投资、对增加财政收入和稳定市场有直接帮助的投资外，一律削减。即便是军费支出，也要通过严格审核，如何用、用多少、什么时候用等，一切都要做到有计划、有步骤地使用。

(4) 实行棉纱统购统销和扩大城乡物资交流两项措施并举。为了应对战争所带来的财政困难，及其对经济运行可能造成的冲击，国家采取了统购统销和扩大物资交流两项措施。

为了稳定市场，保障生活必需品的市场供给，国家于1951年1月4日实行对棉纱棉布的统购统销政策，在维持经济秩序的同时，还加强了国营贸易机构的实力。

为使农民负担得起新增的税收负担，必须在增加农民收入上想办法。当时农村正面临着大量农副产品滞销的问题，所以国家在完成土地改革的同时，积极组织物资交流，让农民把农副产品转变为货币，既可以充实农村税源，又可以增加农村对工业品的购买力，促进城市工业的发展。

(5) 建立国营企业经济核算制度。新中国成立初期，从解放区继承过来的国营企业大部分是军需工业，以保障军需供给为目的，不重视经济核算。政务院于1951年4月颁布了《关于1951年国营工业生产建设的决定》，把实行经济核算制作为加强工业经济管理、提高经营水平的基本原则。通过一系列的改革，国营企业为国家上缴了可观的利润。1950年，企业收入为8.69亿元，占财政收入的13.4%；1951年，企业收入达到30.45亿元，占财政收入的22.9%；到了1952年，企业收入增至57.27亿元，占财政收入比重上升至31.2%。[①]

(二) 开展增产节约运动和"三反""五反"运动

为了支援抗美援朝，加快恢复国民经济，中共中央于1951年10月提

[①] 财政部办公厅编：《中华人民共和国财政史料》（第二辑），中国财政经济出版社1983年版，第422页。

出"精兵简政,增产节约"的方针,在全国开展爱国增产节约运动。与此同时,针对国家干部队伍中的"三害"(贪污、浪费和官僚主义)和私营工商业中的"五毒"(行贿、偷税漏税、盗骗国家财产、偷工减料、窃取国家经济情报)问题,展开了"三反""五反"运动。这些运动,对于减少国家财政流失和增加财政收入有着非常重要的意义。

就爱国增产节约运动而言,据中央人民政府财政经济委员会统计,1952年全年增产节约总值为31778.9万元(以新币计价),其中增产11660.8万元,使国家获利2195万元(此数不包含中南地区和内蒙古);降低生产成本约13712万元,节约流动资金6406万元。[①]

就"三反""五反"运动而言,在财政领域,该运动有力地打击了各类违法犯罪分子偷税漏税、盗窃国家财产等危害国家财政利益的行为,减少了国家的财政流失。1952年财政收入达到183.72亿元,比上年增加39.2%,财政支出为172.07亿元,较上年增加41.0%,当年财政盈余1.87亿元,[②]这与"三反""五反"运动和爱国增产节约的深入开展是分不开的。

第三节 高度集中财政体制的建立与调整

随着解放战争的推进,财政经济工作也逐渐开始统一。首先是货币的统一,除东北外,人民币已经成为统一的货币;其次是税政统一,以及国营企业的生产计划、原料来源、产品推销,外销物资的采购、外汇使用的分配,内地贸易物资的调拨、物价管理等方面都已经实现统一。但就全局而言,财政经济工作仍然处于分散的状态。尤其是财政收支不平衡和收支管理机关的脱节,严重影响着新生政权的巩固和国民经济的恢复。

在仔细分析了统一全国财经工作的必要性和可能性之后,中央政府于1950年3月3日通过《关于统一国家财政经济工作的决定》,建立了"高

---

① 中国社会科学院、中央档案馆编:《1949~1952中华人民共和国经济档案资料选编·工业卷》,中国物资出版社1996年版,第652页。

② 赵梦涵:《新中国财政税收史纲(1927~2001)》,经济科学出版社2002年版,第112页。

度集中、统收统支"的财税体制。主要包括预算管理体制、税收管理体制、国有企业财务管理体制等方面内容。这一"高度集中、统收统支"的财税体制，在实现财政收支平衡和恢复国民经济方面发挥积极作用的同时，亦存在着统得过死的弊病，地方财政困难逐步显现。在国民经济已经有了逐步好转的前提之下，中央政府于1951年着手财税体制改革，决定实行"统一领导、分级管理"的财税体制。

一、预算政策与预算管理体制

（一）高度集中、统收统支的预算管理体制

根据《中国人民政治协商会议共同纲领》第四十条中"建立国家预决算制度，划分中央和地方的财政范围，逐步实现平衡财政收支，积累国家生产资金"的规定，着手编制1950年的预算草案（当时名为"概算"）。中央人民政府于1949年12月2日批准财政部部长薄一波所做的《关于1950年财政收支概算草案编成的报告》，并于12月27日下发《关于1949年财政决算及1950年预算编制的指示》。

由于当时全国财政经济工作尚未统一，概算草案中支出的大部分由中央人民政府承担，并且只能依靠增发货币，而公粮和税收则大部分由各省、区、市、县人民政府管理，财政收支不平衡和收支管理机关脱节的情形严重影响着国民经济的恢复工作。针对上述情况，政务院在《关于统一国家财政经济工作的决定》的基础上，于1950年3月24日通过《关于统一管理1950年度财政收支的决定》，规定不仅财政管理权限集中在中央，如税收制度、财政收支程序、供给工资标准、行政人员编制及全国总预决算，均由中央人民政府财政部编制；财力也必须集中到中央，各项财政收支，除经中央批准的地方附加外，全部由中央政府调拨使用。

高度集中、统收统支的预算管理体制，对于国家迅速集中财力，平衡财政收支起到了积极的作用。1950年第一季度，各大行政区上解中央的数字为全年上解数的7.9%，中央补助地方的数字则为全年补助数的43%，财政收支情势紧张；到了第二季度，各大行政区上解中央的数字为全年上解数的39.9%，中央补助地方的数字下降为全年补助数的14.7%；全年财

政收入比原概算超收31.7%，财政赤字率也由原概算估计的18.7%下降为4.4%。①

相比之下，地方财力的机动性很小，②主要有县人民政府征收的5%~15%的公粮附加、城市开征的城市附加和政教事业费，而这些机动财力无法满足地方财政的需要，地方财政的困难日益突显。

(二) 统一领导、分级管理的预算管理体制

随着国民经济形势趋于稳定，统收统支的财政管理体制逐渐暴露出许多弊病。这并不意味着统收统支体制是错误的，而是在国家财政逐步好转的前提下，需要重点解决地方财政困难的问题。1951年3月29日，政务院在《关于1951年度财政收支系统划分决定》中正式提出："国家财政的收支系统，采取统一领导分级负责的方针。"其主要内容包括：

（1）实行三级财政体制。全国财政收支分为中央、大区和省三级，大区和省级财政统称为地方财政。由中央就指定的收入及核准的各区预算，划一部分为大区的收支；大区根据中央划分的收支，按所属各省（市）具体情况，划分大区与省（市）的收支，并报中央财政经济委员会备案。专署和县（市）财政列入省财政内；县（市）所属乡村财政，单独编制预算，不列入省预算内。

（2）划分中央和地方的财政收支范围。在收入一翼，中央财政收入包括：农业税（其中超收部分的50%归地方，来调动地方的积极性）、关税、盐税、中央企业收入、国家银行收入、内外债收入。地方财政收入包括：屠宰税、契税、房地产税、特种消费行为税、使用牌照税、地方企业收入等。中央和地方比例留成的收入包括：货物税、工商税、印花税、交易税。

在支出一翼，中央财政支出包括：国防费、外交费。经济建设投资及

---

① 吴承明、董志凯主编：《中华人民共和国经济史》（第一卷），中国财政经济出版社2001年版，第350页。

② 在建立统收统支的财政体制之时，国家就已经充分考虑到地方财力机动性太小的问题。《人民日报》在1950年3月10日的社论中指出："目前国家的财政收支非但不富裕，而且有赤字，可以机动使用的现金物资本来就很少。这微小的机动力量，如果不放在中央人民政府手里，而分散给全国各级地方政府，其后果必然是把这微小的机动力量，丧失无余。这正像作战一样，把机动兵力分散了，不是大吃败仗，就是难获全胜。允许层层级级机动，必然是全局不机动，大家不机动。"

事业费主要按隶属关系划分中央和地方支出范围。文教卫生、社会救济、行政管理费等按照管理系统来划分中央和地方支出范围。地方财政收支每年由中央核定一次，编入本年预算。如果上年结余超过预算数字，超额留下一部分给地方；如果没有完成预算数字，则由中央补助。

（3）整顿城市地方财政。1951年3月，政务院发布《关于进一步整理城市地方财政的决定》，把原先以农村为中心的财政转变为以城市为中心的财政，把供给型财政转变为建设型财政。文件指出："城市地方某些必需的开支，应当予以保证，但因国家财力有限，不可能补助地方，必须争取自给。平衡城市地方财政收支的原则，应当根据地方必须举办的事业与人民负担能力，努力组织收入，保证必要支出，反对铺张浪费。"① 在这一《决定》指示下，各大城市积极举办一些轻工业和市营企业，增加地方财政收入，而不再仅限于地方附加税来满足地方财政开支。到1952年年底，地方预算外资金达到12.53亿元，其中主要是市营企业的收入。②

与统收统支的预算管理体制相比较，由收支两条线改为收支挂钩，地方有了自己的收支范围，对调动地方征税的积极性有一定的激励效应。但总体而言，绝大部分财政资金仍集中于中央，地方的财权和财力依然很小。

二、税收政策与税收管理体制

在解放战争中，由于时间紧迫，国家还没来得及在新解放区建立起较为完整的征税制度和充足的人员配备，只能是在废除苛捐杂税的基础上，暂时沿用旧税法，接管旧机构，任用旧人员，而老解放区则仍然延续各个革命根据地自己单独制定的税收制度。这势必造成新老解放区之间税制不统一和城乡税负不平衡等诸多问题，与新中国统一之后的形势是极不适应的。

---

① 《政务院关于进一步整理城市地方财政的决定》，引自财政部综合计划司编：《中华人民共和国财政史料》（第一辑），中国财政经济出版社1982年版，第53页。

② 项怀诚主编：《中国财政通史》（当代卷），中国财政经济出版社2006年版，第18页。

（一）统一全国税政

1949年11月24日~12月9日，新中国首届税务工作会议在北京召开，草拟了《全国税政实施要则》。1950年1月30日，政务院正式颁布《全国税政实施要则》，其立法精神在于：依据合理负担原则，适当地平衡城乡负担；迅速整理各地的税收制度，尽快建立统一税制。

（1）税收立法权限。凡属全国性的税收条例法令，统一由中央人民政府政务院制定并颁布实施，各地不得自行修改和变动。凡属全国性的各种税收条例的实施细则，由中央税务机关统一制定，经财政部批准施行。各大区税务管理局根据中央颁布的税法原则精神，制定征收办法，报大区财政部批准施行。

凡属地方性税收立法，属县范围者，报省人民政府转报大区人民政府或军政委员会核准，并报中央备案；凡属省（市）范围者，报大区人民政府或军政委员会转报中央核准。

（2）税制结构。国家根据五种经济成分并存、私营工商业大量存在的情况，按照"公私兼顾，劳资两利，城乡互助，内外交流"的原则，决定实行多税种多次征的复合税制。除农业税外，共设计了14个税种，即货物税、工商业税、盐税、关税、薪给报酬所得税、存款利息所得税、印花税、遗产税、交易税、屠宰税、房产税、地产税、特种消费行为税、使用牌照税等。

城市的主体税种有三个：货物税、工商业税和所得税，其中货物税和工商业税是以产品和行业的不同设计税率，所得税是以所得收入为准，税率的设计与产品和行业无关。

（3）公私企业一律纳税。公私企业适用同一套税制，但是在征管过程中实行"区别对待，繁简不同"的办法，对带有社会主义性质的国营企业和合作社采取鼓励扶持的态度，对资本主义工商业，则体现国家利用和限制并重的政策。

（4）税收管理体制。全国各级税务机关接受上级局和同级政府的双重领导，税务局长须参加同级政府的政务会议。

（二）新税制的调整和完善

从1950年6月起，国家出台一系列政策来调整工商业，其中包括税制的调整，然而税制调整所涉及的范围不仅限于工商税制，还包括农业税和盐税等。调整税收的原则是：巩固财政收支平衡、照顾生产的恢复和发展，即在保证国家财政需要的前提下，适当减轻民负。

在工商税制方面：（1）减少税种和税目，将《全国税政实施要则》规定的地产税和房产税合为一个税种，暂不开征薪给报酬所得税和遗产税，税种减至11种；（2）货物税的税目由1136种减为358种，印花税税目从30个改为25个；（3）降低税率，多数税种的税率调低，个别调高；（4）区别不同情况，简化纳税办法和手续。

在农业税制方面：（1）只向农业正产物征税，对农村副业和牲畜免税；正税负担率从原来的平均17%下降至13%；（2）以常年应产量为征收标准，超过应产量部分不加税；（3）区别不同的阶层，规定不同的税率，依律征收；（4）规定农村交易税只适用于有牙纪市场的地方，凡是不经过市场交易直接成交的，一律不征收交易税。农民销售家庭手工业品和农副产品，一律不征收行商税（即临时商业税）。

上述措施的出台，减轻了民众的税收负担，私人工商业产销两旺，承担税负的能力明显增强。以当时全国十大城市私营工商业税收收入的增长情况为例，1950年第三季度和第四季度分别比当年第一季度增加了90%和80%，① 税制调整带来的积极效果可见一斑。

到了1951年，国民经济得到迅速的恢复和发展。税收不仅肩负着保证收支平衡、积累建设资金的繁重任务，而且在利用、限制和改造资本主义方面也要发挥重要作用。这就要求从制度建设、组织建设和加强征管等方面，进一步加强税收工作。为此，国家从1950年年底开始，颁布了一系列修订后有关工商各税的税法条例和征收办法。1952年对《新解放区农业税暂行条例》做了修订和改进，并同时颁布《受灾农户农业税减免办法》。

简而言之，新中国通过统一税政，建立新税制，并在实践中不断加以调整和完善，确立了一套适应新形势下国民经济发展需要的税收制度。

---

① 柳随年、吴敢群主编：《中国社会主义经济史简明教程》，高等教育出版社1988年版，第37页。

三、国营企业财务管理体制

新中国成立之后,国家通过没收官僚资本、继承解放区公营经济以及其他途径,建立了能够控制国家经济命脉的国有经济,由中央和地方政府直接经营,称为国营经济。[①]

国家所有、国家经营是计划经济时期国营企业的基本特征,国家以行政指令的方式,将国营企业置于其直接管理之下。国家掌握着国营企业领导的任免权,决定着企业的投资和发展,包括企业的生产经营范围、工资分配等政策。国营企业的经营利润和固定资产折旧基金都必须上缴政府,由政府统一使用,企业新增投资亦来自国家预算或银行信贷拨款,国营企业自身并没有自主权。

(一)国家与国营企业之间的关系

(1) 实行经济核算制度。政务院于1951年4月做出了《关于1951年国营工业生产建设的决定》,把实行经济核算制作为加强工业经济管理、提高经营水平的基本原则。该《决定》规定:国营企业必须从实施经济核算制入手,实行计划管理;确定每个企业必要的固定资产与流动资金;实行独立会计制,建立与人民银行的往来关系;建立购销合同制;实行企业奖励基金制度。凡条件未具备的要创造条件,已经初步实行经济核算制的企业,应把经济核算制贯彻到车间。[②]

(2) 国营企业折旧基金分配制度。为了把有限的资金集中用于国家最需要的建设事业,1952年2月29日,中央财政经济委员会颁布了《1952年度国营企业提交折旧基金办法》,明确规定:企业提取的基本折旧基金,按月解交国家金库,用以保证在国家范围内进行固定资产重置;提取的大修理折旧基金,按月交由本企业在人民银行开设的专户保存,用以保证本企业的固定资产按期大修;固定资产残值收入,扣除清理费用后,全部解交金库,或转作零星基本建设基金。

[①] 吴承明、董志凯主编:《中华人民共和国经济史》(第一卷),中国财政经济出版社2001年版,第186页。

[②] 同上,第207页。

为简化手续，财政部曾于 1952 年 12 月 12 日颁布了《国营企业财务收支计划编审办法》，确定将企业的利润、基本折旧基金、基本建设支出、流动资金增减等实行相互抵拨。抵拨后不足的部分由预算拨款；多余部分向预算交款。这种抵拨办法，不久因为企业普遍反映执行困难（企业资金调度不及时，即资金的需要和利润的实现不能相适应），很快就停止实施。①

（3）国营企业奖励基金制度。为了发挥企业和职工的积极性，中央财政经济委员会于 1952 年 1 月 15 日颁布的《国营企业提用企业奖励基金制度的暂行办法》规定：

提奖的办法和条件：凡是完成国家下达的生产、销售、财务等计划的企业，均可按照不同行业依次从计划利润中提取 5%（一类企业）、3.5%（二类企业）和 2.5%（三类企业）；从超额利润中提取 20%（一类企业）、15%（二类企业）和 12%（三类企业）作为企业的奖励基金。提取奖励基金的总额不能超过企业全年工资总额的 15%。主管部门可以集中一部分奖励基金。

奖励基金的使用范围：发给先进工作者、劳动模范个人及先进单位集体的奖金；职工特殊困难救济；集体福利事业，如新建、扩建、改善职工宿舍、医院、托儿所等。

（二）各级政府对国营企业归属权的"条块"关系

整个国民经济恢复时期，中央和地方政府在处理国营企业归属权的问题上，基本与整个财政体制的改革是同步的。大体亦可以分为两个阶段：

一是"统一财经"时期国营企业的归属关系。在新中国成立前后，除了金融和铁路系统的管理权归中央政府外，其余国营企业均归地方政府经营管理。到了 1950 年 3 月，"统一财经"的主要内容之一，是统一全国的物资管理，这必然就涉及全国商贸企业的统一管理。中央在原各大区和省、区、市贸易公司及没收的官僚资本商业的基础上，建立粮食、百货等

---

① 财政部工业交通财务司编：《中华人民共和国财政史料》（第五辑），中国财政经济出版社 1985 年版，第 18 页。

门类诸多的全国性专业总公司,由中央人民政府贸易部直接领导。

对原属地方政府的国营零售公司,其资金由贸易部统一拨给。利润按"二八"分成,80%上缴中央;20%留归地方,但必须用于发展零售商业。公司的人事由地方政府负责,但经营方针、业务范围、零售价格和审核零售商店的设置计划均由贸易部管理。

对国营工矿和其他企业,国家实行"条块结合、分级管理"的原则,把工业企业分为三大类:第一,中央政府所属企业;第二,中央政府委托地方政府代管企业,这类企业的投资、收益和亏损均由中央负责,其经营方针、主管人员的任免及物资的调拨分配,也由中央负责;第三,地方政府所属企业。一般来说,规模较大或重要的企业都由中央主管部门管理,小型企业则划归地方政府管理。

另一个是"分级管理"时期国营企业的归属关系。如上所述,在"统一财经"阶段,中央和地方划分国营企业的管理权限时,过于强调企业规模的因素,导致地方不敢再办大企业,担心中央会再"拿走"。为此,国家在扩大地方政府权限的时候,明确了地方国营工业的发展方向和经营范围,主要是有丰富的地方资源可利用的轻工业、小型生产资料企业和地方公用事业。

在地方政府依赖自己的积累资金发展工业的前提之下,中央对地方进行下列帮助:

一是中央政府有余的生产资料,可依据地方的基本建设计划划拨地方工业建设之用,由地方按年向中央缴纳折旧费,或作为中央对地方的投资;

二是中央各主管工业部对地方工业作技术上的指导与帮助;

三是贸易部门和银行在可能的范围内对地方工业加以扶植;

四是地方国营企业在一定时期内解除上解国库的任务,以供地方工业扩大再生产之用;

五是建立地方工业的领导系统,加强对地方工业的领导和帮助。

另外,中央允许地方政府向当地国营零售公司投资,投资额不得超过50%,盈亏按投资比例分摊。管理上,中央只掌管经营方针、业务范围、价格标准和报表制度四项,其他均由地方政府负责。1952年5月,中央贸易部规定,各大城市的国营信托投资公司允许地方政府投资,地方投资部分的利润归地方政府所有和使用,中央贸易部只负责经营方针和业务范围。

第四节 从紧的财税政策与财政经济运行状况

一、从紧的财税政策与财政运行格局

如上文所述,由于我国在1949年的财政赤字率高达46.9%,不得不通过发行货币来弥补收支缺口,致使币值大跌,从1949年4月到1950年2月共有四次物价大幅波动。有了这次经验教训,国家本着增收节支,把量出为入和量入为出原则紧密地结合起来,力求财政收支平衡。因为一旦财政出现收不抵支,只有借债和发行货币两种渠道。虽然可以向外借款或发行公债,但是规模有限,而且难度较大;若是发行货币,则危害更大,在物价上能够立即显现出来。所以,唯一的解决办法就是保持财政收支平衡,一方面仍然要求人民承担相对较重的"胜利负担";另一方面严格控制各项支出,尽可能不列或少列赤字。通俗地说,就是"对支出用'削萝卜'的办法,对收入用'挤牛奶'的办法"。[1]

据中央人民政府财政部统计,"1950年3月份财政赤字比2月份减少71.8%,到了4月份收支接近平衡"。[2] 1950年全年的财政赤字只有2.83亿元,大大低于原概算估计的12.79亿元。到了1951年财政收支盈余10.65亿元,1952年继续盈余7.73亿元(见表1-1),而这两年财政盈余是在我国每年需要支付规模庞大的军事支出的情况下取得的,尤为不易。

---

[1] 《陈云文选》(1949~1956),人民出版社1984年版,第114页。
[2] 《中华人民共和国经济大事记》编选组编:《中华人民共和国经济大事记:1949年10月~1984年9月》,北京出版社1985年版,第13、15页。

第一章
大局初定：国民经济恢复时期的中国财政

表1-1　　　　　　1950～1952年国家财政收支　　　　单位：亿元

年份	国家财政收入总计	国家财政支出总计	差额
1950	65.19	68.08	-2.83
1951	133.14	122.49	+10.65
1952	183.72	175.99	+7.73

资料来源：财政部办公厅编，《中华人民共和国财政史料》（第二辑），中国财政经济出版社1983年版，第419页。

（一）财政支出规模和结构

如表1-2所示，国防战备费在1950年、1951年两年中占财政支出比重均高于40%，占各项支出的第一位。这是由我国当时所处环境所决定的。既要肃清国内残余敌对势力，解放全中国。又要参与朝鲜战争，保家卫国。没有战争的胜利，一切都无从谈起。但是，军费开支并不是有多少就用多少的"包用"办法。如何用，用多用少，用迟用早，要详加审核，而不是"报销"完事。要做到有计划有步骤地使用财政资金，能省则省。

表1-2　　　　　　1950～1952年国家财政支出构成

年份	国防战备费		行政管理费		经济建设支出		社会文教支出		其他支出	
	总额（亿元）	比重（%）	总额（亿元）	比重（%）	总额（亿元）	比重（%）	总额（亿元）	比重（%）	总额（亿元）	比重（%）
1950	28.01	41.1	13.13	19.3	17.36	22.5	7.55	11.1	2.03	3.0
1951	52.64	43.0	17.45	14.2	35.11	28.7	13.44	11.0	3.85	3.1
1952	57.84	32.9	15.49	8.8	73.23	41.6	21.11	12.0	8.32	4.7

注：本表所列示的其他支出含债务支出在内。
资料来源：财政部办公厅编，《中华人民共和国财政史料》（第二辑），中国财政经济出版社1983年版，第437、440页。

1952年，当抗美援朝战局趋于稳定时，在和谈可能拖延并能继续应付战争的前提下，国家及时调整财政工作的重点和支出结构："财经工作的重点，应在不放松收入的条件下，转向支出管理；在不放松财政、金融和市场管理的条件下，转向工业、农业、交通等方面"；① 编制1952年预算

---

① 《陈云文选》（1949～1956），人民出版社1984年版，第157页。

时，把建设放到第一位，军事为第二位，行政为第三位。[①]

在诸多支出项目中，经济建设支出无疑是增长速度最快的。这表明，我国在担负沉重的国防任务时，仍然有相当的财力用于国民经济恢复和发展。在经济建设中有70%左右是用于基础设施的恢复和建设，主要投资于交通通信、水利设施和工业建设等事关国计民生的行业和项目。

3年中，用于交通、运输、邮电业的投资占基本建设总投资的22.69%，居各项经济建设支出的首位，其中又以铁路建设为典型。1950年，铁路建设投资2071万元；1951年，计划投资1.86亿元，实际投资1.93亿元，为1950年的931.2%；1952年，计划投资1.85亿元，实际投资1.69亿元，为1950年815.6%。国家经济建设的第二个重点是水利设施的建设，3年里，全国农林水利投资总额为10.3亿元，占基本建设投资总额的13.14%。[②]

（二）财政收入水平和结构

从表1-3中可见，在农业税收占全部财政收入的比重不断下降的同时，企业收入的比重持续上升。农业税收占全部财政收入的比重从1950年的近30%，逐步下降到1952年的不足15%；同期，企业税收则从不足15%上升至略高于30%。而工商税收等收入的比重维持在一个相对稳定的水平。

表1-3　　　　　　1950~1952年国家财政收入构成

年份	农业税收		工商税收		企业收入		债务收入		其他收入	
	总额（亿元）	比重（%）	总额（亿元）	比重（%）	总额（亿元）	比重（%）	总额（亿元）	比重（%）	总额（亿元）	比重（%）
1950	19.1	29.3	23.6	36.2	8.69	13.4	3.02	4.6	4.5	6.9
1951	21.7	16.3	47.5	35.6	30.54	22.9	8.18	6.2	13.29	10.0
1952	27.0	14.7	61.5	33.5	57.27	31.2	9.78	5.3	18.98	10.3

资料来源：《中国统计年鉴（1984）》。

---

① 《关于1951年度国家预算的执行情况及1952年度国家预算草案编成的报告》，引自财政部办公厅编：《中华人民共和国财政史料》（第二辑），中国财政经济出版社1983年版，第21页。

② 吴承明、董志凯主编：《中华人民共和国经济史（第一卷）》，中国财政经济出版社2001年版，第441、442、478页。

(1) 农业税收的负担水平。农业税收占比的不断下降,并不意味着农民对国家的贡献在下降,而是国家财政从以农村为中心向以城市为中心转变过程中的必然。特别是在农民为革命事业和解放战争做出了巨大贡献之后,国家对于农民负担的适当减轻:一方面降低农业税的计征税率(后来因朝鲜战争的爆发又有所增加),另一方面按常年应产量征收,做到"增产不增税",从而极大地鼓励了农民的生产积极性。

新中国成立初期农业税收的负担水平详见表1-4。

表1-4　　　　　　1949~1952年全国农业税负担情况

项目	1949年	1950年	1951年	1952年
农业人口（万人）	44726	46059	47626	49191
耕地面积（万亩）	146822	150534	155507	161878
实际产量（粮,亿斤）	1847.1	2195.4	2493.2	2924.2
计税产量（亿斤）	1809.6	1860	2090.4	2347.2
计税产量占实际产量（%）	97.97	84.72	83.84	81.19
实征税额（粮,亿斤）	248.5	269.7	361.5	357.8
税额占计征产量的比重（%）	13.7	14.5	17.3	15.1
税额占实际产量的比重（%）	13.5	12.3	14.5	12.2
人均农业税（市斤）	56	59	76	73
亩均农业税（市斤）	17	18	23	22

资料来源：中华人民共和国财政部《中国农民负担史》编委会,《中国农民负担史》(第四卷),中国财政经济出版社1994年版,第119页。

(2) 企业收入上缴。在国家财政收入中,1950年,企业收入为8.69亿元,只占全部财政收入的13.4%；1951年分别上升至30.54亿元和22.9%；到了1952年,企业收入增至52.57亿元,是1950年6倍之多,占全部财政收入的比重达到31.2%。这意味着,国营企业以及其他社会主义性质的企业在国民经济中扮演着越来越重要的作用,其经济实力和财政贡献正在逐步上升。

(3) 工商业税收。国家要求各级党政部门把完成税收任务视为一个严肃的政治任务来对待,确保顺利完成任务。1949年,全国城市工商业税收仅为农业税收的34.02%；1950年,这一比重上升为109.30%；到了1951

年，更是升至185.30%。如此大幅度的税收增长，主要得益于税收征管的加强。原国民政府的税制是"三三四"制，即当时政府真正能够掌控的税收收入只有应收收入的30%，另外税务人员和其他政府官员中饱私囊占了30%，资本家偷逃税款占了40%。而新中国通过建立严格稽征管理制度，组织群众协税护税等措施，把原国民政府收不上来的税收应收尽收。当时部分资本家说新中国的税务人员是"三不通"：一不通人情；二不通贿赂；三不通上下。这生动地说明了当时税务人员廉洁奉公的优良作风，确保国家税收收入及时足额入库。

二、国民经济的迅速恢复和发展

在帝国主义、封建主义和官僚主义的多重压迫之下，新中国成立前的生产力水平非常落后，加之连年的战火，国民经济几乎处于崩溃的边缘。新中国成立之后，接踵而来的朝鲜战争，使得中国再次承受了巨大的牺牲和消耗。

然而，伟大的中国人民，在中国共产党的正确领导之下，齐心协力、艰苦奋斗，只用了短短的3年时间，工农业生产得以恢复和发展，人民生活水平得到改善，社会面貌焕然一新，实现了国民经济的恢复和发展。

（一）物价稳定，人民生活得到保证

财政收支平衡带来的直接效果就是"由通货贬值而来的物价高涨因素，已经不存在了。……1950年3月以后，国内市场的性质已经改变，官僚资本操纵下的以投机和破坏国民经济为目的的市场，已经基本改变为在国营经济领导下的以服务于人民生活与恢复及发展生产为目的的市场了"[①]。

在1950年3月之后，物价基本保持稳定。全国批发物价指数，以1950年3月为100，则同年12月为85.4，1951年9月为101.3，1951年12月为100.3，1952年6月为95.2。全国零售商品的价格指数，以1950年为100，1951年为112.2，1952年为121.1。物价稳定，尤其是粮食、日用品等价格稳定，使广大人民群众从恶性通货膨胀的恐慌中解脱出来，使其

---

① 陈云：《中华人民共和国过去一年财政和经济工作的状况》，载于《人民日报》1950年10月1日。

第一章
大局初定：国民经济恢复时期的中国财政

对人民币充满信心。老百姓不再竞相争购实物，而是把钱存到银行，使银行存款激增，到1952年底，全国存款比1949年底增加了76.5倍之多。①

（二）工农业生产的恢复和发展，改善人民生活水平

3年恢复时期，在党的正确领导下，我国在恢复和发展工农业生产方面取得了巨大成绩，到1952年底，我国工农业生产均创历史最高水平。

（1）农业生产的恢复和发展。得益于土地改革的胜利完成、大规模的农田水利设施建设、农业生产技术的改进和提高农产品收购价格等多方面积极因素，我国农业生产迅速得到恢复和发展，并超过历史最高水平。例如，1952年农业生产总值达484.0亿元，比1949年增加48.4%，比新中国成立前的最高水平增长了18.5%；粮食产量达16392万吨，棉花产量达130.4万吨，分别比1949年增加44.8%和193.7%，比新中国成立前的最高水平分别增长了9.3%和53%。②

在发展生产的基础上，农民的收入水平和购买力也得到了较大幅度的增长。如表1-5所示，1952年农民货币收入127.9亿元，较1949年增加了86.7%；同期农民消费品购买力为117.5亿元，较1949年增长了79.9%。农民的生活水平有了明显的改善和提高。

表1-5　　1949~1952年农民货币收入和消费品购买力增长情况

项目	1949年	1950年	1951年	1952年
农民净货币收入（亿元）	68.5	87.4	111.4	127.9
（以1949年为100）	100	127.6	162.6	186.7
农民人均净货币收入（元）	14.9	18.7	23.6	26.8
（以1949年为100）	100	125.5	158.4	179.8
农民消费品购买力（亿元）	65.3	80.7	102.1	117.5
（以1949年为100）	100	123.6	156.4	179.9
农民人均消费品购买力（元）	14.2	17.3	21.6	24.6
（以1949年为100）	100	121.8	152.1	173.6

资料来源：董志凯，《1949~1952年中国经济分析》，中国社会科学出版社1996年版，第319页。

---

① 董辅礽主编：《中华人民共和国经济史》（上），经济科学出版社1999年版，第109~110页。
② 国家统计局：《光辉的三十五年》，中国统计出版社1983年版，第51~60页。

(2) 工业生产的恢复与发展。1952 年工业生产总值达 343 亿元, 比 1949 年增长 144.9%, 年均增长 34.8%, 其中现代工业达 220.5 亿元, 年均增长 40.7%。同期, 各种主要工业产品的产量也有较大幅度增长, 绝大多数超过新中国成立前的历史最高水平。

在工业生产恢复的同时, 城市就业人数不断增加, 职工生活水平有所提高。1952 年全国职工人数已达 1603 万人, 较 1949 年增加了 794 万人。不仅就业人数不断增加, 职工工资水平也有较大幅度增加, 1952 年, 全国各地区职工的平均工资比 1949 年增加了 60%~120%, 已经达到或超过抗日战争以前的水平。[①] 相应地, 城市居民的购买力水平和生活水平都有一定程度的增长。据调查, 1936 年, 全国每一职工(包括家属在内, 下同) 平均消费额为 140 元左右(按 1957 年物价计算, 下同), 1952 年增加到了 189.5 元, 增长了 35% 左右。[②]

(三) 国民经济结构发生重大变化

在短短的三年时间里, 国民经济得到迅速恢复和发展的同时, 国民经济结构也发生重大变化。国营经济日益壮大, 在整个国民经济中占据领导地位。工业在国民经济中的比重有显著提高, 并且我国原来十分薄弱的重工业和现代工业也得到了一定程度的增长。

(1) 国营经济日益壮大。新中国成立以后, 通过没收官僚资本、处理帝国主义在华企业、投资新建国营企业等措施, 国营经济迅速壮大, 确立了其对国民经济的领导地位。在工业方面, 国营工业在工业总产值的比重由 1949 年的 26.2% 上升至 41.5%; 在商业方面, 国营及合作社商业在批发总额中由 1950 年的 23.8% 增至 1952 年 63.2%, 在零售总额中由 1950 年的 16.4% 增至 1952 年的 42%。在 1952 年, 国营企业在外贸、金融、铁路运输等方面基本上占据绝对优势地位。

(2) 工业在国民经济中的比重有显著提高。工业总产值从 1949 年的 140 亿元, 上升为 1952 年的 349 亿元, 占同时期社会总产值的比重也从 25.1% 升至 34.4%。同时, 工业结构也发生重大变化, 现代工业占工业总

---

① 董辅礽主编:《中华人民共和国经济史》(上), 经济科学出版社 1999 年版, 第 112 页。
② 国家统计局:《伟大的十年》, 人民出版社 1959 年版, 第 188 页。

产值的比重从1949年的56.4%增至1952年的64.2%；同时期重工业由26.4%上升为35.5%。

（四）文化、教育、卫生事业有了较快发展

在新中国成立初期，财政经济面临重重困难之时，国家仍然非常重视文化、教育和卫生事业的发展，人民健康水平逐步提高。

在文教领域，各级学校教育规模有了大幅度提高，1952年小学生在校人数比1949年增加了109.5%，中等学校增加了148%，高等学校增加了63.2%。另外，国家还大力发展业余教育和举办群众性扫盲活动。

在卫生事业方面，我国医疗条件有了明显改善，1952年医院和疗养院的病床数比1949年增长了114.7%，其中在妇幼保健方面发展更快。多年来困扰广大人民群众的天花、霍乱、鼠疫等烈性传染病也基本上得到控制。人民的健康水平普遍有所提高。

第五节 小结

新中国通过统一财经工作、平衡财政收支、稳定金融物价等政策措施，建立了一套适应新形势下国民经济发展需要的财经制度，并在实践中不断加以调整和完善，使人民摆脱了恶性通货膨胀的困扰，为生产生活秩序的正常化提供了强有力的制度保障。不仅实现了国民经济的恢复和发展，也为我国后来的经济发展和社会主义改造提供了条件。

第二章

宏伟蓝图：
为社会主义工业化奠基的财政

从1953年至1957年，既是我国发展国民经济的第一个五年计划时期，亦是生产关系的社会主义改造时期。以重工业优先发展为国家战略的"一五"计划，不仅奠定了我国社会主义工业化的基础，也决定了整个计划经济体制的基本特征——政企不分和统收统支。国家既是主导资源配置和社会分配的力量，又是强制经济系统实现综合平衡的力量。

作为整个计划经济体制的核心组成部分，财税体制担负着为工业化筹集巨资和促进社会主义改造的双重任务：一方面，在"一五"计划时期，国家财政集中的收入占国民收入的32.7%，为工业化筹集资金高达1241.75亿元；[①] 另一方面，以所有制性质分界，对不同所有制的单位和部门给予不同的财政税收待遇，从而把财税政策作为发展和壮大国有制经济、削弱乃至消灭私有制经济的得力手段。

这一时期的财税体制在顺利完成上述任务并取得显著成绩的同时，也被深深地打上了"二元"的烙印。如果以覆盖范围以及由此形成的财税待遇差异作为考核标尺，计划经济时期的"二元"财税体制的突出特征可以归纳为："生产建设型财政＋国有制财政＋城市财政"，即它专注于生产建设，而不是整个的公共服务领域；它所提供的财税待遇是有薄有厚的，而

[①] 项怀诚主编：《中国财政通史》（当代卷），中国财政经济出版社2006年版，第27页。

不是一视同仁的；它的覆盖范围是有选择的，而不是全面的。这便形成了同属一个国家、身处同一国土之上并受同一政府管辖，但因财税覆盖程度的不同而面对不同财税待遇的不同的区域、企业和居民。①

第一节 制度背景：重工业优先发展战略与"一五"计划的基本任务

毛泽东早在新中国成立之初就曾指出：我们国家在政治上已经独立，但要做到完全独立，还必须实现国家工业化。② 新中国成立伊始，国民经济尚需一个恢复过程，至于我国应该走什么样的工业化道路，只能停留在探讨阶段。到了1951年2月，情况发生了改变，中共中央鉴于国民经济有所好转和朝鲜战场的局势开始扭转，根据毛泽东提出的"三年准备、十年计划经济建设"的指示精神，指定周恩来、陈云等人负责编制"一五"计划。从1951年试编的第一稿到1955年7月30日全国人民代表大会第二次会议正式通过《关于发展国民经济的第一个五年计划》，共历时四年，五易其稿。

"一五"计划的编制过程，不仅是重工业化优先发展战略的抉择过程，而且是我国建立社会主义计划经济体制的过程。"在集中精力发展经济的过程中，共产党赢得了人民群众的真诚支持，人们为改善生活条件和为民族争光的美好前景所吸引。领导层一致认为，有计划的建设是唯一可行的方法——这不只是理论上的偏爱，还因为它实行起来要比'混乱'的资本主义更有效率。强调计划的重要后果之一是在经济目标与社会主义改造之间建立了关键性的联系。设想中的所有制形式的变更不仅能剥夺那些不可靠阶级的财产，还使得国家由此可以直接控制计划经济中必不可少的经济资源。"③

---

① 高培勇主编：《中国财税体制改革30年研究》，经济管理出版社2008年版，第226～227页。
② 庞松：《毛泽东时代的中国（1949～1976）》（一），中共党史出版社2003年版，第310页。
③ 费正清、罗德里克·麦克法夸尔编：《剑桥中华人民共和国史（1949～1956）》，上海人民出版社1990年版，第100页。

一、重工业优先发展战略与计划经济体制的内在逻辑

（一）重工业优先发展战略的确立

在"一五"计划编制之初，编制者们面临着一个根本问题："把一个经济落后的农业大国逐步建设成为工业国，从何起步？"① 经过深入讨论和反复权衡，中央做出了优先发展重工业的战略决策。这一战略在确立以后不断强化，最终上升为过渡时期的总路线和总任务。而"中国共产党之所以要做出优先发展重工业的战略抉择，主观上是为了加快中国工业化的发展速度，客观上的一个关键因素是从苏联方面得到了援助中国优先发展重工业的承诺。"②

就主观因素而言，从晚清到新中国成立前，我国的轻工业有了一定程度的发展，而重工业则严重滞后，也没有一个强大的国防工业，这和我国作为一个大国的地位是极不相称的。朝鲜战争爆发以后，以美国为首的西方资本主义国家对我国采取了全面封锁的政策，这使得我国建立一个独立工业体系的愿望更加强烈。若是没有重工业的发展，一个独立的工业体系是无从谈起的。正如薄一波所说："没有机器制造业，发展轻工业的装备从哪里来？没有钢铁等基础工业，机械制造的原材料从哪里来？没有能源和交通运输，整个经济又怎么运转？仰赖进口吗？办不到。一是我们没钱，二是西方资本主义国家对我们实行禁运和封锁。"③

从外部条件来看，因为我国在经济建设上经验不足，而苏联是极少数愿意提供资金和技术等援助的国家，同时又是唯一的学习榜样，所以我国在工业化道路的选择和国民经济发展计划的编制等方面都被深深地打上了苏联模式的烙印：即实行生产资料公有制，运用计划经济体制迅速集中各种社会资源，通过优先发展重工业来实现国家的强大。

---

① 薄一波：《若干重大决策与事件的回顾》（上），中共党史出版社2008年版，第204页。
② 朱佳木：《由新民主主义向社会主义的提前过渡与优先发展重工业的战略选择》，载于《当代中国史研究》2004年第5期。
③ 薄一波：《若干重大决策与事件的回顾》（上），中共党史出版社2008年版，第204页。

第二章
宏伟蓝图：为社会主义工业化奠基的财政

（二）计划经济体制形成的内在逻辑

林毅夫等（1994）从新中国所面临的这一历史境遇以及比较优势，解释了重工业优先发展战略与高度集中的计划经济体制之间的内在联系。重工业作为资本密集型产业具有三个基本特征：建设周期长；在发展早期，大部分设备需要从国外进口；初始投资规模巨大。

然而，当时我国的基本国情是：资金十分稀缺，资金的价格或利率高昂；可供出口的产品少，外汇短缺，由市场决定的汇率水平非常高；经济剩余少，资金动员能力弱。

很显然，在当时的国情之下，市场化机制是不可能实现国家重工业化的，唯一可替代的选择就是，国家通过高度集中的计划经济体制，强制扭曲所有生产要素和产品的价格。

当我国小农经济的分散性和资本主义生产的无政府状态同国家所需的高度集中的计划经济建设之间形成矛盾之时，在当时人们的观念中，唯一的解决办法就是改变生产资料所有制。根据党在过渡时期的总路线和总任务，要在一个相当长的时期内，基本实现国家工业化和对农业、手工业和资本主义工商业的社会主义改造，简称"一化三改"。原先预计要在三个五年计划内实现过渡时期总路线所提出的任务，但在实践中却只用了3年时间，加上国民经济恢复时期也不到7年时间。

细究起来，我国之所以能在如此短的时间内完成社会主义改造，根本原因在于优先发展重工业所造成的形势压力，国家需要尽快将全部的经济活动都纳入计划的控制范围之内，以便集中尽可能多的生产要素用于工业建设。①

其一，在城市里，大规模的经济建设，势必会引起生产要素供应的紧张，迫使国家不得不采取计划供应的办法，而私人工商业是被排斥在计划供应对象之外的。没有了原材料，也就没法继续生存，只有主动选择公私合营等方式寻求生存。然而，根本矛盾并没有解决。虽然私人工商业已经纳入加工、订货、统购、包销以及公私合营等国家资本主义的轨道，但生产资料仍然属于资本家个人；利润虽然已经采取"四马分肥"，但仍然有

---

① 朱佳木：《由新民主主义向社会主义的提前过渡与优先发展重工业的战略选择》，载于《当代中国史研究》2004年第5期。

20%落入资本家个人的腰包，这显然与国家高度集中的计划体制是不相容的。根据当时人们的认识水平和客观条件，只能对私人工商业进行社会主义改造来解决问题，实现国有化。

其二，当工业和城市基本完成计划体制建设后，国家为了保证城镇居民生活所需的粮食等物资的供应，很快对农业和农村实行统购统销的计划管理。国家通过低价收购，再低价销售的办法，使得城市低工资制度得以维持下去。简言之，国家通过统购价格和市场价格（影子价格）之间的差价，用农业剩余来补贴工业建设，事实上对农民征收了一道"价格暗税"。这势必会引起国家和农民之间的矛盾，造成市场严重的供不应求。为此，国家一方面急于推进农村合作社的建设，寄希望于用集体化的方式将分散的小农经济转变为高效率的大规模农业生产，当合作社依然没有办法解决粮食等农产品短缺问题时，国家选择了人民公社这一政策；另一方面实行严格的户口制度，正式取消了城乡间人口的自由流动和迁徙，通过强制交易（统购统销）和权利分割（城乡户籍制度）两项政策的联动，来筹集工业化所需的资金和维持社会稳定。

二、"一五"时期国家建设的基本任务与财税任务

（一）"一五"时期国家建设的基本任务

"一五"计划时期，国家建设的基本任务是：集中主要力量进行以苏联援助的156个项目为中心，由限额以上的694个建设项目组成的工业建设，建立我国社会主义工业化的初步基础，对重工业和轻工业进行技术改造；用现代化的生产技术装备农业；生产现代化的武器，加强国防建设；不断增加农业和工业消费品的生产，保证人民生活水平的不断提高。

为了实现上述目标，国家计划基本建设投资额5年合计427.4亿元，占财政总支出的55.8%。其中，用于工业基本建设投资148.5亿元，占投资总额的58.2%。要求工业总产值增长98.3%，平均每年递增14.7%，其中，生产资料平均年增长17.8%，消费资料生产年均增长12.4%。此外，还有铁路、公路和水上运输重点工程建设；重点工业城市建设，等等，不一而足。

第二章
宏伟蓝图：为社会主义工业化奠基的财政

（二）"一五"时期的财税任务

保证"一五"计划的顺利完成，归根结底，一是财政问题，二是组织问题。就财政税收而言，实际上担负着为工业化筹集巨资和促进社会主义改造的双重任务：第一，要从各方面发掘潜力，动员资金，以保证五年建设的需要，集中力量保证重工业建设和国防建设的需要，并在发展生产、提高劳动生产率的基础上，逐步地适当地提高人民的物质和文化生活水平；第二，在为国家工业化筹集资金的同时，还要调节各阶级的收入，有利于巩固工农联盟，并使税制成为保护和发展社会主义、半社会主义经济，有步骤、有条件、有区别地利用、限制、改造资本主义工商业的工具。

具体来说，财税部门主要有以下几个方面的任务：①

（1）以自力更生为主，争取外援为辅的方针，紧密结合执行"一五"计划的需要，充分发挥财政的职能作用，增加生产，厉行节约，扩大交流，开辟财源，增加资金积累，保证"一五"计划的顺利完成。

（2）根据形势变化，不断改进调整财政管理体制和财政税收工作，搞好从中央到地方的财政收支预算，加强企业财务和基本建设的财务管理，强化经济核算制度，提高投资效益。

（3）发挥财政税收的杠杆作用，促进国民经济的协调发展，推动"三大改造"的完成。调节社会各阶级、阶层的收入，调动人民生产的积极性，促进社会生产力的提高。

（4）在经济发展、财政收入增加的同时，正确处理积累和消费的关系，发展文教卫生事业，逐步提高人民的物质文化水平。

（5）从全局需要出发，合理安排资金的投向，确保国家重点建设，加强国防、兼顾一般，使国民经济协调健康发展。

第二节 制度选择：如何为工业化筹集巨资

在重工业优先发展战略的指引下，计划经济体制下的财税体制专注于

---

① 赵梦涵：《新中国财政税收史论纲（1927~2001）》，经济科学出版社2002年版，第137~138页。

生产建设，而不是整个公共服务领域；为了促进社会主义改造，国家根据所有制的不同提供区别的财税待遇，"区别对待"成为财政政策的基本取向，而不是一视同仁；为了使低工资、低物价、低消费和高积累、高福利、高增长体制能够得以运转，国家实行城乡分治，把财政的覆盖范围限定在一个相对狭窄的范围之内。

如果以覆盖范围以及由此形成的财税待遇差异作为考核标尺，计划经济体制下的"二元"财税体制的突出特征可以归纳为："生产建设型财政＋国有制财政＋城市财政"。

一、生产建设型财政

以财政支出的性质分界，计划经济体制下的财政活动，主要是围绕着生产建设领域来展开的。这主要表现在以下几个方面：

（一）"大而宽"的财政支出格局

国家以政治力量统合社会领域的方方面面，以致淹没了企业和个人在经济社会领域的私人空间，原本属于微观经济个体的私人决策，诸如消费、储蓄、投资等等，统统纳入国家财政范围，形成一个"大而宽"的财政支出格局。国家除了负责满足从国家安全、行政管理、公安司法到环境保护、文化教育、基础科研、卫生保健等方面的公共需要，负责进行能源、资源、通信和江河治理等一系列社会公共基础设施和非竞争性基础产业的投资之外，还要承担为国有企业供应经济性资金、扩大再生产以及弥补亏损的责任，甚至为国有企业所担负的诸如职工住房、医疗服务、子弟学校、幼儿园和其他属于集体福利设施的投资提供补贴等等。

之所以选择"大而宽"的财政支出格局，并非哪一个人或哪一批人主观臆想的结果，而是国家要把个人消费等非生产性支出压缩到最低限度，进而将尽可能多的资源用于国家工业化建设的需要。

文献考察表明，1956年以后，城市职工经常性的工资升级便被中止，在此后的20多年里，仅有个别年份有小范围、小幅度的工资升级工作。在农村，若按1952年不变价格计算，1953～1980年的各个五年计划时期，农民人均实际收入不超过60元。无论城镇职工收入增长水平，还是农民

第二章
宏伟蓝图：为社会主义工业化奠基的财政

收入增长水平，都与同期投资增长率相距甚远。从这个意义上，我们将计划经济时期的财政称之为"生产建设型财政"。

（二）国家代替企业成为社会投资主体

在计划经济体制之下，企业的生产决策均需听命于政府的计划安排，企业自身基本没有投资权，亦不具备扩大再生产的能力。企业的经营利润和固定资产折旧都必须上缴国家，由财政统一使用，企业新增投资亦来自国家财政或银行信贷的拨款。

（1）基本建设拨款。基本建设拨款是国家预算无偿拨付给各部门、各单位用于固定资产扩大再生产的款项，用于固定资产的新建、改建、扩建和恢复等。在整个计划经济时期，基本建设投资基本上是以国家预算拨款为主，在 1953～1978 年间，国家预算内投资占基建投资总额的 79.4%，国家预算专项资金占 4.5%，企业和部门的自筹资金占 16.1%。①

我国 1956～1978 年基本建设拨款居整个财政支出之首，通常占国家财政支出的 40%（见图 2-1）。高额的基本建设拨款支出，对国家财政收支以及整个国民经济运行产生决定性影响。在有的年份，甚至出现先确定基建盘子再安排其他财政支出的反常现象。财政对各部门、地区、单位基本建设拨款的多少，在很大程度上决定着该部门、地区和单位的经济发展速度、规模和结构。

图 2-1 基本建设拨款支出占财政支出的比重

资料来源：《中国统计年鉴（1991）》。

---

① 中国人民建设银行总行编：《中华人民共和国财政史料》（第六辑），中国财政经济出版社 1987 年版，第 8 页。

（2）企业流动资金。除了基建拨款之外，国家还必须为国营企业提供流动资金，用于购买原材料等劳动对象、支付工资和其他生产费用的资金。当时的流动资金，分为定额流动资金和非定额流动资金，前者通常由财政部门定期核定、无偿拨付；后者几经变革，主要由银行信贷方式供应。由此形成的流动资金支出，往往占到国家财政支出的20%。[①]

当国家代替了企业的角色，成为社会的投资主体之后，凡是国家资金在筹集、分配、周转和使用过程中发生的一系列经济关系，都纳入了综合财政计划的范畴。

所谓综合财政计划包括以下三个环节：国家预算（即一般意义上的财政）、国家银行信贷和国有企业财务。上述三者在理论上有各自相对独立的活动领域，然而在实践中却是高度的"三位一体"，若是三者没有处理好平衡关系，出了问题，最后只能由国家预算（即一般意义上的财政）来承担的。[②] 在实践中，国营企业往往会采取挪用流动资金、增加银行信贷和借了钱长期不还等办法，来弥补财政拨款的不足。这样做，财政变相向银行透支，迫使银行多发钱，结果是财政收支的虚假，假平衡、真赤字。

二、国有制财政

所谓"国有制财政"，是以所有制性质分界，计划体制下的财政收支活动，主要在国有部门系统内部完成。至于非国有部门，则或是流离于财政的覆盖范围之外，或是位于财政覆盖范围的边缘地带。

国家之所以选择以所有制性质作为区别对待的依据，与"生产建设型财政"是有着必然联系的，理由有二：

一是财政职能范围和财政支出格局的"大而宽"在财政支出规模上的反映，就是"超常"的状态。财政支出"超常"，势必要求国家把所有的社会经济资源集中到自己手里，形成"超常"的财政收入水平。当一个社会存在着多种所有制，尤其当非社会主义性质的所有制大量存在时，国家

[①] 高培勇、温来成：《市场化进程中的中国财政运行机制》，中国人民大学出版社2000年版，第6页。

[②] 李成瑞：《财政、信贷与国民经济的综合平衡》，人民出版社1982年版，第65、75页。

是不可能将全部的经济资源整合起来的。国家为了达到财政收入最大化的目的，唯一的办法就是实行国有化和集体化，让非社会主义性质的所有制绝种。所以，在"国有制财政"之下，国家设计了一套特殊的财政收入机制来满足生产建设的需要。

二是当生产资料国有化之后，国家必须安排福利性支出，给民众提供维持劳动力生产和再生产所必需的生活资料，因此，民众对于国家福利性支出的需求和国家的供给能力之间形成巨大的矛盾。国家根据所有制差异实行区别对待，一方面继续为国有经济单位（集中在城市）的职工提供无所不包的福利政策；另一方面把非国有部门（集中在农村）排除在外，即便有涉及非国有部门的财政收支——特别是财政支出，也往往是小量的，份额偏低的，或者仅限于某个特殊领域、某个特殊项目、某个特殊场合或出于某种特殊目的而安排的。①

（一）"国有制财政"下特殊的财政收入机制②

马克思在《哥达纲领批判》中勾画了设想中的社会主义产品分配模式，社会产品在分配给个人消费之前，要由政府进行一系列着眼于整个社会之需的"必要扣除"（简称为"六大扣除"）。由此得到的推论便是：财政收入的取得，实质上是政府凭借政治权力参与社会产品分配并且在社会产品向个人分配之前而进行的"必要扣除"。根据马克思主义的设想，并与当时国有经济占绝对主导地位的经济体制相适应，我国逐步构建起一种以"先扣后分"为基本特征的特殊的财政收入机制：

（1）以农补工、以乡补城。农民，除了直接缴纳少量的公粮并负担一些附着于消费价格中的间接税之外，其主要的纳税渠道，是当时实行的农副产品统购统销制度。按照 1953 年颁布的《关于实行粮食的计划收购和计划供应的命令》，农民剩余的农副产品，必须按照国家规定的相对偏低的价格标准统一卖给国有商业部门。国有商业部门所执行的统购价格同市场价格（影子价格）的差价，事实上是国家对农民所创造的社会产品的分

---

① 需要说明的是，所有制差异同时意味着城乡差异。为了避免重复，本书在这一部分主要分析"国有制财政"下特殊的财政收入机制，而其支出一翼的内容将在"城市财政"中加以阐述。

② 高培勇、温来成：《市场化进程中的中国财政运行机制》，中国人民大学出版社 2001 年版，第 10~18 页。

配进行"必要扣除"。通过这一渠道，政府不仅控制了货币流向农民的"闸门"，更为重要的是，随着低价农副产品销往城市，工业原材料投入成本因此直接降低，城市居民亦因此获得实物福利（生活费用降低）并间接降低了工业的劳务投入成本。据统计，通过农产品低价统购这一形式，从新中国成立到改革开放前的20多年里，农民承担了总额为6000亿元的"价格暗税"。

（2）压缩消费、促进投资。农产品低价统购统销政策，并没有增加城市居民的实际可支配收入。因为国家通过严格的工资管制，达到压缩消费、促进积累的目的。城市职工，除了担负一些附着于消费价格中的间接税之外，其主要的纳税渠道，是当时实行的八级工资制。按照1956年颁布的《国营企业、事业和机关工资等级制度》，政府有权统一掌管城市职工工资标准、统一组织城市职工工资调配。从1956年以后，城市职工经常性的工资升级便被中止。在1957~1977年的20多年里，只有1959年、1963年和1971年进行小范围、小幅度的工资升级工作。通过这一渠道，政府不仅控制了货币流向城市职工的"闸门"，而且，随着城市职工工资水平的人为降低，工业的劳务投入成本又一次被降低了。

在工业的原材料投入和劳务投入被人为降低的同时，工业品实行计划价格制度，而且工业品的计划价格长期偏高于农副产品的统购价格，即工农产品的"剪刀差"。于是，在低成本和高售价的基础上，工业部门获得了较高的利润。

（3）重利轻税、以利代税。我们不妨把以上诸多环节的"必要扣除"视为国家获取经济剩余的"抽水机"，那么作为财政收入的具体形式：税收和利润，就好比两个相通的"水龙头"，哪个好用就用哪个。

不过，这种"以利代税"的收入机制的维持和正常运转，还需要以下两大机制作为制度支撑：

一是国营企业利润全额上缴制度。在国营企业取得高利润的基础上，国家财政对这部分利润实行统收统支的管理制度，即企业创造的利润基本上缴财政。从1950~1978年，国家财政管理体制、国营企业财务管理体制虽然多次调整，但仅限于边际调整，这一特殊财政收入机制的基础条件之一未发生大的变化。

二是国营企业固定资产折旧上缴财政。从经济性质上讲，固定资产折旧，原本是企业用于维持简单再生产的必要扣除，但在计划体制下，企业固定资产折旧亦由财政集中。

在国民经济恢复和社会主义改造时期，国家还比较重视税收，不仅将其视为积累国家经济建设的重要途径，而且还注意发挥税收的调节作用，支持国民经济恢复。到了 1956 年，在社会主义制度建立之后，国家和企业之间的分配已经成为同一所有制内部的事情，无论是征税，还是收利润，都不会改变和影响同属全民所有制、彼此都"姓公"的事实。所以，公有制内部的分配可以不通过也无须通过税收来进行。于是，1958 年便在部分城市推行"利税合一"的试点，试图取消税收。其结果虽然失败了，但"非税论"的影响并没有就此消除。不久，便以另一种形式——过分简化税制——表现出来。税收在财政收入以及国民经济中的地位和作用，均处于下降趋势。

综合上述诸多环节，"国有制财政"下特殊的财政收入机制如图 2 – 2 所示。

图 2 – 2　"国有制财政"下的特殊的财政收入机制

（二）"国有制财政"的赢利性和非规范性

上文已经提到，在"国有制财政"的机制下，上缴利润和课征税收是国家取得财政收入的两个相通的"水龙头"，哪个好用就用哪个。当全社会创造的剩余在工商企业利润上缴这一环节方便地收取上来时，税收的作用就显得烦琐和没有必要。国家要取得财政收入，国营企业就要赢利；国家要最大程度地取得财政收入，国营企业就要最大程度地赢利。

既然制度上要求国营企业最大程度地赢利，其后果就是国家大举进入竞争性行业；哪个行业赚钱，国家就涉入哪个行业；越是赚钱的行业，国家越要垄断起来。所以,为了抑制非国有经济发展,计划体制下税收政策的基本取向是"区别对待":私营企业税负重于集体企业,集体企业税负重于国营企业。与此同时,非国有经济的发展长期受到不平等待遇,比如融资渠道、投资方向、进出口权等方面均受到不同程度歧视性待遇。

另外,鉴于税收征收相对烦琐,就采取"以利代税"的办法。所谓烦琐,是因为税收的课征需要一个普遍适用的固定税率和征税范围,需要有一套规范的征税程序,而所有的这些在"非税论"的冲击下,税制过于简化,税收征管机构和人员盲目精简。其结果是,政府收钱往往比较随意,缺乏规范性。

三、城市财政

在全能主义国家观的指导下,政府包揽了生产、投资乃至消费,覆盖了包括政府、企业、家庭在内几乎所有部门的职能,个人也同时丧失了大部分经济上的自主权,不得不依赖于政府的福利性支出,来维持劳动力的生产和再生产。于是,民众对于国家福利性支出的需求和国家实际的供给能力之间形成尖锐的矛盾,为此,国家不得不通过强制交易和权利分割的办法来维持低工资、低物价、低消费和高积累、高福利、高增长的体制运转。

国家财政为城镇职工建立了从"摇篮到坟墓"的社会保障体系,国营企业职工的住房、医疗、退休金等虽由企业支付,但在财政统收统支的体制下,与财政支付无异。至于事业行政单位职工福利,则直接由财政支付。然而,这种无所不包的福利支出,却不是人人都可以享有的。同是一国的国民,同属于一国政府管辖下的农村居民,却没有享受到与城市居民同等的服务,因为这些福利都是附着在城市居民户口本上的。这种以所有制区别对待的财政格局,显然具有"取自家之财,为自家之用"的特征,即来源于国有经济的财政收入,主要被用来国有经济的生产建设及职工福利。

即便在城市居民内部,就职于不同单位的人,往往因各单位之间在资源、地位、声望等方面的差异而被赋予不同单位工作人员的身份;就职于同一单位的人，以档案编制区分一个人是干部身份还是工人身份，进而根据身份的不同来确定福利待遇的不同。究其原因，是因为当时的福利制度只在国有经济内部进行封闭运作，一个国有单位的财政贡献越大（主要表现在上缴利税的多少），其可能获取的经济资源就越多，相应地，本单位干部职工福利待遇就可能更优越。

与农产品统购统销相对应的微观经营机制的改造是，在农村实行集体化和人民公社运动。借此，将农业生产纳入整个国家的计划之中。为了保证这种人为造成的城乡二元格局的稳定性，实行了严格的户籍管理制度，使城乡人口划分固定化。户口在确立城乡身份差异的同时，也界定了不同的人群有着不同的权利结构，即政府以行政手段来界定个人的权利界限，规定谁可以享受国家提供的"公共产品"，或者是谁不可以享受这些公共产品。① 虽然国家也有用于农业、农村和农民的"三农"支出，但是，且不说它所占的份额极小，就连称谓上也被贴上了特殊的标签——"支援"农业支出，而在中国人的语境中，"支援"一词，可以理解为非分内之事，可做可不做，可多做，也可少做，或者，有余力多做，没余力少做。

第三节 任务的顺利完成：以高度集中的计划体制为前提

"一五"时期的财税体制，是在新中国成立初期高度集中的财税体制的基础上，并根据本阶段的形势发展需要，逐步调整和发展而来的。国家在执行"一五"计划过程中，为了调动各方的生产积极性，在维持中央财政的集中统一的前提下，适当地对财税体制做了局部的调整。"一五"计划的成功，证明了这些调整是有效的。当然，也难免有些失误和教训。

一、预算政策与预算管理体制

1951年，我国实行了"统一领导、分级管理"的预算管理体制，由

---

① 王小卫：《宪政经济学——探索市场经济的游戏规则》，立信会计出版社2006年版，第96~97页。

收支两条线改为收支挂钩,地方有了自身的收支范围,地方财政可以从本地区组织的收入中留用一部分抵充自身的财政支出。然而,这仅仅是财政分级管理的开始,就总的财力分配来看,地方的财权和财力仍然相当有限。

当我国进入大规模经济建设阶段后,财政运行模式也由原来的供给型转变为建设型,很显然,过度集中的预算管理体制已经不能适应新形势的需要,必须改变过去抓小不抓大的局面,通过深化预算的分级管理体制,来调动地方的积极性。另外,国家行政体制也发生了重大变革,1953年大行政区由一级政权机构改为中央派出机构,并于1954年撤销,预算管理体制亦随之做出相应地调整。

(一)预算管理体制改革的指导方针和任务

1953年8月,周恩来在全国财政经济工作会议上明确提出了改进预算管理体制的方针和任务:财政体制,要在中央统一领导和计划下,确定财政制度,划定职权范围,分级管理,层层负责。

国家预算,在国家统一预算内实行三级[中央、省(市)和县]预算制度,划分中央和地方的收支范围,按照主次轻重及集中和分散情况,分配中央和地方的大体比例。地方收多于支者上缴,收少于支者补助。地方财政,按照统一制度,凡超计划的征收和节约,一般归地方支配,但追加预算应经行政系统上两级批准,并报中央财政部备案。民族自治区除重大的国营企业和财政收支仍应归中央掌握外,在财政上应有一定范围的自治权,并根据需要和可能,不足时由中央补助。

1954年,邓小平在著名的"六条方针"中进一步对中央划分和地方财政划分做出指示。中央财政有对收支归口包干的分配权、人员编制控制权、动用总预备费的批准权、财政的监察权等。同时对归口管理后的资金管理权和使用权,下放到地方或部门,明确地方或部门的责任和权限,而不是中央财政统揽一切。

(二)"分类分成"预算管理体制

我国于1954年开始实行"统一领导、划分收支、分级管理、侧重集中"的预算管理体制,是1951年预算管理体制的一个延续。其具体内容如下:

(1) 预算层级。由原来的中央、大行政区、省（市）三级管理，改为中央、省（市）、县三级管理体制。这在一定程度上降低了中央的集权程度，适当下放了管理权限。

(2) 收入划分。国家采取"分类分成"的办法，把国家财政划分为固定收入、固定比例分成收入和调剂收入三类。其中固定收入和固定比例收入的划分如表2-1所示，不再赘述；属于中央调剂收入有商品流通税和货物税，每年由财政部根据地方财政的实际情况，核定具体的调剂比例。

(3) 支出划分。支出一翼，基本上按照隶属关系进行划分。属于中央的企业、事业和行政单位的支出，列入中央预算；属于地方的企业、事业和行政单位的支出，列入地方预算。地方预算每年由中央核定，按照收支划分，地方财政支出首先由地方的固定收入和固定比例分成收入抵补，不足的差额由中央划给调剂收入弥补。分成比例一年一定。地方财政的年终结余，由各地在下年度使用，不再上缴。

表2-1　　　　　　1953~1957年中央和地方收入划分情况

中央固定收入	地方固定收入	中央与地方分成收入
关税	印花税	农业税
盐税	利息所得税	营业税
烟酒专卖	屠宰税	所得税
国营企业利润和折旧	牲畜交易税	
信贷保险收入	城市房地产税	
中央和大区行政收入	文化娱乐税	
中央和大区事业收入	车船使用牌照税	
中央和大区公产收入	契税	
	地方国营企业利润和折旧	
	公用事业附加	
	地方行政收入	
	地方事业收入	
	地方公产收入	
	其他收入	

资料来源：赵云旗，《中国分税制财政体制研究》，经济科学出版社2005年版，第164页。

(三)"分类分成"预算管理体制的实际效果

"一五"时期,在"分类分成"预算管理体制之下,各省(区、市)的固定收入和固定比例收入一般占预算支出的60%~80%,这样就使地方预算能够拥有相对稳定的财源,从而发挥其组织收入的积极性。①

由于国家重点建设项目和部分主要支出(如国防、外交等)须由中央承担,所以中央本级财政收支占国家财政收支的比重均在70%以上(见表2-2)。绝大部分重点建设项目,由中央各工业部门主管,投资也由这些部门直接安排,因此在国家预算内基本建设拨款中,属于中央项目的更占到了79%,属于地方项目的仅占21%。虽然地方拥有一些固定财源和机动财力,但仍然存在着过于集中的问题。后来,毛泽东在著名的《论十大关系》中就对中央集权过多,不利于发挥地方积极性等问题做过深刻地阐述。中共"八大"之后,国家继续深化"分类分成"体制改革,进一步扩大地方财力。

表2-2　　"一五"时期中央与地方财政收支及其比重

财政收入				财政支出			
中央		地方		中央		地方	
绝对值(亿元)	比重(%)	绝对值(亿元)	比重(%)	绝对值(亿元)	比重(%)	绝对值(亿元)	比重(%)
1003.22	77.7	287.85	22.3	966.85	73.2	353.67	26.8

注:表中所列示的中央、地方财政收入和支出,均为本级收入和支出。
资料来源:楼继伟主编,《新中国50年财政统计》,经济科学出版社2000年版,第80、159页。

二、税收政策和税收管理体制

在"一五"时期,我国税收政策发生了重大的调整,其中的标志性事件就是1953年的修正税制。以"保证税收、简化税制"为目的的新税制,因为"公私一律平等纳税"的提法而受到严厉的批评。在此之后,"区别对待"成为计划经济时期制定税收政策的根本原则,税收不仅是取得财政收入的一种手段,更为重要的是成为限制甚至取消私有制的有力政策工具。

---

① 赵云旗:《中国分税制财政体制研究》,经济科学出版社2005年版,第165页。

第二章
宏伟蓝图：为社会主义工业化奠基的财政

（一）1953年的修正税制

1952年下半年，税收工作面临许多新情况和新问题，而建立于1950年的旧税制又无力解决这些问题，出现了经济日渐繁荣，税收相对下降的反常情况。这主要是由于：（1）1950年年初，国营企业和合作社经济还很薄弱，于是国家在税收上给予很大支持，从而使国营企业和合作社承担税收的能力没有得到充分的发挥；与此同时，由于私营企业的比重下降、经营困难等问题，营业税和所得税减少，1952年，私营企业的营业税只完成了82.4%，货物税完成92.2%。（2）由于工商企业的经营方式发生变化，统购统销、加工订货和包销业务逐步实施，深购远销、长距离调拨、代购代销和委托加工等范围日益扩大。这些变化，减少了商品的流转次数，引起批发营业税的下降。

针对上述情况，税制修正遵循"保证税收，简化税制"的原则，其主要内容有：①

（1）按照"保证税收"的原则：其一，工业总分机构从生产、批发到零售，要缴三道营业税；商业总分机构从批发到零售，要缴两道营业税，改变过去"相互拨货""不视为营业行为，不课征营业税"的做法；其二，为了堵塞漏洞，规定工厂直接卖货给零售商时，须将工商两道批发营业税移到工厂直接缴纳；其三，取消对合作社征收营业税打八折的优惠，取消合作社成立第一年免纳所得税的规定。

（2）按照"简化税制"，变原先的"多税种，多次征"为"多税种，一次征"的办法：其一，试行商品流通税。从征收货物税的品目中，选择国家能够控制生产或收购的22个品目，改征商品流通税，在商品的第一次批发或调拨环节征税，以后各环节均不再征税。其二，货物税、营业税、所得税等也将一些项目合并简化，在批发环节征税问题上，实行"公私一律平等纳税"原则。② 因为这次税改主要针对流通环节的，货物一上

---

① 薄一波：《若干重大决策与事件的回顾》（上），中共党史出版社2008年版，第164~165页。
② 据薄一波回忆，当时发表的《人民日报》社论，为了说明修改税制的必要性和目的，原稿上有这样一句话："国营企业和私营企业都要按照修改的税制纳税。"薄一波在修改时，把这句话简化为"公私一律平等纳税"。参见薄一波：《若干重大决策与事件的回顾》（上），中共党史出版社2008年版，第167页。

市，就只能对物不对人，商品按照一定税率平等纳税是应该的。

虽然新税制存在着一些问题，但也的确起到了保证国家税收的作用，1953 年第一季度，商品流通税、货物税和营业税的总计为 11.74 亿元，比旧税制计算的 10.64 亿元增加了 1.94 亿元，增长 10.78%。[①] 然而，在新税制实行两个多月后，"公私一律平等纳税"的提法受到严厉的批评，被认为是违背了七届二中全会的决议。国家迅速采取了措施加以纠正。此后，"区别对待"成为计划经济时期制定税收政策的根本原则，国营企业税负要低于集体企业，集体企业税负要低于私营企业，税收政策成为促进社会主义改造，限制甚至取消私有制的有力工具。

（二）促进社会主义改造的税收政策

1953 年 8 月，周恩来在全国财经工作会议上指出："过渡时期的税收任务，一方面要能够更多地积累资金，有利于国家重点建设；另一方面要调节各阶级的收入，有利于巩固工农联盟，并使税制成为保护和发展社会主义、半社会主义经济，有步骤、有条件、有区别地利用、限制、改造资本主义工商业的工具。过渡时期的税收政策，对公私企业应区别对待，简繁不同。对公私合营企业应视国家控制的程度按国营企业待遇。"[②]

（1）促进资本主义工商业改造的税收政策。根据区别对待，简繁不同的原则，国家在促进资本主义工商业改造方面的税收政策主要有以下几个方面：

其一，在货物税和工商业营业税的税率设计上，根据工业轻于商业，生产资料轻于消费资料，生活日用品轻于奢侈品的原则，对不同的产品和不同行业实行不同的税率；同时，工商业所得税规定，对于有利于国计民生的行业给予不同程度的税收优惠，鼓励私营企业从事有利于国计民生的生产和经营，限制其消极因素。

其二，按照区别对待的原则，对私营企业征收全额累进的所得税，直接将 1/3 左右的利润集中到国家手里，而对国营企业不征所得税；对国营工业，在连续生产过程中应纳商品流通税和货物税的重工业产品给予免税

---

① 赵梦涵：《新中国财政税收史纲（1927～2001）》，经济科学出版社 2002 年版，第 190 页。
② 中国社会科学院、中央档案馆编：《1953～1957 中华人民共和国经济档案资料选编·财政卷》，中国物价出版社 2000 年版，第 4 页。

照顾，而私营工业则照章纳税；对私营批发商业征收营业税，对国营则不征税。

其三，促进私营工商业走国家资本主义道路。对纳入国家资本主义初级形式、接受国家加工、订货或者经销、代销的私营工商业规定了较为优惠的条件。对国家资本主义高级形势的公私合营企业，在所得税的计算上，如工资、福利、固定资产折旧等列支，都适当放宽了尺度。在管理和纳税上，逐步同国营企业实行同等待遇。

（2）促进农业、手工业改造的税收政策。根据党和国家的政策，在对农业和手工业改造的税收政策上，一方面照顾个体农民和手工业者正当的生产经营；另一方面，积极引导他们逐步走上集体化的社会主义道路。例如，对新组织起来的手工业生产合作组织，按照小型工业企业的规定征收营业税，并在一定期限内给予免征所得税的优惠。国家减免的税款，作为合作社的生产基金，以扶持其发展。对小商贩组织起来的合作商店也采取相应的优待措施。在农业合作化高潮后，对于农村的工商税收，也规定了具体的低税和免税政策。

（三）"一五"时期税收收入的地位和作用

如表2-3所示，从1953~1957年，税收收入在财政收入中的比重一直呈现下降趋势，相比之下，企业收入的占比直线上升。这意味着，税收作为组织财政收入的角色不断弱化，而在限制甚至取消私有制上发挥着重要的作用，在1953年，来自私营经济和个体经济的收入占整个财政收入的比重为31.1%，到了1957年这一比重急剧下降至2.7%。

表2-3　　"一五"时期国家财政分项目收入以及比重

项目	1953年	1954年	1955年	1956年	1957年
财政收入合计（亿元）	213.24	245.17	249.27	280.19	303.20
税收收入（亿元）	119.67	132.18	127.45	140.88	154.89
税收占财政收入的比重（%）	56.12	53.91	51.13	50.28	51.09
企业收入（亿元）	76.99	99.61	111.94	134.26	144.18
企业收入占财政收入的比重（%）	35.96	40.63	44.91	47.92	47.55

资料来源：楼继伟主编，《新中国50年财政统计》，经济科学出版社2000年版，第62、65页。

"一五"时期,农业税的绝对数维持在一个稳定的水平(见表2-4)。1953年6月5日,政务院颁布了《关于1953年农业税工作的指示》,明确规定:"今后三年内,农业税的征收指标,应稳定在1952年实际征收的水平,不再增加。"三年期满后,财政部在确定1956年、1957年的农业税征收指标时,继续稳定在1952年的实际征收水平,从而使农业税的负担水平随着农业生产和农民收入的不断提高而相对降低。不过,农业税的负担水平并不能完全说明农民对国家的贡献,因为在农业税之外,还有农副产品"统购统销"政策所带来的"价格暗税"。

表2-4　　　　　1952～1957年农业税负担情况

项目		1952年	1953年	1954年	1955年	1956年	1957年
实际农业税（亿元）	正税	352	328	343	351	319	355
	正税+附加	358	344	371	384	367	400
农业税占实际产量的（%）	正税	12.0	11.3	11.5	10.6	9.4	10.3
	正税+附加	12.2	11.9	12.4	11.6	10.8	11.6

资料来源:项怀诚主编,《中国财政50年》,中国财政经济出版社1999年版,第100页。

三、国营企业财务管理体制与基本建设拨款管理体制

在整个计划经济时期,国家高度集中的财税体制没有发生根本性变化,但这并不意味着这一体制就是一成不变的,国家在保证统一领导的前提下,会根据当时的具体情况,加以适当地调整。在"一五"时期,我国就国营企业财务管理体制和基本建设拨款管理体制进行了积极地调整,既有富有成效的改革,亦有值得借鉴的经验教训。

(一)国营企业财务管理体制

"一五"时期,国营企业财务管理体制改革主要表现在:改进国营企业奖励基金制度;实行超计划利润分成制度;1955～1957年,取消定额信贷,实行自有流动资金计划定额全部由财政拨款。至于固定资产折旧,仍然全部集中上交国家,不再赘述。

(1)改进国营企业奖励基金制度。1952年出台的《国营企业提用企

业奖励基金暂行办法》在调动企业和职工积极性的同时，也存在着一些问题，主要有：企业提奖比例偏高，不利于正确处理国家、企业和职工三者之间的关系；由于价格等客观因素造成企业利润高低悬殊，影响到奖金的多寡，造成福利待遇苦乐不均。针对上述问题，中央财政经济委员会于1953 年 11 月 17 日颁布了《关于国营企业提取企业奖励基金的临时规定》，对提奖条件、提奖比例和使用范围做了一些修改，适当地降低了提奖比例，并明确了主管部门的调剂幅度。

(2) 实行超计划利润分成制度。为了鼓励企业超额完成国家计划，进一步调动企业增产增收的积极性，1954 年 8 月，国家颁布了《国营企业 1954 年超计划利润分成和使用办法》，并于 1956 年做了进一步的规定。国营企业的超计划利润，采取分成的办法，其中 40% 归各主管企业部门使用，60% 上交国家财政。

从 1952~1957 年，企业奖励基金共提取 11.84 亿元；从 1954~1957 年，超计划利润共提取 10.61 亿元。年度数据如表 2-5 所示。

表 2-5　　　　1952~1957 年企业奖励基金和
超计划利润分成提取金额　　　　单位：亿元

项目	1952 年	1953 年	1954 年	1955 年	1956 年	1957 年	合计
企业奖励基金提取数	1.09	1.62	1.56	1.73	2.62	3.22	11.84
超计划分成提取数	—	—	1.44	1.46	2.58	5.13	10.61

资料来源：财政部工业交通财务司编，《中华人民共和国财政史料》（第五辑），中国财政经济出版社 1985 年版，第 4 页。

(3) 实行自有流动资金计划定额全部由财政拨款。1951~1954 年，国家对国营企业流动资金的供应和管理，实行定额流动资金由财政和银行分别供应，财政拨款和银行贷款的比例，每年有所不同。从 1955 年起，国家为了加强流动资金的计划管理，实行自有流动资金计划定额全部由财政拨款。

（二）基本建设拨款管理体制

在整个计划经济时期，基本建设投资基本上是由财政无偿拨款，只有一小部分系国营企业或单位自筹资金，其性质与财政资金无异。

在国民经济恢复时期，用于基本建设工作的各项费用，都作为基本建设投资，当时国家基本建设投资每年平均只有26亿元，其中80%~90%都由国家直接安排。① 从1953年起，国家对基本建设投资和企业"四项费用"（技术组织措施费、新产品试制费、劳动安全保护费和零星固定资产购置费）进行分别管理。后来，随着企业自主权的扩大，企业"四项费用"逐步扩大为更新改造措施费，与基本建设费用统称固定资产投资。"一五"时期，国家预算内基本建设投资占全部基建投资总额的93.9%，预算外投资占6.1%，其中在预算内投资中，中央占79%，地方只占21%；在预算外投资中，中央占48.3%，地方占51.7%。

为了执行"一五"计划，加强财政管理的需要，国家于1954年9月设立了中国人民建设银行，作为办理基本建设拨款监督的专业银行。凡是中央和地方各部门对基本建设的投资，其监督拨款业务均集中于该行统一办理，并同时负责办理对建设单位及包干企业的短期放款业务。企业机关等用于基本建设的自筹资金，亦须集中于该行根据国家的计划和预算监督拨付。中国人民建设银行必须按照国家计划来拨款，不仅要审查预算，并且要参与预算定额的编制，从而更好地执行以国家计划和财政预算为主体的基本建设拨款管理体制。

（三）"一五"时期国营企业的财政贡献

随着社会主义改造的不断推进，非社会主义性质的经济成分对国家财政的贡献迅速下降，到1957年，私营经济和个体经济在国家财政收入中的比重只有2.7%，我国财政收入几乎清一色是国有来源结构。在国有来源结构内部，国营企业（或者说全民所有制经济）的财政贡献又占绝对主导地位。"一五"时期，在国家财政分项目收入中，企业收入的占比不断上升，从1953年的35.69%，逐渐上升至1956年的47.92%，1957年略有下调。在国家财政分经济类型收入中，全民所有制经济上缴收入占全部财政收入的比重，从1953年的64.17%，增至1956年的73.49%，1957年略降到70.57%（见表2-6）。

---

① 中国人民建设银行总行编：《中华人民共和国财政史料》（第六辑），中国财政经济出版社1987年版，第1页。

表 2-6　　　　　"一五"时期国营企业的财政贡献

项目	经济恢复时期	1953 年	1954 年	1955 年	1956 年	1957 年
企业收入（分项目）(亿元)	96.5	76.99	99.61	111.94	134.26	144.18
企业收入占财政收入的比重（%）	25.3	35.96	40.63	44.91	47.92	47.55
全民所有制经济上缴财政收入（分类型）(亿元)	101.01	136.83	166.48	182.11	210.36	218.78
全民所有制经济上缴占财政收入的比重（%）	50.12	64.17	65.66	71.29	73.49	70.57

资料来源：中华人民共和国财政部综合计划司编，《中国财政统计》（1950~1985年），中国财政经济出版社 1987 年版。

第四节　"一五"计划的超额完成：为社会主义工业化奠定坚实基础

从 1953~1957 年，在中国共产党和人民政府的正确领导下，经过全国人民的艰苦奋斗，我国超额完成了第一个国民经济五年计划，国民经济较快发展，为社会主义工业化奠定坚实的基础。

一、基本建设投资超额完成[①]

"一五"时期，国家原定全民所有制基本建设投资为 427.4 亿元，实际完成 588.47 亿元。国家财政超额完成第一个五年计划的收入任务，是基本投资建设超额完成的重要条件之一。在国家全部基本建设拨款中，国家预算内投资为 531.18 亿元，占 90% 以上。在财政基本建设拨款中，用于经济和文化事业的基本建设拨款为 496.01 亿元。

5 年里，在实际完成的基本建设投资总额中，工业部门占 56%，农林水利部门占 8.2%，运输邮电部门占 18.%。其中在工业部门的基本建设投

---

① 参见项怀诚主编：《中国财政 50 年》，中国财政经济出版社 1999 年，第 126~127 页；柳随年、吴敢群主编：《中华人民共和国经济史简明教程》，高等教育出版社 1988 年版，第 128 页。

资总额中,重工业占85%,轻工业占15%。当"一五"计划结束时,我国新增固定资产达到492.18亿元,5年的建设成果超过了新中国成立建设的1.5倍。

在施工的工矿建设单位达1万多个,其中限额以上为921个,比原计划增加了227个。到1957年底,全部建成投产的有428个,部分投入生产的有109个。平均每两天就有一个现代化的限额以上的大型工矿单位动工兴建,平均每三到四天就有一个现代化的大型工矿企业建成投入生产。这921个限额以上的建设项目,有许多是过去没有的新兴工业或新的生产部门,如飞机、汽车、发电设备、重型机器、新式车床、精密仪器、电解铝、无缝钢管、合金钢、塑料、无线电和有线电器材等的制造和生产。这些新型企业及公用事业项目的建立,改变了新中国成立前中国经济和文化落后、部门残缺不全的状况,为实现整个国民经济技术改造和文教科学事业的发展创造了条件。

二、工业生产迅速发展

1957年工业总产值达783.9亿元,比1952年的343.2亿元增长了128.6%,年均增长率为18%,高于计划规定的14.7%(见表2-7)。工业总产值的增长速度要明显快于社会生产总值和农业总产值,正因为如此,工业总产值占工农业生产总值的比重从1952年的43.1%,上升至1957年的56.7%。

在工业部门内部,重工业产值的比重从1952年的35.6%,提高到1957年的48.3%。1957年生产资料生产比1952年增长2.1倍,生产资料生产占工业总产值的比重也从1952年的35.6%,提高到1957年的48.3%;1957年机器制造工业占工业总产值的比重为9.5%,比1952年的5.2%有了明显的提高。①

---

① 国家统计局编:《中国统计年鉴(1981)》,中国统计出版社1981年版。

表 2-7 1953~1957 年我国经济的增长速度　　　　　　　单位：%

项　目	1957 年比 1952 年增长	年均增长率
社会生产总值	70.9	11.3
国民收入	53.0	8.9
工农业总产值	67.8	10.9
工业总产值	128.6	18.0
农业总产值	24.8	4.5

资料来源：《中国统计年鉴（1981）》。

工业生产的迅速发展，尤其是重工业优先发展战略的推动，使新中国成立前遗留下来的落后面貌发生了根本性转变，我国初步建立了相对完整的工业体系，为社会主义工业化奠定了坚实的基础。

三、国民经济的全面发展

在工业迅速发展的同时，农业、交通运输和科教文卫等领域也有不同程度的增长。

在农业领域，5 年内，除了 1955 年丰收之外，其余几年都是平年或歉收，但是农业生产还是有了较快的发展，农业总产值年均增长 4.5%，主要的农作物产品也有很大的增长。国家在发展工业的同时，并没有忽视对农业生产的投入。1954 年 6 月，中共中央在批转中央农村工作部《关于第二次全国农村工作会议的报告》中指出，在实行计划经济建设，发展工业特别是重工业的同时，必须使农业真正获得与工业相适应的发展。1956 年，为了响应《1956~1967 年全国农业发展纲要》，国家财政在兴修农田水利、推广新式农具、扩大优良品种和防治病虫害等方面加大投入，尤其是在支持建立为农村合作社服务的农业"四站"（技术推广站、良种推广站、畜牧兽医站和植物检疫站）和农田水利建设方面安排了较多的支出。"一五"时期，财政支农资金达 99.58 亿元，占财政支出总计的 7.54%。

5 年内，运输邮电部门的基本建设投资占总投资的比重为 19.2%，仅依次于工业部门。不但加强了原有的交通路线，而且增加了大量的新的交通线。邮路和电信线路也增长非常快，1952年全国只有约59%的乡通邮路，到了1957年底99%的乡都已经通邮。

5年内，科教文卫事业也有了很大的发展。1949~1957年，我国平均每万人中的大学生从2.2人增加到6.8人，增长了209%；中学生从23人增加到110人，增长了378%；小学生从450人增加到994人，增长了120.9%。1957年全国科研机构共有580多个，研究人员2.8万人，比1952年增加了2倍多。1957年全国工业工程技术人员达到17.5万人，比1952年增长2倍。

总而言之，"一五"时期的经济发展，是我国历史上一个非常成功的发展时期，在一个半封建、半殖民地的国家，根据马克思主义的基本原理，把社会主义理想变成了现实。"一五"计划的超额完成，为社会主义工业化建设奠定了坚实的基础，国民经济的全面发展，则充分显示了我国社会主义制度的优越性。

第五节 小结

从1949年新中国成立到1956年，中国共产党领导全国人民有步骤地实现了从新民主主义社会到社会主义社会的转变，实行计划经济，并建立起高度集中的经济管理体制。

这是历史与现实的选择，尽管之后经历多次的挫折，我国社会主义经济建设和社会发展仍然取得了巨大成就。其中，与计划经济体制相适应的财政体制发挥了积极的作用。"一五"时期，国家通过高度集中的财政体制，为社会主义工业化建设筹集了巨额资金，投资兴建了大量的国营企业。并且，积极配合生产资料私有制的社会主义改造，建立起全民所有制和集体所有制经济，国有经济掌握着国家的经济命脉，成为国民经济的主导力量。

在高度集中的经济体制下，国家利用特殊的财政收入机制，大而宽的财政支出机制，进行大规模的经济建设，建立起比较完整的国民经济体系，尤其是工业体系，把我国从一个贫穷落后的农业国，变成了初具规模、走上工业化道路的新兴社会主义国家，经济社会全面发展。

高度集中的财政体制，在取得巨大成绩的同时，也深深地打上了"二元"的烙印，其运行机制的突出特征是"生产建设型财政+国有制财政+城市财政"。即它专注于生产建设领域，而不是整个公共服务；它的覆盖范围是有选择的，而不是全面的；它所提供的财税待遇是有薄有厚的，而不是一视同仁的。故而，它是一种"取自家之财，办自家之事"的财政运行格局。很显然，这样的财政运行机制以及作为其结果的财政运行格局，不能说是"公共性"的，至少"公共性"是打了折扣的，而且是不可持续的。

20世纪50年代以后，一方面由于高度集中的体制抑制了微观经济主体的积极性和创造性，经济效率低下；另一方面由于巨大的新增人口不仅抵消了经济增长，也构成了社会福利和就业制度的沉重负担，民众对国家福利支出的需求和国家实际供给能力之间逐渐形成尖锐的矛盾。高度集中的计划经济体制将因为财政压力而不得不进行改革，这也就是我国20世纪70年代以来包括财税体制在内的经济体制变革的起点。

曲折中探索：
全面建设社会主义时期的财税体制

"一五"时期，我国社会主义物质文明建设和精神文明建设都取得了巨大成就，社会主义理财思想和财政理论建设也取得了丰硕的成果。可惜的是，这些成功经验的总结，没有能够坚持下来，相反，在"左"倾指导思想的影响下，丢开了这些宝贵经验，轻率地发动了"大跃进"和人民公社化运动。此后，财政经济工作不可避免地受到了"左"倾指导思想的影响，这种影响，一直延伸到未来的岁月中。

第一节 行政性分权：改革中央计划经济体制的初次探索

一、中央计划经济体制的弊端与行政性分权的提出

新政权成立后，中国共产党在20世纪50年代初建立起了计划经济体制，在极短的时间里迅速强化了国家能力。这种强化，与其财政收入的汲取能力加大不无关系。首先，政府收入占国民收入的比重迅速提高，达到了国民收入的1/3；其次，中央财力集中程度相当高，中央财政收入占财政总收入达80%，中央财政支出占财政总支出达70%多。国家汲取能力由小到大，政府能力由弱变强，是中国实现经济迅速增长的主要原因之一。

但是，在计划经济体制时代，由于权力过分集中，中央统得过死，既缺乏经济民主，也缺乏政治民主。

1956年9月，党的八大决定根据"统一领导、分级管理、因地制宜、因事制宜"的原则，改进国家的行政体制，划分企业、事业、计划和财政的管理范围，适当扩大各省、自治区、直辖市的管理权限，并且逐一改进和加强中央各部的工作。第二年初，中央成立了经济工作五人小组①，提出改进体制的主要方针是：实行三级分级管理体制，即：国务院一级、中央部委和省市一级、基层单位一级；逐步下放管理权限；重视综合平衡处理人、财、物和产、供、销等各环节的协调关系。

自此，中国开始了以行政性分权为核心的分权化过程。这是对中央计划经济模式的一次重大突破。

1957年开始实行第一次财政分权化改革后，中央财政收入占财政总收入的比重大幅下降，从1958年的80.4%降到1959年的24.4%，下降了56个百分点；中央财政支出占财政总支出的比重，从1957年的71%下降到1958年的44.3%，下降了26.7个百分点。1961年以后，中央财政收支占财政总收入和总支出的比重略有提高。20世纪70年代初再次实行分权化，这两个比重又再次下降，到1975年，中央财政占财政总收入比重只有11.8%，是历史的最低点，同期中央财政占财政总支出的比重为49.9%。"由此看来，很难说当时的中国的计划经济是属于一个典型的中央集权经济，说是地方分权型的计划经济也许更确切。"②

地方分权化的趋势，助长了随之而来的"大跃进"时期的过度放权。

二、财经体制放权的七条原则

"一五"期间，我国的财政力量日益壮大，而且日益巩固。"第一个五

---

① 小组由陈云、李富春、薄一波、李先念、黄克诚组成，陈云任组长，在中央政治局领导下具体负责经济工作和改进体制工作。1957年1月10日，中共中央为此专门发出了《关于成立中央经济工作五人小组的通知》。

② 胡鞍钢：《中国政治经济史论（1949～1976）》（第2版），清华大学出版社2008年版，第515页。

年的财政计划基本上是适当的,它的实现不但保证了第一个五年计划的完成,而且为第二个五年计划时期的财政准备了良好的基础。"① 从 1956 年开始的对社会主义建设道路的探索,虽然在之后的"大跃进"运动中方向有所偏离,但是,探索符合中国国情的社会主义道路的努力并没有停止。

1958 年,"二五"计划进入第一个年头,在"五年看三年,三年看头年"和"苦战三年"口号的鼓舞下,广大人民以空前高涨的热情,迎接 1958 年的国民经济计划。他们期望 1958 年在各个战线上向前迈进一大步,以便为第二个五年计划奠定雄厚的基础。根据"一五"时期的经验,政府决定对财政管理制度作若干重大改进,并经批准从 1958 年起实行。"这些改进是为了在财政方面调整中央同地方、国家同企业之间的关系;是为了更好地把统一领导的原则同因地制宜的原则结合起来,更好地把全体的利益同局部的利益结合起来,以便充分调动一切积极因素,更有效地为建设社会主义服务。"②

改革过分集中的财经体制,是探索适合中国国情的经济发展道路的极为重要的一个方面。"一五"时期为了集中财力保障重点项目建设,形成了侧重集中统一的经济管理体制,但随着建设规模的扩大,社会化大生产和专业化的发展,部门之间、地区之间、企业之间的联系和协作关系越来越密切,经济体制集中过多,统得过死,不适应生产力发展的矛盾就凸显出来了。

在中共"八大"上,周恩来对于改革过于集中的财经体制,提出了七条放权的原则:(1)明确规定各省、自治区、直辖市有一定范围的计划、财政、企业、事业、物资、人事的管理权;(2)凡关系到整个国民经济而带有全局性、关键性、集中性的企业和事业,由中央管理;其他的企业和事业,应该尽可能多地交给地方管理;企业和事业在下放时,同他们有关的计划、财务管理和人事管理一般也应该随之下放;(3)企业和事业的管理,应该认真改进和推行以中央为主、地方为辅或者以地方为主、中央为辅的双重领导的管理方法,切实加强对企业和事业的领

---

① 李先念:《关于一九五七年国家预算执行情况和一九五八年国家预算草案的报告》,引自财政部办公厅编:《中华人民共和国财政史料》(第二辑),中国财政经济出版社 1983 年版,第 190 页。

② 同上,第 201~202 页。

导；(4) 中央管理的主要计划和财务指标，由国务院统一下达，改变过去许多主要指标由各部门条条下达的办法；(5) 某些主要计划指标和人员编制名额等，应该给地方留一定的调整幅度和机动权；(6) 对民族自治地方各项自治权利，应该作出具体实施的规定，注意帮助少数民族地区政治、经济、文化事业的发展；(7) 改进体制要逐步实现，某些重大的改变，应该采取1956年准备，1957年试办，到"二五"计划期间全面实施的步骤，稳步推进。

第二节 "大跃进"过度放权与财政虚假问题

根据上述改革原则和设想，为了适应大规模经济建设的需要，全面经济体制改革的尝试开始了。1957年10~11月间，《关于改进工业管理体制的规定（草案）》《关于改进商业管理体制的规定（草案）》《关于改进财政管理体制的规定（草案）》三个规定相继获得通过，决定从1958年开始实施。

一、财税体制改革的探索与挫折

三个规定，无一例外地聚焦于改善中央和地方关系、国家和企业关系，以及地方、企业适当扩权等方面，力图解决高度集中的财政经济管理体制产生的诸多弊端。由此展开的财政管理体制改革，一个重要特点便是，与工商管理体制的改革相配套，目标则是瞄准了扩大地方财政和企业的财权。

（一）中央与地方关系方面的放权

循着上述思路，在中央和地方关系的处理上，一改过去实行"以支定收，一年一变"①的体制，1958年后，改为实行"以收定支，五年不变"，地方可以在五年之内按其收入情况来安排支出。大体作法如下②：

---

① 即先确定地方的支出，然后按支出划给一定的收入，每年核定一次。
② 《当代中国丛书》编辑部编：《当代中国财政》（上卷），中国社会科学出版社1988年版，第160页。

(1) 财政收入实行分类分成。属于地方财政收入的有三类：一类是地方固定收入，包括原有地方企业收入、事业收入、7 种原已划给地方的税收（印花税、利息所得税、屠宰税、牲畜交易税、城市房地产税、文化娱乐税、车船使用牌照税），以及地方其他零星收入；一类是企业分成收入，包括中央划归地方管理的企业仍属中央但地方参与分成的企业的利润 20%，分给企业所在省、市，作为地方收入；一类是调剂分成收入，包括商品流通税、货物税、营业税、所得税、农业税和公债收入。这些收入划给地方的比例，根据各地财政平衡的不同情况，分别确定。

(2) 财政支出确定两种不同的支出——地方财政的正常支出和由中央专案拨款解决的支出。所谓地方正常支出，即地方财政支出中的经常性开支，由地方根据中央划给的收入自行安排；中央专案拨款解决的支出，包括基本建设拨款和重大的灾荒救济、大规模移民垦荒等特殊支出，每年确定一次，列入地方预算。

(3) 确定地方固定收入项目和正常支出范围后，为了满足地方的正常支出，保持地方财政收支平衡，按以下四种情况确定地方的收入项目和分成比例。第一种情况，地方用固定收入能够满足正常支出需要的，不再划给别的收入，多余部分按照一定比例上交中央财政。第二种情况，地方用固定收入不能满足正常支出需要的，划给企业分成收入，多余部分按一定比例上交中央财政。第三种情况，地方用固定收入、企业分成收入仍然不能满足正常支出需要的，划给一定比例的调剂收入。第四种情况，地方固定收入、企业分成收入和调剂收入全部划给地方，仍然不能满足正常支出需要的，不足部分由中央拨款补助。

确定地方正常支出和划分收入的数字均以 1957 年的预算数为基数。收入项目和分成比例确定后，原则上五年不变。在预算执行过程中，收入超过支出，地方可以自行安排使用；地方预算的年终结余，全部留给地方，由地方在下年安排使用。对于少数民族地区征收的税收，除关税外，全部划归本地区使用，此外，基本建设支出也划给地方自行安排。

（二）国家和企业关系方面的放权

在国家与企业的关系上，实行利润分成，改进财务管理制度。

1958 年起，决定在国营企业实行利润全额分成制度。企业留成比例，以各主管部门为单位核定。各部门在"一五"期间领取的"四项费用"（技术措施费、新产品试制费、劳动保护费和零星固定资产购置费）和商业简易仓棚建筑费、提取的企业奖励基金和社会主义竞赛奖金、40%的超计划利润等占同一时期实现的利润总额的比例，即为主管部门利润留成比例。在确定各主管部门利润留成比例的范围内，再由各主管部门对所属企业根据上述原则和具体情况分别核定不同的留成比例，但主管部门可以集中一部分留成资金调剂使用。企业留用的利润，在国家规定的范围内自行安排使用。这一制度从1958～1961年实行，共提取了留成资金146.7亿元。

除了实行利润留成制度外，还改进了若干财务管理制度。主要措施有：报废固定资产变价收入不再上缴财政，改为留给企业用于更新改造；企业结合固定资产大修理进行革新改造的费用支出，允许在大修理基金中核销；对国防工业以及其他企业特别重要的新种类产品试制费用，如果超过本企业负担能力，仍给予一定拨款。

（三）基本建设财务管理制度改革

在基本建设财务管理制度方面，对基本建设财务管理，试行投资包干制度。

具体做法是：在年度确定的基本建设投资额的基础上，在不降低生产能力、不推迟交工日期、不突破投资总额、不增加非生产性建设比重的条件下，将基本建设投资交由建设部门和单位统一掌握，自行安排，包干使用。原定的建筑工程竣工之后，投资如有结余，仍然留给建设部门和单位另行使用。如果年度终了，工程未完，投资有余，资金可以结转到下年继续使用，不再采取年终收回的办法。同时，为了加强基本建设财务管理，规定建设银行既管拨款，又管预算，使之具有财政和银行的双重职能。基本建设资金从确立预算、拨款直到工程决算，统一由建设银行管起来。基本建设投资实行包干制度，对工程预算、拨款、决算进行全面的财务监督，对建设单位加强经济核算、注意挖掘企业潜力，节约资金有促进作用。

据统计，1959年全国实行投资包干的建设单位达5000多个，占全国投资总额的40%左右。其中，重工业占绝大部分，冶金、煤炭、水电、石油、化工等系统实行包干的投资额占本部门投资总额的75%～85%。1960年，这一工作达到高潮。之后，由于缺乏经验，这一办法本身也不断暴露出其缺陷，加上又偏离经济责任制的轨道，盲目追求不切实际的高指标，到1961年，这一做法就停止了。

（四）简化税制和征税办法

在税收制度上，实行合并税种，简化征税办法。

社会主义改造基本完成后，税收征纳关系发生了重大变化。原有的税制已经不能适应变化了的新情况。1958年，国务院发布试行《中华人民共和国工商统一税条例（草案）》。改革主要聚焦于合并税种和简化纳税办法，同时，在基本维持原税负的基础上调整税率。合并税种主要是将商品流通税、货物税、营业税和印花税等合并成工商统一税。简化征税办法一是减少对"中间产品"征税，二是简化计税价格，改为一律按销售收入计税。但是，试行工商统一税，税制过于简化，削弱了税收调节经济的作用。

（五）开始试行"全额信贷"

国营企业的流动资金以往由财政和银行"两口供应"，即由财政拨款供应国营企业的定额流动资金，由银行贷款供应国营企业的超定额流动资金。定额核定后，往往多年不变，导致资金定额和生产发展之间出现不相适应的情况，也常常使财政和银行之间发生矛盾。

为解决这一矛盾，开始了试行"全额信贷"的工作。1958年12月，国务院决定国营企业的流动资金改由人民银行统一管理。1959年2月，财政部和中国人民银行总行对国营企业流动资金的管理，又作了补充规定。规定国营企业、地方国营企业和已经实行定息的公私合营企业，所需要的流动资金，自1959年起，全部改由中国人民银行按信贷方式统一供应，并实行统一管理。企业应将自有流动资金全部转给当地人民银行，作为其贷款，统一计算利息。抽调企业自有流动资金用于基本建设或其他用途的，应进行清理，设法补足，不得冲减企业法定基金，不得减少国家的流动资金。各级财政部门要将企业需要增加的定额流动资金列入预算，并全额拨交当地人民银行作为信贷基金。企业向银行所借的流动资金，只能用于生产周转和商品流转的需要，不得用于基本建设和其他用途。企业主管部门应当向财政部门和人民银行编报年度流动资金计划,由财政部门和银行共同审定,作为考核企业主管部门资金周转的依据。这一管理制度,习惯上称为"全额信贷"。这一改革旨在及时保证企业流动资金的需要,克服过去分别由财政和银行供应资金所产生的手续繁复和某些脱节现象。

"全额信贷"本身对协调财政与银行的关系,充分发挥银行融通资金的作用是有利的。但在"大跃进"时期,盲目追求高指标、高速度,也出现了"随要随贷""要多少贷多少"的乱贷乱放现象,破坏了必要的信贷管理制度。这一办法实行了两年,就被迫停止执行了。

(六)未达目的的改革

种种有益的尝试,未能按照原有的方向良好发展。由于"大跃进"中盛行高指标、瞎指挥、"共产风"、浮夸风等,也由于财政安排宏观决策上的失误,实际执行的结果,已经同原来拟定的改革精神相去甚远。改革没有达到目的。

"大跃进"和人民公社化运动①,彻底打乱了"二五"计划的部署,使财政工作遭受到了挫折。原本,"一五"计划提前胜利完成,为加快社会主义经济建设步伐创造了有利的条件,一系列高指标的提出,有的甚至比"二五"计划指标高出了两三倍。急于求成、急于过渡的"左"倾思想成为经济工作中占主导地位的指导思想。

二、财政收支失衡:"假结余、真赤字"与"捉鬼"

"大跃进"运动,带来了一系列虚假浮夸现象。不仅有农业生产领域农作物产量的浮夸,工业中也常利用虚假的生产数字和不合格的产品甚至废品,来宣称达到了某项高指标。发展到后来,财政中的虚假现象也出现了。工农业生产中的虚假现象比较容易被发现,财政中的虚假现象却不是

---

① 人民公社的特点是"一大二公"。所谓大,是指人民公社的生产经营规模比原来高级农业生产合作社大,一般是一乡一社,有的还组成了县联社。所谓公,是指人民公社把农村基层政权组织和农业生产组织合而为一,把农村中原属全民所有制的一些企业下放给公社管理,有些公社宣布实现了全民所有制;把社员的自留地、家庭副业收归社有,消除"生产资料私有制的残余",实行组织军事化,生产战斗化,生活集体化,大搞公共食堂等公共福利事业,大搞供给制等等。

一下子就能够被认识清楚的,因为财政收支都是实实在在的货币进出,就此而言,容不得半点虚假。然而,"大跃进"期间的高指标,浮夸风,"共产风"毕竟真真实实引发了财政虚假的问题。以货币计算的财政收支,在正常情况下是代表相应的物资的。所谓的财政虚假,并不是指以货币计算的财政收支数据的虚假,数据是真实的,而是指各部门、各地区发生各种虚假现象,致使财政收入并不完全代表相应的物资,由此形成了财政虚假现象。

(一)"有名无实"的财政结余

"开国以来,我国每年财政收入增长的数额,平均在35亿元左右,1958年比1957年增长数额却超过了100亿元。在收入增长的同时,1958年的支出也增加了100亿元以上。1958年国家决算收支的这种增长速度,很清楚地表明了这一年国家财政在生产'大跃进'基础上的巨大跃进。"①

"大跃进"期间,财政形势似乎很好。1958年财政收入418.63亿元,相当于原预算的126.1%;支出409.40亿元,相当于原预算的123.4%,收支相抵,结余9.23亿元。

1959年,财政收入继续猛增到541.60亿元,相当于原预算的104.1%;支出527.71亿元,相当于原预算的101.5%,收支相抵,结余13.89亿元。

1960年,财政收入562.98亿元,支出582.13亿元,支大于收19.15亿元。1958~1960年,三年合计财政结余3.97亿元。②

生产"大跃进",结果应该是生产增长快,财政又有结余,但市场的表现却是供应紧张。那么,生产出来的东西究竟到哪里去了?从1958年冬开始表现出来的这一矛盾现象,根源究竟在哪里?这不能不引起人们的关注。这一年年底,中央发出指示,要求各地认真清理商业资金,目的就是要弄清楚财政状况很好,而经济却面临困难征兆的根源。当时,把弄清这个问题,形象地称为"捉鬼"。

---

① 曾山:《第二届全国人民代表大会预算委员会关于一九五八年国家决算和一九五九年国家预算草案的审查报告》,引自财政部办公厅编:《中华人民共和国财政史料》(第二辑),中国财政经济出版社1983年版,第215页。

② 《当代中国丛书》编辑部编:《当代中国财政》(上卷),中国社会科学出版社1988年版,176页。

（二）"假结余"与"捉鬼"

经过清理，发现了1958年国家资金运用上的一个突出问题，就是：商业部门和工业部门从银行借来的贷款里，大约有80亿元资金没有用于增加商品物资库存，而是用于以下方面：（1）商业资金办工业，用了16亿元；（2）商业部门自己办工业，用了5亿元；（3）商业部门赊销商品和预付款，占用了23.2亿元，预购定金未收回的部分，占用了5.8亿元；（4）用于其他方面的商业资金，有14亿元，其中也有部分用于基本建设；（5）工业部门用流动资金进行基本建设的有10多亿元，主要是地方工业贷款。

这样一来，混淆了流动资金和基本建设资金的使用界限；实际上也等于在财政收支以外，通过商业和工业信贷的渠道，盲目地又把一部分资金使用出去了。结果，给经济生活带来了如下的种种不利影响：一是使财政、商业等领域产生了一系列虚假现象，账面上财政有结余，实际上这些结余已经通过其他渠道开支出去了，"有名无实"，账面上商业和工业贷款增加很多，实际上相应的库存并没有增加这么多，产生虚假。二是影响国家统一的基本建设和统一的投资分配计划。三是冲击市场物资，造成人为的商品物资供应紧张。四是不利于人民公社和企业实行经济核算。这些，都与计划经济的原则相抵。

发现了这些问题，"鬼"也就捉到了，财政"假结余，真赤字"的谜底也就揭开了。

三、财政虚假的成因与教训

（一）造成虚假的综合原因

财政部门是综合部门，其"假结余，真赤字"是当时高指标、瞎指挥、"浮夸风""共产风"，以及国民经济管理混乱的综合反映。推究起来，导致虚假的主要原因大致有三：（1）财政收入的虚假。主要来自生产单位为片面追求高指标，只求产品数量不求质量，有些甚至虚报产量，商业部门为了支持"大跃进"，提出"生产什么就收购什么，生产多少就收购多少"，甚至出现了"指山买柴""指水买鱼"的荒唐现象。商业部门收购了物资，表明生产单位已实现销售收入，就要上交税款、利润，但这部分产品代表的却是质次价高或根本没有使用价值的东西。此外，国营工业交通企业在"大跃进"中，该计入成本的不计入成本，该摊销的不摊销，人为加大利润，也形成了一部分财政虚假收入。（2）大量的资金损失，需要国家财政来解决。国民经济管理极度混乱造成的损失，一方面是人民公社在大炼钢铁、兴办水利等事业的过程中向银行借款的部分，需要国家财政来偿还。另一方面是国营商业部门发放的预购定金，赊销商品和预付货款中收不回来呆账损失，只能向财政报销。还有一方面是管理混乱、财经纪律废弛造成的种种损失，最终都要靠国家财政来承担。（3）人民公社对大量个人和集体的财产进行"平调"，在清算过程中出现的损失，相关退赔所需的资金，需要国家财政来偿还。

以上原因综合导致了"大跃进"期间形成的财政"假结余，真赤字"现象。从中可见，国民经济管理出了问题，首先并不直接在财政上暴露出来，可是，问题积累到一定程度，又必然会在财政收支上集中反映出来。

"假结余，真赤字"这一现象之所以能持续一段时间没有暴露出来，大部分是由于商业信用和银行信用膨胀，一部分靠银行增发钞票，因而被掩盖了。

1957年银行对工业的贷款为33.4亿元，1960年增为399.6亿元，是1957年的11倍。在商业贷款方面，1957年为216.4亿元，1960年增至506.3亿元，增加了1.3倍。在银行现金收支方面，1957年回笼货币4.5亿元，1958~1960年却年年增加投放，到1961年年末竟增加了1.4倍。流通中货币增加过多，生产比例严重失调，符合社会需求的产品又不能增加，为了平稳市场，不得不挖商品库存，无异于"寅吃卯粮"，这是造成市场紧张的直接原因。

"大跃进"时期造成的种种损失，当时在国家财政收支决算中并没有反映出来。因为那时这些问题还没有彻底暴露，直到1962年才真正查清并做了比较彻底的处理。经过清查，发现需要由国家财政核销、退还或补发的，共约348亿元，实际处理结果，比原来预计的还多一些，达370亿元。数百亿元的代价，给财经工作留下的是深刻的教训。

（二）财政虚假的教训

财政虚假给我们留下的教训是深刻的，大致说来，可以总结为如下六个方面：

（1）必须按照国家批准的计划和国家规定的制度办事。发展事业所需的资金，应通过正常渠道，在国家财力许可范围内求得解决。属财政开支的，应走财政"大门"，不能走挪用资金、物资的"后门"。

（2）必须切实防止盲目生产，粗制滥造。商业部门必须加强商品收购、验收和保管制度，不盲目收购以及因保管不善而导致浪费。工业生产的产品和商业收购的产品，如果没有使用价值或销售不出去，实质上是对生产的一种破坏。

（3）必须建立和健全物资定期盘点制度、仓库保管制度和物资收发领报制度。必须加强财务管理，健全会计制度。不重视会计，"等于缺乏耳目"，这是十分危险的。

（4）对农业，既要在资金方面大力支援，又要加强管理，注重实效。要防止不问物资、不问可能、不讲实效的做法。否则只会是国家花了一笔钱，但却不能真正起到支援农业的作用。各种支援农业的资金，要划清界限，不能混淆。

（5）财政部门必须做好资金的分配，加强管理，严格财政监督。一是收入要实在，防止虚假。二是安排好流动资金和基本建设投资的比例关系。三是不能掩盖矛盾。应由财政拨款的，要列入预算，如果财力不足，可以削减支出，不能挤占银行贷款。

（6）银行工作要集中统一。银行服务生产和监督生产的基本方式，是发放贷款。有借有还，按期归还，是信贷活动监督的中心环节，也是银行和财政资金分口管理的重要界限，应该坚持按这一原则办事。

第三节　对"大跃进"的反思和财税体制调整

一、对"大跃进"的反思

主观上想要快，结果反而慢，这是"大跃进"给我们留下的最深刻的教训。本来是想加快经济建设的步伐，但由于对社会主义建设经验不足，对经济发展规律和经济基本情况认识不足，夸大了主观意志和主观努力的作用，因而受到了客观经济规律的惩罚。

（一）一个简略的总体评价

"大跃进"运动，加上当时困难时期和苏联政府撕毁合同，"二五"计划未能付诸实施，经济出现了严重困难。而且，由于盲目追求扩大生产规模和忽视必要的非生产性建设，在设备更新和城市基础设施以及居民住宅等方面，留下了大量历史"欠账"。深入追究其后果，我们还可以发现，"大跃进"期间，由于经济建设发生了"左"的错误，把"一五"时期的成功经验，如国力论原则，综合平稳原则，先安排吃穿用、再安排基本建设的原则，基本建设中以农轻重为序的原则等抛开了，也是造成失误的重要原因之一。

（二）"大跃进"时期的财政"欠账"

"大跃进"和人民公社化运动，使整个经济发生了严重的扭曲，给社会生活和经济运行都带来了难以估量的损失。财政工作在这期间也陷入了新中国成立以来未曾遭遇过的种种困境。

1. 财政收入计划指标严重脱离实际

受高指标和"浮夸风"的影响，1958年8月，"二五"时期财政总收入的第一个方案被定为5200亿元，第二方案被定为5600亿~5800亿元。重大工业建设项目安排了1000个以上，"二五"时期预计共需投资3850亿元，比"一五"时期增长了6.8倍。然而，没有科学根据的高指标是无法实现的，它不仅打乱了综合平衡，也破坏了经济建设的各项比例关系。"大跃进"三年，基本建设投资规模急剧膨胀，并使国民收入中的积累率达到39.3%，远远超过"一五"时期，基本建设拨款占财政支出的比重达到了54.8%，也高到了反常的水平。

2. 财政体制改革偏离正确方向

"大跃进"开始后，财政体制放权的改革仍在进行，但内容与宗旨已经偏离了正确方向，成为各地"大办工业"搞自成体系的一种措施了。

（1）过急过多下放企业和财务管理权限。1958年6月，决定对中央所属企业进行下放，十多天里就要求完成全部下放企业的交接手续。这次下放使中央各部所属企业、事业单位从1957年的9300多个减少到1958年的

1200个，下放了88%。中央直属企业的工业产值占整个工业产值的比重，由1957年的39.7%下降为13.8%。6月，财政部又发出通知，决定中央各部门所属企业、事业单位下放给地方管理后，其财务权限随同下放。这种变化，导致中央掌握的资源迅速减少，在当时高指标的要求下，支出负担却异常沉重，匆忙下放企业加剧了财政收支的不平衡。

（2）过多扩大地方对基本建设投资的管权限。1958年4月起，放宽了国家对限额以上基本建设项目的审查管理，并对基本建设程序作了一些改变。对地方兴办限额以上的基本建设项目，除提出简要的计划任务书报送中央批准外，其他设计和预算文件一律由省、自治区、直辖市审查批准。限额以下项目，则完全由地方自行决定。在各地盲目追求不切实际的高指标，在都想扩大基本建设规模的情况下，这项规定实际上为地方乱上基建项目，大开方便之门。

（3）不适当地在农村推行"两放、三统、一包"的新体制。1958年12月决定，对农村财贸工作实行"机构下放、计划统一、财政包干"（即"两放、三统、一包"）的新体制。① 国家在农村的各项税收、下放企业收入（利润和折旧），事业收入和地方附加收入，统一计算，扣除原来由国家开支的行政费和事业费，由公社按收支差额包干上交。包干的办法，可以按公社收入的一定比例包干，也可以按一定的数额包干，结果助长了公社内部的"共产风"，财政、金融、商业、企业、事业单位之间乱挪、乱拉资金的现象更为严重。特别是实行财政包干，把公社财政、财务混在一起，等于在公社一级取消了税收制度和有关的财政管理制度，在财政收入、物价、经济核算和财政监督等方面造成混乱现象。1959年5月起，停止执行这一体制。

（4）不切实际地试办利税合一。在"大跃进"和人民公社化运动的影响下，"社会主义税收实质上不是税"的"非税论"观点大为泛滥，认为国营企业的税收和利润实质上是一个东西，因此认为利税合一，可以简化企业的缴纳手续，有利于贯彻财政工作的群众路线。1959年1月，财政部指定石家庄、南京、成都等地试办利税合一。但不久，试点城市普遍反

---

① "两放"指放机构、放人员。业务管理权限也下放给人民公社，由公社负责管理经营。"三统"就是统一政策、统一计划，统一流动资金的管理。"一包"指的是包财政任务。

映,利税合一,弊多利少。物价方面,出现了企业自行提价、产品不好作价,以及工商争利等问题。经济核算方面,税款转为利润,利润少的变多,亏损的变成盈利,矛盾被掩盖,财务管理放松了,乱摊成本,乱列开支也出现了。财政收入方面,出现了企业压低交款计划、增加留成等问题。干部的思想也混乱了。5月,试点被紧急叫停。①

(5) 规章制度废弛,破坏财政、财务管理正常秩序。"大跃进"中,片面强调强调"先破后立",结果把必要的规章制度看成了"束缚群众手脚的条条框框",是"不相信群众的表现"。1958年7月,财政部发出了废除6个工业会计制度的通知②,还将一批工业会计方面的制度办法交由中央各主管企业部门及各省、自治区、直辖市财政厅、局自行决定是否继续使用。这批制度的废止,使不讲经济核算、"吃大锅饭"的作法合法化了,破坏了财政、财务管理的正常秩序。

3. 财政虚假的继续发展与彻底矫正

受限于客观政治环境,当时对财政问题的解决,一直无法达到比较令人满意的结果。例如,对财政虚假问题,1959年曾对各地、各部门动用银行贷款和企业流动资金作了财政开支的100亿元,主要由国家财政给予解决,但并不彻底。主要原因是:庐山会议之后,反右倾之风盛行,把"大跃进"的错误发展到了一个新的高峰。财政虚假性问题不但没有消除,反而变本加厉。

1958~1960年三年间,财政收入比"大跃进"之前的1957年增长85.7%。三年财政收支相抵,有结余25.18亿元。可是,这种表面的"大好形势"到了1962年开始进行经济调整时,才还其本来面目。调整的结果,从1958年到1960年的三年中,财政收入比原账面减少了76.2亿元,财政支出则比原账面增加了97.16亿元,收支差额由原来的结余变成了赤字148.18亿元(见表3-1)。为此,国家财政付出了巨大的代价。

---

① 姜长青:《"税利合一":试点4个月被紧急叫停》,载于《中国税务报》2009年3月27日。
② 6个制度是:国营建筑包工企业统一简易会计科目及会计报表格式;国营工业企业统一成本计划规程;国营建筑包工企业施工单位会计处理办法;关于送审会计制度的几项规定(草案);国营农场基本业务标准账户计划及会计报表格式和说明;国营企业基建投资及建筑安装工程成本的核算通则(草案)。

表 3-1　　　　1958~1960 年国家财政收支数额调整情况　　单位：亿元

年度	收入数		支出数		收支差额	
	原决算数	调整后	原决算数	调整后	原决算数	调整后
1958	410.65	379.62	400.36	400.36	+10.29	-20.74
1959	541.60	487.12	518.02	543.17	+23.58	-56.05
1960	562.98	572.29	571.67	643.68	-8.69	-71.39
合计	1515.23	1439.03	1490.05	1587.21	+25.18	-148.18

资料来源：项怀诚主编，《中国财政 50 年》，中国财政经济出版社 1999 年版，第 134 页。

1962 年的调整，对财政虚假问题做了比较彻底的处理。当时经过清查，发现需要由国家财政核销、退还或补发的，约 348 亿元，其中属于钱和物资已经用掉，需要核销的部分有 212 亿元，属于应归还银行垫款和补拨流动资金，还有一定物资作抵的部分，有 136 亿元。但是，财政账面上，截至 1961 年年底，却还有结余 85 亿元。一方面是大量遗留问题有待处理，另一方面却是财政账面还存有一笔"结余"。这在一定程度上掩盖了国家财政亏空的真相。

经过实际处理，结果比原来预计的 348 亿元还大一些，达 370 亿元。通过种种途径，"欠账"解决了，但这种解决实际上是以压缩经济建设规模和银行信贷规模为代价的，是属于归还"大跃进"所造成的历史欠账。

有必要指出的是，虽然"大跃进"期间造成了巨大损失，但毕竟也取得了一些建设成就。比如，1959 年为了迎接中华人民共和国成立 10 周年，在全国处于"大跃进"高潮，国家建设资金非常紧张的情况下，国家财政仍然拨出专款，保证了北京"十大建筑"[①] 的资金需要。

二、财权财力的重新集中："三级模式"的推行

"大跃进"给国民经济带来了巨大损失，为此而进行的经济调整，财

[①] "十大建筑"包括：人民大会堂、革命历史博物馆、军事博物馆、农业展览馆、民族文化宫、工人体育场、北京火车站、华侨大厦、民族饭店和迎宾馆。这些建筑在设计上既吸收了国际经验，又突出了民族特色，既注意外观的雄伟壮丽，又充分考虑经济实用性，成为当时首都北京的十大著名景观。

政调整首当其冲。为了应对经济困难，财政采取了一系列措施，重新加强财权、财力的集中统一。

（一）财权上收与紧缩预算外资金

1961年1月，中共中央批转了财政部《关于改进财政体制加强财政管理的报告》，3个月后，中共中央随即又发布《关于调整管理体制的若干规定》。这两个文件明确提出，国家财权应当基本上集中到中央、大区和省、自治区、直辖市三级。大区是一级财政，它拥有对各省财政指标的分配调剂权，对所属省份财政工作的领导权和监督权。国家每年从总预备费中拿出一部分给大区直接掌握使用。

在财政体制方面，除了继续执行1959年开始的"收支下放、地区调剂、总额分成、一年一变"的办法之外，收回了一部分重点企业、事业单位的收入，作为中央固定收入，并将基本建设拨款改为中央专案拨款，以便对基本建设资金进行更严格的控制。同时，适当缩小了专区、县（市）、公社的财权，专区、县（市）以下的基本建设投资、国家支援人民公社的投资和特大灾害救济费等，一律改由省级财政专案拨款解决。在"大跃进"中不适当下放给地方的一些财权，也一律取消，做到"全国一盘棋"。对国营企业、事业的部分预算外收入和支出，从1963年起，则逐步纳入预算管理。对各地区、各部门的预算外资金，加强财政监督，有的纳入预算，有的减少数额，进行整顿。

（二）改进企业财务体制

为配合经济调整，1961年1月，中共中央批转财政部《关于调低企业利润留成比例，加强企业利润留成资金管理的报告》，决定从1961年起将全国企业平均利润留成比例从13.25%降为6.9%，并明确规定企业利润留成资金必须绝大部分用于"四项费用"，进行技术革新、技术革命和实行综合利用。企业主管部门集中的留成资金，不得超过企业留成资金总额的20%，并且只能用于企业之间的调剂，不得用于其他开支。企业使用留成资金必须纳入财务收支计划，报主管部门批准。主管部门对本部门和所属企业使用的留成资金，必须编入本部门的财务收支计划，送财政部审核。另外，对企业成本开支范围、流动资金和基本建设资金的界限等都作了明确而严格的规定。

另外，在"大跃进"期间，国家和集体的界限一度被打破，一些地方和部门无偿调用属于人民公社集体的资金和物资。为了划清国家财政收支和集体财务收支之间的界限，当时对城乡人民公社中属于国家财政收支的部分实行了"收入分项计算，分别上交；支出下拨，包干使用，结余归社"的办法。

（三）税收管理体制的改进

为了适应经济调整的需要，财政部对税收管理体制也进行了改进，将税率税目的调整权限适当集中，规定：（1）凡属于工商统一税税目的增减，税率的调整，盐税税额的调整，应报国务院批准；凡属于工商统一税纳税环节的变动，涉及一个大区的两个省、市、自治区以上的，报经中央局批准，涉及两个大区的，要报国务院批准。（2）凡属开征地区性的税收，地方各税税率税目的变动，以及在中央规定的所得税的税率范围内确定具体税率，必须报中央局批准。（3）凡属工商统一税中有关新试制的产品、以代用品作原料生产的产品，或者由于灾情等原因，需要给予减免照顾的，由省、自治区、直辖市批准。地方各税的征税范围、减税免税、对小商小贩加征所得税的比例和起征点的确定，也由省、自治区、直辖市批准。

总体看来，这一时期的财政体制集中程度比较高，"大跃进"中下放的许多权力被收了回来。但是，这种集中并不是过去高度集中体制的简单再现。这一时期的财政体制，有一个重要特点，就是："该松的松，该紧的紧"，调动了地方和企业的积极性，从而对迅速扭转国民经济的困难局面发挥了良好作用。采取这样一系列集中财力的措施，适应了当时经济调整的需要，使中央直接掌握的财政收入由原来的50%提高到60%左右，确保了调整方针的顺利实施。

第四节 财政收支格局的重大转变

"一五"计划的胜利完成，给人们以极大的鼓舞。随之而来的，是高涨的建设热情。"大跃进"期间，财政收支规模的急剧膨胀与回归常态，与其说是经济因素的影响，毋宁说主要是政治因素在起作用。从夸大了的经济建设规模到回归适应经济发展阶段的常态，其实正体现了计划经济时期一以贯之的"综合平衡"的经济建设指导思想。这一思想应用于财政经济领域的工作，在"大跃进"及其后的调整时期，恰恰就是经济建设回归适度规模这样一种表现。从表 3-2 财政收支总计的变动趋势可以看出，正是在财政收支回归到适度规模的过程中，财政收支也逐步走向了平衡。并且，在实现平衡的基础上，还实现了另一个目标：收支均比上年度有所增长；收入增长速度还略高于支出增长速度。越到后期，这一趋势表现得越明显。

表 3-2　　　　　1958~1965 年国家财政收支情况

年份	财政收入总计（亿元）	财政支出总计（亿元）	收支差额（亿元）	比上年增长（%）	
				财政收入总计	财政支出总计
1958	387.60	409.40	-21.80	25.0	34.6
1959	487.12	552.86	-65.74	25.7	35.0
1960	572.29	654.14	-81.85	17.5	18.3
1961	356.06	367.02	-10.96	-37.8	-43.9
1962	313.55	305.25	+8.30	-11.9	-16.8
1963	342.25	339.63	+2.62	9.2	11.3
1964	399.54	399.02	+0.52	16.7	17.5
1965	473.32	466.33	+6.99	18.5	16.9

资料来源：财政部办公厅编，《中华人民共和国财政史料》（第二辑），中国财政经济出版社 1983 年版，第 419~420 页。

一、支出缩减及其变动趋势[①]

1958~1961 年，国家财政连续出现了赤字。为了扭转这一局面，采取了一系列非常措施，以紧缩财政支出规模。

---

① 本部分主要参考了《当代中国丛书》编辑部编：《当代中国财政》（上卷），中国社会科学出版社 1988 年版，第 217~221 页。

第三章
曲折中探索：全面建设社会主义时期的财税体制

（一）节约非生产性开支

1962年，中央提出厉行节约的12条措施①，要求全国各部门、各单位"坚决贯彻中共中央不准用公款请客、送礼的指示"，"工作人员一般不准住饭店写文章，看文件"，一律不许购置家具和非生产性设备。破旧了的，修补使用；非添置不可的，通过清理仓库，调剂解决。日常办公用品尽量不买和少买。除了大力压缩行政经费外，随着各项事业调整规模，相应也紧缩了费用。从1959年到1961年，每年的国防经费也一再紧缩。国家财政总支出，根据经济调整的要求，在财政收入大幅下降的情况下，作了大量紧缩。1961年比1960年减少了287.1亿元，减少了43.9%；1962年又比1961年减少了61.7亿元，减少了16.8%。同时，国家从各方面改进了资金分配和管理，既大量节约可以节减的开支，又基本保证了各方面必不可少的资金需要，有力保障了财政收支平衡，保证了经济调整任务的完成。

在紧缩非生产性开支的同时，也大力压缩社会集团购买力。1960年约有81.8亿元的社会集团购买力，次年被压缩为54亿元，1962年进一步压缩为43亿元。这一措施，不仅节约了国家财政开支，腾出了一部分商品，增加了市场供应，而且对于政府发扬艰苦奋斗，与人民群众同甘共苦的风气，有重要意义。

（二）减少国家工资支出

在调整经济的过程中，伴随着基本建设投资规模和重工业生产的大幅度压缩，企业生产任务普遍不足，工业生产战线过长的矛盾越来越突出地暴露出来。根据社会需要和燃料、原材料供应的可能，1961年9月，国务院决定缩短工业生产战线，对没有原料、材料资源的企业，对消耗大、产量低、成本高，长期亏本而短期又不能改变的企业，分别实行"关、停、并、转"。1962年，全国工业企业数由1959年的31.8万个减为19.7万个，减少了38%，从而基本上改变了工业生产战线过长的状况。

---

① 主要措施有压缩社会集团购买力、清仓、节约差旅费等。参见《中共中央国务院关于厉行节约的紧急规定》，引自《当代中国丛书》编辑部编：《当代中国财政》（上卷），中国社会科学出版社1988年版，第216~217页。

与部分企业"关、停、并、转"相适应,从 1961 年起,各地大力抓精简职工和减少城镇人口的工作。这是克服困难的一项重要措施。到 1963 年 7 月,精简任务基本完成。两年半的时间里,全国共减少职工 1887 万人,其中全民所有制单位职工人数从 1960 年末的 5043.8 万人减为 3183 万人;全国城镇人口从 1961 年 1 月到 1963 年 6 月共减少 2600 万人;全民所有制单位职工工资总额从 1960 年的 263 亿元降为 1962 年的 214 亿元。职工的精简,减少了国家财政开支,减轻了城市供应困难,而且降低了企业的生产成本,有利于企业扭亏增盈。"精兵简政"是经济调整中的一项关键性的措施,它的成效,不仅在调整时期的国家经济生活中充分显现出来,而且为克服财政困难,平衡财政收支提供了有利的条件。

(三)临时冻结银行存款

1960 年末,国家财政经济面临严重困难。而与此形成对照的是,机关、团体、部队、事业单位的存款却不断增加,总额高达 115 亿元。为了合理使用资金,压缩社会集团购买力,中央和国务院作出指示,暂时冻结各单位的银行存款和国营企业的专项存款(不包括流动资金)。为保证生产、流通和国家行政管理的正常进行,并对冻结资金组成了清理存款办公室,分门别类提出具体处理意见。冻结银行存款是紧缩财政支出、控制货币投放的一项临时性紧急措施,对消灭赤字,回笼货币,稳定市场的作用是极其明显的。冻结存款措施和取得的良好效果,与社会主义国家银行的特殊作用是分不开的。

(四)出售高价商品回笼货币

在商品供应不足的情况下,为了平衡购买力同商品供应之间的差额,回笼多余的货币,并使消费者能在一般定量之外,再按照自己的需要和可能,购买一部分供应紧张的商品,1961 年 1 月起,全国 40 多个大中城市逐步敞开供应高价糖果和糕点。一律不凭证,不限量,充分供应。同年 3 月,全国 100 多个城市开设了高级饭店,后来又陆续决定将自行车、钟、表、酒、茶叶、针织品等商品也以高价出售一部分。据统计,1961 年和 1962 年两年,全国共销售高价商品 74.5 亿元,由此增加财政收入 38.5 亿元,对回笼货币、平衡财政收支起了一定作用。

二、调整经济加快恢复生产

1961年8月,中央工作会议讨论通过了《国营工业企业工作条例(草案)》(简称《工业七十条》)。《工业七十条》明确规定国营工业企业是全民所有制的经济组织,又是独立的生产经营单位;它的根本任务是全面完成和超额完成国家计划,增加社会产品,扩大社会主义积累;国家对企业实行"五定"①,企业对国家实行"五保"②;强调建立和健全责任制及各项规章制度,实行按劳分配,加强经济核算和财务管理。结合贯彻《工业七十条》,全国展开了清产核资和扭亏增盈工作。

(一)清产核资

开展清产核资的背景是,1962年前后,全国一方面是物资供应紧张,一方面却又有大量的原料、材料、成品、半成品以及各种消费资料储存积压,没有发挥作用,并且占用了大量的流动资金。为了充分发挥物资潜力,1962年,中共中央和国务院发出指示,规定凡是全民所有制单位,必须进行一次全面的、合理的清仓核资和物资处理,并要求通过清查处理工作,建立健全物资管理制度,进一步改进物资管理工作。

清仓核资工作自1962年2月开始,先后动员50多万人参加,到1963年9月底,据不完全统计,共清出超过合理储备的物资总值达173亿元,其中90%的超储物资由国家统一调剂,用于生产建设和人民生活的需要。在清仓基础上,重新核定了企业的流动资金,1962年,全国工业企业占有的流动资金总额比1960年减少了60多亿元。

同时,清理拖欠货款的工作也取得了很大成绩。到1963年底,已将几年积累下来的数万个企业之间的几十万件债权债务基本清理完毕。在清仓核资和清理拖欠货款的基础上,1963年底,财政部、中国人民银行总行发出通知,要求各有关部门和企业采取有效措施,积极利用和处理积压物

---

① 即:定产品方向和生产规模,定人员和机构,定主要原材料和燃料动力消耗来源,定固定资产和流动资金,定协作关系。

② 即:保证产品的品种、质量和数量,保证不超过工资总额,保证完成成本计划,保证完成上缴利润,保证主要设备的使用期限。

资,大力压缩流动资金定额,减少不合理的超定额贷款,切实改进流动资金的管理工作,实行资金分口分级管理制度,并进一步健全物资管理制度,严格履行经济合同,实行按月资金平衡调度制度。

经过以上各项工作,流动资金的周转大大加速。到1965年,全民所有制独立核算的工业企业,每百元产值占用的定额流动资金为25.5元,是历史上最好的水平。

(二) 调整企业扭亏增盈

"大跃进"以来,全国部分企业的利润水平下降或发生了亏损,导致亏损的原因既有国家允许的诸如经营粮食高进低销所产生的亏损,也有客观原因造成的企业亏损。国营企业收入是国家财政收入的主要来源,是实现国家预算和经济调整的关键。企业不扭亏,国家建设就没有资金来源。因此,当时的一项重大经济和政治任务就是扭亏。扭亏的奋斗目标是:对那些由于管理不善而造成亏损的企业,要求在短时期内通过改善经营管理做到不亏损,并尽可能给国家上缴利润;对那些产品质量低劣,成本又高,短期内不能扭亏的企业,则区别不同情况,实行"关、停、并、转"。在各部门努力下,1962年后,许多企业扭亏增盈取得了很大成效。1963年,全国亏损企业亏损总额为64.4亿元,比1962年减少28.7亿元,减少了30.8%。企业减少亏损和降低成本,成为当年国家预算收入增加的主要来源。到1965年,全部工业企业的亏损额只有6亿元,基本上消灭了经营性亏损。亏损减少的同时,企业盈利额有所增加。1963年,全国各国营企业实现利润177.9亿元,比1962年增加20.7亿元,增加了13.2%。

实现扭亏增盈,是完成财政收入任务的基本环节,对提高国营企业劳动生产率,为社会主义建设积累更多资金,具有重大意义。

(三) 开展增产节约运动

经过1961年和1962年的经济调整,财政经济状况开始好转,"支大于收"的局面转变为"收大于支",市场供应趋于缓和,集市贸易价格逐步回落。为了使财政经济状况早日实现根本好转,中央发出指示,要求进一步开展增产节约运动。这对于完成和超额完成国民经济计划和国家预算,更多地积累建设资金,并合理地、节约地使用这些资金,意义重大。而进一步做好财政工作,加强财政管理,又是推动增产节约运动,贯彻勤俭办企业的方针，防止资金浪费的一个重要条件。财政部门同其他有关部门的密切结合，有力推动了增产节约运动的深入开展。

三、调整措施的成效

（一）国民经济全面好转

经过1961～1965年整整五年的努力，国民经济"调整、巩固、充实、提高"取得了圆满成功。1964年12月，周恩来在第三届全国人民代表大会第一次会议上作《政府工作报告》时说，"调整国民经济的任务已经基本完成，工农业生产已经全面高涨，整个国民经济已经全面好转，并将进入一个新的发展时期。"

在调整的基础上，工农业生产已经超过1957年的水平。1965年全国工农业总产值为1984亿元，其中农业总产值590亿元，工业总产值1394亿元。同1957年相比，工农业总产值增长59.9%，其中农业增长10%、工业增长98%。1963～1965年，工农业生产平均每年以15.7%的速度发展。更重要的一点是，这一速度是建立在国民经济各部门生产能力提高和生产各环节相互比例关系取得合理调整的基础上的。这是综合平衡的理论在中国财政经济实践中的进一步丰富和发展。

1. 工业产量增加，内部结构有所改善，生产能力大幅提高

自1958年至1965年间，工业基本建设投资达938亿元，建成531个大中型项目，新建和扩建了大批重要企业。据统计，到1965年，全国工业固定资产原值达1040亿元，比1957年增长了2倍。经过5年调整后，工业生产产品质量、消耗、劳动生产率等技术经济指标，都大大改善。中国工业企业在主要技术经济指标方面的历史最高水平，有相当大一部分是在1965年前后创造的。[①] 此外，在工业内部结构和布局方面，也有所改善。轻工业产值占工业总产值的比重从1960年的33.4%上升到1965年的

[①] 如：每百元固定资产原值实现的利润为20.9元，每百元资金实现的利税为29.8元，每百元固定资产净值实现的利税为39.8元，每百元工业产值实现的利润为21.3元，每百元产值占用的流动资金为25.5元。参见《当代中国丛书》编辑部编：《当代中国财政》（上卷），中国社会科学出版社1988年版，第232页。

51.6%。从历史上看,这是一个可以兼顾生产建设和人民生活、保证市场稳定的合理界限。在工业布局上,原来缺少工业的广大内地和边疆各地,新建起了不同规模的现代工业。内地工业的产值在全国工业产值中的比重,由1957年的32.1%提高到1965年的35%。

2. 农业生产恢复,生产条件改善,工农业比例比过去协调

1965年粮食总产量达3891亿斤,比1960年的2870亿斤增产1021亿斤,接近1957年的3901亿斤水平。粮食净征购量达672亿斤,已恢复到1957年的水平,比1962年增加了158亿斤。

从1958年初开始,农村了掀起兴修水利的高潮。8年内投资水利137.9亿元,平均每年17.2亿元,相当于"一五"时期平均每年投资的3.2倍。这一时期,农业现代化技术装备程度也大大提高。

由于农业生产条件的不断改善,1965年与1957年相比,虽然粮食总产量没有恢复到当年水平,但平均亩产早则比1957年超过3%。值得注意的是,工业与农业的产值比例,经过调整后已经由1960年的3.58:1改进为1.68:1,它比较接近中国当时的工农业生产发展和人民生活的客观需要。

3. 积累与消费比例趋于正常

"大跃进"时期,国民经济比例失调的关键在于积累过高,基建规模过大,导致人民生活困难。当时陈云提出,国家建设规模必须符合国力,并指出国家计划"首先要保证生产生活必需品的生产部门最低限度的需要,其次,要保证必要的生产资料生产的需要,剩余的部分用于基本建设"。① 当时,根据这个精神和八字方针,压缩了基本建设规模,以维持消费。积累占国民收入使用额的比例,从43.8%(1959年)一路降为39.6%(1960年)、19.2%(1961年)、10.4%(1962年)、17.5%(1963年)。1964年和1965年,积累率分别回升到22.2%、27.1%。基本建设规模与当时国家的财力物力基本相适应,积累率与消费的比例关系逐步趋向正常合理,既兼顾了人民生活需要,又保证了经济恢复中基本建设和一批重点项目能按计划建设,按时投产。

---

① 陈云:《建设规模要和国力相适应》,引自《陈云文选》,人民出版社1986年版,第45页。

（二）财政收支趋于平衡

1. 财政收支平衡，略有结余

随着经济调整工作的进行，生产恢复，增产节约，财政收入逐年增加，从1958年起出现的财政赤字格局逐渐改变，1962年终于实现了财政收支平衡。1965年，财政收入473.3亿元，与1957年相比，增加163.1亿元，增长52.6%；财政支出466.3亿元，结余7亿元。在对内克服自身困难的同时，对外顶住了苏联领导集团的压力，还清了对苏联的全部债款①，并大力支援了许多国家的革命和建设事业。事实证明，国家财政在国民经济调整过程中发挥了重要职能作用。

2. 货币回笼，市场稳定

在国民经济最困难的1961年和1962年，国家为了回笼货币，稳定市场，采取的措施主要是紧缩财政支出，压缩社会集团购买力，冻结银行存款，精简职工，增加商品供应，部分消费品实行高价政策以增加收入等，这些对回笼货币起了一定作用。货币流通量和社会商品零售额之比，1961年为5.5，1962年为5.9，1963年为7.3。说明流通中的货币在逐步减少，市场供应的商品在逐步增加。同时，货币流通量和国内商业部门商品库存比例，1961年为1∶2.97、1963年为1∶4.34、1964年为1∶4.87，已高于"一五"时期的1∶4.5。货币流通量和农副产品采购总值的比例，1961年为1∶1.9、1965年为1∶4.1，有所回升。以上这些，都反映了财政收支从赤字转向结余，物价从上涨到回落，市场供应从紧张到缓和的转变过程。

（三）人民生活水平回升

1965年全国居民年均消费水平为每人125元，比1957年增加23元。由于农业尚未完全恢复，1965年全国平均每人的粮食、食油、棉布消费量，仍略低于1957年的水平。但是，总体来看，因经济调整，市场供应增加，许多农副产品调高了收购价格，农业税减低税率，农民生活水平已有了提高。

---

① 中国向苏联的各项借款，主要是在抗美援朝战争中欠下的苏联军用物资款和应付利息，折合人民币计算，共为57.43亿元，到1962年底，偿还了52.89亿元，剩余的4.54亿元于1965年前已分年还清。参见《当代中国丛书》编辑部编：《当代中国财政》（上卷），中国社会科学出版社1988年版，第236页。

据国家统计局计算，1963年全社会零售物价总指数比上年下降5.9%，其中平价下降0.8%，高价、议价、集市价格分别下降40%～50%。集市贸易价格经过两年大幅度下降，到1965年底平均比牌价只高40%左右。种种迹象都表明，中国人民渡过了困难时期，生活水平开始回升了。

经过扎扎实实的五年努力调整，国民经济得以迅速恢复和发展。最主要的表现是：1963～1965年，工农业总产值平均每年增长15.7%，财政收入平均每年增长14.7%（增速较快有经济迅速恢复的因素），各项经济指标已经恢复到或超过了"一五"时期的最好水平。但是，限于当时的历史条件，对于"大跃进"急于求成和"左"的思想并没有认真清算和根本纠正，因此，社会主义经济建设仍然潜伏着一定的隐患。在随后的"文化大革命"十年中，经济中的隐忧不同程度地慢慢显现出来了。

第五节 经济调整中的财政管理体制变迁

一、严格财政纪律：以配合经济调整为导向

对国民经济实行全面调整，是在1960年下半年开始酝酿的。当年8月底，国家计划委员会向国务院汇报1961年经济计划时，正式提出应对国民经济实行调整、巩固、提高的意见。周恩来表示赞成，并增添了"充实"两字，从而形成"调整、巩固、充实、提高"的八字方针。1961年1月间，中共八届九中全会正式批准了这一方针，并向全国人民宣布，应当适当地缩小基本建设规模，调整发展速度，在已有胜利的基础上，采取巩固、充实、提高的方针。从此，国民经济进入调整阶段。

（一）财政工作：缩减支出以求平衡

调整初期，财政工作面临的一个最大困难是：物资少，票子多，财政收支不能平衡。面对这一形势，中央发出一系列指示，要求采取坚决的平衡收支的措施，加强管理。在经济困难面前，国家没有通过普遍提高物价和增加税收的办法，而是要求全国上下同甘共苦，切切实实增产节约，克服困难。

第三章
曲折中探索：全面建设社会主义时期的财税体制

1961年7月，财政部召开会议，要求各地坚决执行中央调整预算的指示。调整当时预算收支的关键，是坚决地压缩支出，这不仅是一个财政问题，而且成为一个政治问题。要求各地区、各部门收入必须调低，支出则应区别对待，有些费用支出必须大力压缩。经过努力，1961年财政收支规模均比上年大幅下降，赤字也减为10.9亿元，财政收支基本实现平衡。1961年初战告捷，为在日后的经济调整中进一步发挥财政的调节作用，打下了比较扎实的基础。

（二）继续加强财政管理

经过1961年和1962年的经济调整，财政经济状况开始好转，支大于收的局面扭转过来了。为了使财政经济状况早日实现根本好转，1963年，中共中央发出通知，要求继续贯彻执行财政、银行工作"双六条"[①]，严格财政信贷纪律，并根据集中领导和分级管理相结合的精神，进一步健全各项财政、财务制度，加强基本建设投资的拨款监督，坚决按计划、按程序、按预算、按工程进度拨款，防止和克服不按计划和不按制度办事的现象。

以上措施，是和增产节约运动相辅相成的。做好财政工作，加强财政管理，是推动增产节约运动，贯彻勤俭办企业的方针，防止资金浪费的一个重要条件。财政部门同有关部门密切配合，通过加强财政管理，严格财政纪律，有序推进了增产节约运动的深入发展，有力保障了经济调整的顺利进行。

二、财权：从相对松动到重新趋于集中

（一）地方扩权：1958年体制的大变化

1958年，我国进入第二个五年计划时期。当时，社会主义改造已

[①] 所谓"双六条"，是指1962年3~4月中央先后发布的《关于切实加强银行工作的集中统一，严格控制货币发行的决定》和《关于严格控制财政管理的决定》。之所以称为"双六条"，是因为两个《决定》的大致内容均有六大方面，强调加强财政信贷管理，严格控制财政支出，并重申了加强财政管理的十项禁条，以确保国民经济的调整和发展。详细内容可参见财政部综合计划司编：《中华人民共和国财政史料》（第一辑），中国财政经济出版社1982年版，第137~147页。

经基本完成，经济建设有了很大发展，中央各主管部门所管的企业事业大大增加了，并且分布在各个地区。为了加强对国营企业的生产领导和经营管理，有必要把一批适合于地方经营的企业，下放给地方管理。同时，地方也要求掌握更多的财权，以便因地制宜地安排本地的经济建设事业。

毛泽东在《论十大关系》一文中指出，应当在巩固中央统一领导的前提下，扩大一点地方权力，让地方办更多的事情。根据当时的客观情况和毛泽东的指示精神，中央决定把一大批中央企业下放到地方管理，因此，财政管理体制也相应进行了改革。

1957年11月，国务院决定从1958年起，实行"以收定支，三年不变（以后又改为五年不变）"的财政管理体制。这个体制的总体精神是，根据新的情况，明确划定地方财政的收支范围，进一步扩大地方财政的管理权限，并且在保证国家重点建设的前提下，增加地方的机动财力。其主要内容是：（1）收入实行"分类分成"。属于地方财政的收入有三种：一是固定收入；二是企业分成收入；三是调剂分成收入。这些收入划给地方的比例，根据各个地区平衡财政收支的需要，分别计算确定。（2）支出方面，属于地方财政的支出有两种：一是地方的正常支出，即地方财政支出中比较经常的开支，这些开支由地方根据中央划给的收入自行安排。二是由中央专案拨款解决的支出，包括基本建设拨款和重大灾荒救济、大规模移民垦荒等特殊性支出。这些专案拨款，每年确定一次，由中央拨付，列入地方预算。（3）为保证地方正常支出的需要，以省、自治区、直辖市为单位，分四种情况分别划定地方的收入项目和分成比例：一是地方用固定收入能够满足正常支出需要的，不再划给别的收入，多余部分按一定比例上缴中央；二是地方用固定收入不能满足需要的，划给企业分成收入，多余部分按一定比例上缴中央；三是地方用固定收入、企业分成收入仍然不能满足需要的，划给一定比例的调剂收入；四是上述三种收入划给地方仍不能满足需要的，中央给予拨款补助。（4）确定地方正常支出和划分收入的数字，均以1957年的预算数作为基数。收入项目和分成比例确定后，原则上五年不变，地方多收了可以多支。（5）地方可以在划定的收支范围内，根据收入安排支出，预算执行中收入超过支出，地方可自行安排，年终结余留给地方转入下年度自行安排使用。

1958年的财政体制进一步下放了财权，增加了地方的机动财力。同以前的财政体制相比，区别体现在三个方面：（1）收入划分方面，过去中央企业收入地方不分成，这次体制规定地方参与分成；过去各种税收的分成比例，是一种税一个比例，这次规定除地方税收外，其余税收都作为调剂收入，其分成比例在一个省（市）范围内是一个比例。（2）支出划分方面，基本建设拨款过去包括在地方支出中，新规定改为全部由中央专案拨款。地方所需基本建设拨款，不包含在地方正常支出基数内。（3）改变过去"以支定收，一年一变"，确立"以收定支，五年不变"的做法。这是这次体制和过去体制的根本区别。过去每年先由中央确定地方支出，然后根据支出划给一定的收入项目，并确定分成比例。这次体制改为中央把地方财政的收入项目和分成比例确定以后，五年不变，在五年内，地方可根据收入情况自行安排支出。

这种改进的好处就是，"实行这种制度以后，地方可以根据收入安排支出，按照实际需要，因地因事制宜；免得像过去那样，一些临时发生的和特殊的支出，须要向中央要求拨款，以致有时问题得不到解决或者得不到及时的解决。而实行新制度的一个更大的好处是，随着经济的发展，地方收入多了可以多支，结余了可以继续使用，这就大大有利于发挥地方组织收入和节约支出的积极性。"[①]

总之，1958年的体制改革是一次比较大的改革，但只执行了一年后，形势就变了。主要原因是：这一年，经济工作上的高指标、浮夸风带来了财政的"虚假性"问题，地方财政的投放方向也没有把好把稳。这一年地方分得的机动财力，大大超过了原来设想，并且各地也不平衡，地方钱多了就扩大基本建设规模，同国家经济建设的统一布局发生了矛盾。同时，中央直接管理的企业、事业单位大批下放给地方管理等，过多扩大了地方的财权，相对缩小了中央财政的机动力量，不利于国家有计划地发展经济

---

① 李先念：《关于一九五七年国家预算执行情况和一九五八年国家预算草案的报告》，引自财政部办公厅编：《中华人民共和国财政史料》（第二辑），中国财政经济出版社1983年版，第203页。

建设事业。

（二）适当收权：1959年改革的总趋势

针对1958年财政管理体制执行中出现的问题，国务院决定从1959年起，改为实行"收支下放，计划包干，地区调剂，总额分成，一年一变"的财政管理体制，简称"总额分成，一年一变"（有时也称"一年一定"）。基本精神是：在继续下放收支项目的同时，适当收缩一部分地方的机动财力，通过一年一变的做法，解决财政计划同国民经济计划不相衔接的问题。

1959年财政管理体制的主要内容，"收支下放"是指除少数中央直接管理和不便按地区划分的收入外，其余收入全部划给所在省（区、市）管辖，作为地方财政收入，不再按不同类别划分收入。支出方面也采取类似做法，除了中央部门直接办理的若干项目外，全部划为地方财政支出，不再区分。"计划包干"指的是根据国民经济计划和其他有关指标计算地方的财政收支，收支相抵后，收大于支的地方，多余部分按比例上解中央；收小于支的地方，不足部分由中央给予补助。然后在此基础上，归省、自治区、直辖市包干使用。在预算执行中，超收部分按原定比例解留，中央补助款按原计划数额拨补，年终如有结余，归地方自行安排。"地区调剂"是指地方上解中央的收入，除了少数用于中央的开支以外，主要用于补助经济落后地区、少数民族地区和收入少、建设多的地区的资金不足。"总额分成"是指地方负责组织的总收入和地方财政总支出挂钩，以省、自治区、直辖市为单位，按收支总额计算一个分成比例，即地方财政总支出占地方财政总收入的比例，作为地方总额分成的比例。"一年一定"指的是地方当年的财政收支指标，分成比例和补助数额，由中央每年核定一次。

与1958年的财政体制相比，1959年的财政体制最主要的变化是，将"以收定支，五年不变"改为了"总额分成，一年一变"。这种体制把地方负责组织的全部收入和地方财政支出挂钩。国家通过预算指标一年一定的办法，适当集中了财力。此外，新的体制，在方法上比过去有很大的简化。从1959年到1960年，基本上实行的就是这种体制。

三、财政管理体制的逐步"回归"与财政收支平衡

(一) 财政管理体制:重新走向集权

三年"大跃进",经济工作中失误不少,又加上连续几年发生严重的自然灾害,国民经济出现了严重困难。1961 年,"调整、巩固、充实、提高"的八字方针提出后,为了更好地贯彻这个方针,需要强调集中统一领导,在统一政策、统一计划和统一制度下,统一调配人力、人力和财力。而 1958 年到 1960 年间实行的财政管理体制,主要方面都是较多地强调了扩大地方的财力和财权。由于财政下放较多和财力分散,财政管理偏松,不利于国民经济计划的综合平衡,因此,财政管理体制有必要因应形势发展而作改进,即在一段时间内实行比较集权的办法。

在这一大背景下,1961 年 1 月,中央批转财政部的报告,提出了改进措施,强调财政管理的集中统一。主要内容有:(1)国家财政权基本上集中在中央、大区和省、自治区、直辖市三级,缩小专区、县、公社的财权。(2)继续实行"总额分成,一年一变"的办法,但是,收入方面收回了一部分重点企业、事业单位的收入,作为中央固定收入,支出方面则将基本建设拨款改由中央专案拨款,加强了对基本建设资金的严格控制。(3)国家预算从中央到地方改为实行"上下一本账",坚持"全国一盘棋",各级预算的安排,坚持收入平衡,略有节余,一律不准打赤字预算。(4)当年地方财政的超收分成和支出结余等,如用于基本建设的,必须纳入国家基本建设计划。(5)严格财政纪律,加强财政监管。各地区、各部门和单位的预算外资金,采取"纳、减、管"的办法进行整顿,即:有的纳入预算,有的减少数额,都要加强管理。

(二) 推行"双六条"与平衡财政信贷收支

为了进一步加强财政信贷管理,促进国民经济调整,1962 年 3~4 月间,中央先后发布《关于切实加强银行工作的集中统一,严格控制货币发行的决定》和《关于严格控制财政管理的决定》(即"双六条"),要求所有经济部门和企业单位都要改进经营管理,加强经济核算,加强财务管理,维护应当上缴国家的财政收入,严格控制各项财政支出,不准用银行

贷款作为财政性支出，并要求切实加强财政监督。这些决定，对集中财权、加强管理、平衡财政信贷收支起了重要作用。

1962～1964年间，除了在收入划分上，地方税（小固定收入）有所变动外，大体执行的还是1961年的体制。到了1965年，随着国民经济情况的好转和其他一些变化，财政体制又作了一些小的改变：（1）财政收入恢复了"总额分成"加"小固定"的办法。（2）财政支出方面，地方各项支出，包括基本建设在内，都列入预算基数参与收入分成，只保留临时性的特大防汛、抗旱和特大救济支出作为专案拨款。（3）预算调剂权方面，各项事业经费，财政上只下达分类的财政指标，地方有权调剂；地方的基本建设和各种费用安排，中央只分配下达总数，由地方具体安排。

经过几年的调整，经济恢复了元气。1965年的各项经济指标，已恢复到"一五"时期的最好水平。

第六节 小结

全面建设社会主义时期的财税体制，经历了一系列的变化与调整。

"一五"时期，为了集中国家有限的财力，保障重点建设，形成的是侧重集中统一的财政经济体制。这种体制对保障国民经济的发展起到了重要作用。但是，随着生产资料所有制改造的基本完成，原有体制集中过多，统得过死，与生产力发展不相适应的矛盾越来越突出了。

在"一五"建设成就的鼓舞下，"大跃进"时期，地方建设的积极性促成了中央财权的下放，因而也促成了财政管理体制的全面改革。

与工商管理体制改革相配套，财政管理体制改革的总体精神是：在保障国家重点建设的前提下，扩大地方财权和企业的财权。

在中央与地方的关系上，开始实行"以收定支，五年不变"的财政新体制。

在国家与企业的关系上，实行利润分成，改进财务管理制度。1957年11月，国务院发布《改进工业管理体制的规定》，对实行企业利润分成作了原则规定。1958年起，国营企业开始实行利润全额分成制度。1958年7

月，国务院发布《关于改进基本建设财务管理制度的几项规定》，基本建设财务管理试行投资包干制度。

在税收制度上，实行合并税种，简化征税办法。1958年9月，国务院发布《中华人民共和国工商统一税条例（草案）》。这次改革，试行工商统一税，但税制过于简化，削弱了税收调节经济的作用。之后，由于不切合经济现实，推行"税利合一"试点，也仅仅经过了4个月便被紧急叫停。

过度的权力下放，引发了种种问题。在"大跃进"期间，财政虚假问题对经济产生了诸多负面的影响，直接导致之后的数年时间，国民经济不得不花费巨大代价用于调整、回归正常发展轨道。在这一过程中，1959年财政管理体制做了局部微调，财权重新适度上收，财政管理体制逐步"回归"初期制度框架，财政收支从不平衡重新走向平衡，都深刻反映了计划经济体制下"综合平衡"的财税治理思想在经济领域中的应用。

1958～1960年间实行的财政管理体制，更多强调的是扩大地方财力和财权。经历了"大跃进"之后，财政管理体制有必要因应形势之变而作出改进。于是，在一段时间内开始实行比较集权的办法。1961年，中央批转财政部报告，提出了改进措施，强调财政管理的集中统一。1962～1964年间，大体沿袭了1961年的体制，强调维护应当上缴国家的财政收入，严格控制各项财政支出，并要求切实加强财政监督。这些决定，对集中财权、加强管理、平衡财政信贷收支起了重要作用。

经过几年的调整，到了1965年，各项经济指标，已逐渐恢复到"一五"时期的最好水平。在经济恢复的过程中，财政对经济的支援作用主要体现于"生产建设型财政"。基本建设投资占财政支出的比重一直偏高，有力保障了经济的恢复进程。

第四章

危局与酝酿中的变局:"文化大革命"时期频繁调整的财税体制

1964年底到1965年初召开的第三届全国人民代表大会曾宣布,调整国民经济的任务已经基本完成,整个国民经济将进入一个新的发展时期,要努力把我国逐步建设成为一个具有现代农业、现代工业、现代国防和现代科学技术的社会主义强国。这个号召由于"文化大革命"的发动而没有得到实行。1966年5月~1976年10月的"文化大革命",是一场由领导者错误发动,被反革命集团利用,给党、国家和人民带来严重灾难的内乱。①

"文化大革命"的开始影响了中国经济发展的良好态势,国民经济陷入全面衰退。1966~1978年是中华人民共和国历史上经济增长率比较低、经济波动系数比较显著的时期,也是生产停滞的时期。从经济统计数据和政策结果评估看,这一时期中华人民共和国经济发展历史记录最差,经济增长率最低,经济波动系数最大,生产率基本停滞,实际GDP总量比不发生"大跃进"减少了40%。②

十年间,由于政治因素的干扰,国家财政工作经历了三次严重破坏:第一次发生在"文化大革命"初期,财政经济状况急剧恶化,财政管理工

---

① 《中国共产党中央委员会关于建国以来党的若干历史问题的决议》,人民出版社单行本,1981年版,第21、25页。

② 胡鞍钢:《中国政治经济史论(1949~1976)》(第2版),清华大学出版社2008年版,第223、516页。

第四章
危局与酝酿中的变局："文化大革命"时期频繁调整的财税体制

作大大削弱；第二次发生在1974年，财政工作遭受"反右倾回潮"的严重冲击；第三次是在1976年，财政工作又遭受"反击右倾翻案风"的严重冲击。其间，财政工作在困境中进行了两次整顿，曾有过转机，但又因受到重重阻挠和破坏而遭遇重大挫折，给之后的工作带来了不容忽视的影响。

总体看来，"文化大革命"十年间，经济形势起伏不定，财政体制频繁更易，财政工作虽然遭遇诸多困难，但也面临新的生机。

第一节 财政经济的混乱局面

一、计划经济：没有经济计划的年代

（一）国民经济发展的曲折反复

从1966年到1969年的4年间，国民经济经历了"增长—大幅度下降—初步回升"的过程。

1966年"文化大革命"伊始，动乱主要还是集中于上层建筑领域，经济建设还是顺利的，仍然保持20世纪60年代前半期调整国民经济的好势头。同往年相比，1966年经济仍有较大幅度增长，各项生产建设都完成或超额完成了国家计划。1966年全年工农业总产值为2534亿元，比上年增长17.3%。其中农业总产值641亿元，超额完成计划6.8%，比上年增长8.6%；工业总产值1686亿元，超额完成计划11.5%，比上年增长20.9%。基本建设投资总额209.42亿元，比上年增长16.6%。国家财政收入558.7亿元，比上年增长24.4%，支出541.6亿元，收支节余17.1亿元。[①]

1967年和1968年，全国出现了"打倒一切""全面内战"的动荡局面，打乱了正常的社会、生产和工作秩序，国民经济处于无政府或半无政府状态，经过数年调整获得的大好形势被影响了。财政经济状况和财政工

[①] 王年一：《大动乱的年代》，河南人民出版社1988年版，第356页。

作陷入了混乱之中。

经济指挥和管理机构瘫痪或基本瘫痪，国民经济实际上处于无计划的状态。全国全面夺权，大批有经验的干部"靠边站"，从上到下原有的一套经济指挥和管理系统失灵，计划管理和经济管理难以为继，统计机构瘫痪了，一些报表被造反反掉了，年报迟迟不能报齐，一些基本统计资料也提供不出来。由于形势极度混乱，1968年的年度计划也无法制订，1968年成为我国推行计划经济体制以来唯一没有国民经济计划的一年。

行之有效的经济政策和规章制度废弛，无政府主义、经济主义、平均主义猖獗。对"利润挂帅""物质刺激""生产第一"的批判，把人们的思想搞乱了。对"唯生产力论"的批判，严重破坏了生产力的发展。

经济形势的恶化，最直接地表现在一系列指标的变化上。

由此带来的严重后果是，生产连年下降。工农业生产大幅度下降，1967年工农业总产值比1966年下降了9.6%，1968年又比上年下降了4.2%。1967年和1968年，工业企业全员劳动生产率分别比上年下降了19.2%和7%。

国家预算内基本建设投资额完成得很差。1967年比1966年下降了33.7%，1968年比1967年又下降了16.9%。基本建设新增固定资产交付使用率，1967年只有50.6%，1968年降为45.9%，是新中国成立以后最低的两年。

生产和经济效益的急剧下滑，使国民收入受到很大损失。1967年比1966年减少99亿元，1968年又比1967年减少72亿元。这直接导致国家财政陷入严重困境。1967年的财政收入只有419.36亿元，比1966年锐减139.35亿元，减少25%；1968年继续减为361.25亿元，比上年减少58亿元左右，减少13.9%，基本上倒退回1961年困难时期的收入水平。这一期间的困难局面，迫使中央财政与地方财政之间，不得不暂时再次实行"收支两条线"的统收统支办法，以应付非常局面。

由于政局相对稳定，经过努力，1969年的生产情况主要是工业生产情况有所好转，基本上刹住了前两年生产下降的趋势。财政收入虽未达到1966年（558.71亿元）的水平，但比1968年（361.25亿元）增长很多，达到526.76亿元。

第四章
危局与酝酿中的变局:"文化大革命"时期频繁调整的财税体制

(二) 基本建设投资结构失衡

"左"倾思想泛滥,打乱了国民经济规划。从 1969 年起,由于片面强调战备需要,加强三线建设,提出了"靠山、分散、进洞"的错误方针,国家预算内的基本建设投资一增再增。1969 年和 1970 年两年的基本建设拨款猛增到 206.22 亿元和 298.36 亿元,这两年的基本建设拨款占当年财政支出的比重分别达到 39.2% 和 45.9%,是"大跃进"以后出现的第二次高峰。

在基本建设投资安排中,用于重工业的部分猛增,使农、轻、重比例在工农业总产值中起了很大的变化。此外,"重'重'轻'轻'"的投资结构,直接导致生产性建设挤占非生产性建设,1970 年与 1968 年相比,生产性建设投资比例由 80.7% 上升到 88.3%;非生产性建设投资比例则降为 11.7%。这就不可避免地引起了国民收入中积累和消费比例关系又一次严重失调。1970 年和 1968 年相比,积累率由 21.1% 激增至 32.9%。这一情况在随后的年度中还继续有所发展。

(三) 财政管理体制遭到严重破坏

伴随着财政收支格局失衡而来的,使财政管理体制遭到严重破坏。

首先,财政管理指挥体系大大削弱。1967 年初,国家财政大权一度被"财政部造反司令部"夺去,这年的 7 月 1 日,中共中央、国务院及时发出《关于对财政部实行军事管制的决定》,并在李先念主持的国务院业务组的领导下,全国财政工作才得以在混乱局面中有效运行。即便如此,整个财政金融工作仍处于被动和遭受困扰的状态。地方各级财政、税务、建设银行,撤的撤、并的并,大大削弱了财政管理职能作用的发挥。

其次,"革命大批判"造成了财政管理思想的混乱。财政工作被诬蔑为执行的是"一套修正主义的纲领"。合乎马克思主义分配原理的社会主义积累,被斥为"利润挂帅";多年来行之有效的财政规章制度和专业管理与群众管理相结合的工作方法,被斥为"修正主义的管、卡、压"等,是非颠倒了,思想搞乱了,于是,一度出现了"制度无用""税收无用""抓业务危险"等论调,财政管理工作的正常开展遭遇重重困难。

此外,国家财经纪律受到严重影响。无政府主义的泛滥,导致有章不循,各行其是的现象到处都是。例如,收入方面,侵占截留国家财政收入,化预算内资金为预算外资金以及扩大成本范围者有之;公开抗税不交和超越权限减税免税者有之。支出方面,基本建设投资"大敞口",花钱"大撒手",施工"吃大锅饭"的情况相当普遍。种种情况,实际上造成了许多合理的财政规章制度"不破自废"的严重后果。

二、财政运行的起伏波动

(一)财政收支:向"力保平衡"的转变

"文化大革命"十年间,虽然经济起伏变化,但财政收支仍然达到了一定规模,在保证国家重点建设资金的需要上尽了极大的努力。1966~1976 年的 11 年间,国家财政收入共计 7225.27 亿元,财政支出共计 7244.16 亿元;11 年收支相抵,赤字 18.89 亿元(见表 4-1)。

表 4-1　　　　1966~1976 年国家财政收支状况　　　　单位:亿元

年份	总收入	总支出	收支差额
1966	558.71	541.56	+17.15
1967	419.36	441.85	-22.49
1968	361.25	359.84	+1.41
1969	526.76	525.86	+0.90
1970	662.90	649.41	+13.49
1971	744.73	732.17	+12.56
1972	766.56	766.36	+0.20
1973	809.67	809.28	+0.39
1974	783.14	790.75	-7.61
1975	815.61	820.88	-5.27
1976	776.58	806.20	-29.62
合计	7225.27	7244.16	-18.89

资料来源:《当代中国》丛书编辑部编,《当代中国财政》(上卷),中国社会科学出版社 1988 年版,第 258 页。

从表面看,10 年间的财政收支相抵,只有赤字约 19 亿元,似乎问题不大,但实际上,这种平衡是在紧缩支出、许多事业停办缓办、"勒紧裤

第四章
危局与酝酿中的变局:"文化大革命"时期频繁调整的财税体制

带"过日子的情况下进行的,而且是采取了非常措施,动员全社会财力才得以实现的,是极不正常的。新中国成立的前36年中,国家曾有3次被迫采取冻结银行存款的措施,以应付财政经济困难。而其中有两次就是在"文化大革命"期间实行的,一次在初期的1967年,一次在末期的1976年。

(二)被扭曲的生产建设财政支出

"文化大革命"对国家财政的严重破坏,表现在诸多方面。其中最重要的是两个方面。

一是基本建设战线长,超过了财力物力承受范围,使大批工程不能迅速形成综合生产能力,而预算内基本建设拨款又占据了财政支出的高额比例。从表4-2中可见,自1969年起,每年度预算内基本建设拨款占财政支出的比例都高于"一五"时期和三年调整时期,到"文化大革命"后期才逐步趋于"一五"时期的较为合理的水平。

表4-2　　　　国家预算内基本建设拨款占财政支出情况

时间	预算内基本建设拨款占财政支出比例(%)
"一五"时期	37.6
三年调整时期	30.1
1969年	39.2
1970年	45.9
1971年	42.3
1972年	40.3
1973年	39.2
1974年	39.6
1975年	39.8
1976年	38.6

资料来源:《当代中国》丛书编辑部编,《当代中国财政》(上卷),中国社会科学出版社1988年版,第261页。

同"一五"时期比较,"四五"时期(1971~1975年)全国基本建设投资总额增加了两倍,但建成投产的项目增加还不到1/4。"四五"时期全国施工的大中型项目2963个,建成投产的只有742个。已经形成的固定资产也不能提供更多的积累。例如,1966~1976年间,国家用于三线建设的投资达 1300 亿元以上，占全国投资的 42% 左右，但由于建设项目上得过快过猛，许多项目难以正常生产获利。1976 年，三线企业每百元固定资产增加的产值只有 71 元（全国是 103 元），每百元产值提供的积累只有 14 元（全国是 24 元），均远低于全国的平均水平。所有这些，固然有当时政治因素的影响，但无论从经济观点还是财政观点来看，效益都是比较差的。

二是投资结构畸形发展，农、轻、重比例严重失调。全国投资总额中，"一五"时期，重工业只占 36.1%，"三五""四五"时期却达到 51.1% 和 49.6%。因而，在工农业总产值中，从 1966 年到 1976 年，重工业的比重由 32.7% 上升到 38.9%，农业由 35.9% 下降到 30.4%。工业内部则由于过分突出钢铁和机械加工工业，不仅轻重工业比例失调，重工业内部的加工工业和原材料工业也不相适应了。从数据上看，十年中重工业产值构成的变动趋势是，制造工业的比重由 50.5% 升为 52.8%，原材料工业则由 38.3% 降为 34.9%。主要产业部门之间的比例严重失调，给国民经济的发展造成了严重困难，这给未来的调整埋下了一个攻坚难点。

"文化大革命"留下的大量此类"欠账"，使后来的财政分配增加了巨大负担。国家不得不花费大量财力用于"还账"。"还账"诱发的一个后果就是财政收支陷入紧张格局，直接导致 1979 年和 1980 年出现了巨额财政赤字。

不过，即便"文化大革命"期间留下了种种"欠账"，财政极度紧张，但客观地看，财政亦并非无所作为。在困境中，国家多次采取增收节支的措施，财政除了保证国家最低限度的经常性开支外，还发挥分配、监督的职能作用，集中有限财力，在支持经济建设和工农业生产方面，也取得了一些明显的成就。

十年间，农业领域兴建起了大批水利工程，农业现代化的装备水平也有了较大提高，粮食生产因而保持了比较稳定的增长。工业方面，建设了一批大型工业企业，最突出的是石油工业的迅猛发展。国家原油产量在 1976 年达到 8700 多万吨，相当于 1967 年的 6.7 倍。中国由贫油国一跃成为自给自足的产油国。随着原油产量的增加，石油化学工业也在这个时期迅速崛起。冶金、机械、煤炭、电力等工业则兴建了一批新的大型企业。种种成就，是全国人民承受极大灾难、付出巨大代价而获得的。

第二节 逆境中的整顿与成就

1969年经济的回升，助长了经济建设中"急于求成，盲目追求高指标、高速度"的"左"倾思想再度抬头，再加上1970年对国际形势的误判，把对付国外敌人的突袭和大规模入侵当作压倒一切的中心任务，直接导致了这一年初全国计划会议制订出了脱离实际的国民经济计划。1970年和1971年的经济冒进，给财政工作增加了不小的压力。

一、财政收支新趋势：从"平衡"走向新的"失衡"

从总体来看，"文化大革命"后期的财政收入水平，与前期一样，呈一种起伏不定的态势。1971～1973年的三年间，财政收入呈上升趋势，收支平衡，并略有节余（见表4-1）。但是，1973年底至1974年初，所谓"批林批孔"运动展开后，由于政治运动的干扰，使已经出现转机的各项工作，重新又陷入了困难之中。刚有起色的财政经济工作，也再次受到严重冲击。1974年1～5月，全国财政收入比上年同期减少5亿元；财政支出比上年同期增加25亿元，恶化的财政经济状况，到了当年年底也未能扭转。1974年一年，财政收入仅为783.14亿元，比上年减少26亿多元，出现赤字7.61亿元。[①]

1974年底，国家开始进行整顿，全国形势在很短的时间里明显好转，国家财政经济在全面整顿中也出现了新的转机。1975年这一年，工农业总产值增长较快，比上年增长了11.9%，财政收入也略有增加，达到了815.61亿元，财政支出820.88亿元，收支相抵，尽管还有赤字5.27亿

[①]《当代中国丛书》编辑部编：《当代中国财政》（上卷），中国社会科学出版社1988年版，244页。

元，但从总的情况来看，财政工作在各个方面都得到了改善和加强，整个国民经济在摆脱停滞倒退之后，又回到了恢复和发展的道路上。① 这是一次新的转机。

随着所谓"'批邓'反击右倾翻案风"运动的展开，全国经济再度陷入混乱之中。已经纠正的错误政策和错误做法重新抬头，国民经济又受到严重影响，1976 年，经济效益全面下降，财政收入只有 776.58 亿元，比上年减少了 39 亿元，比 1974 年的水平还低。当年财政收支相抵，不仅没有结余，赤字达 29.62 亿元。为了应对困难局面，国家不得不再次采取特殊措施，冻结国营企业事业单位和国家机关等在银行的存款，以渡过财政难关。这是"文化大革命"期间国家再一次采取冻结银行存款措施，也是最后一次。②

二、"三个突破" + "一个窟窿"

1971 年 9 月以后，为了贯彻周恩来关于整顿的精神，财政工作从思想上、管理上和组织上采取了一系列整顿措施。但是，正当财政工作开始进行整顿之时，1972 年初，周恩来首先察觉到国民经济出现了"三个突破"的问题③。所谓"三个突破"，就是到 1971 年底，全民所有制职工突破 5000 万人（实际达 5318 万人），工资支出突破 300 亿元（实际达 302 亿元），粮食销量突破 800 亿斤（实际达 855 亿斤）。这一问题引起了注意，可惜的是，由于"四人帮"的干扰破坏，在 1972 年这一年中，问题不但没有缓解，而且有所发展。到了这一年底，全民所有制职工人数增加到 5610 万人，工资支出增加到 340 亿元，粮食销售量增加到 927 亿斤。结

---

① 《当代中国丛书》编辑部编：《当代中国财政》（上卷），中国社会科学出版社 1988 年版，257 页。
② "文化大革命"期间，为应付财政经济困难，国家曾两次被迫采取冻结银行存款的特殊措施。一次在初期的 1967 年，一次在末期的 1976 年。采取这种特殊措施，充分说明了当时财政经济形势的严峻。
③ 也有一种说法是"四个突破"，即上述"三个突破"外加"货币发行量突破了警戒线"。当时，针对严峻的形势，周恩来曾说："不只三个突破，货币发行量也突破了。""票子发多了，到了最大警戒线。三个突破不如这一个突破。"参见《周恩来选集》（下卷），第 464、465 页。

第四章
危局与酝酿中的变局:"文化大革命"时期频繁调整的财税体制

果,为了解决好粮食销售量增加的问题,这一年除了增加进口粮外,还不得不挖出了国家的粮食库存。① "三个突破"问题非但没有解决好,反而又增加了"一个窟窿",形成了"三个突破"+"一个窟窿"的局面,经济形势又陷入了被动之中。

从深层面分析,出现"三个突破",主要是由于基本建设规模过大,战线过长,根子则在于"急于求成"思想抬头。1969~1971年三年间,经济好转,财政收入增加,国家预算内基本建设投资年年大幅增长,致使积累占国民收入的比重,到了1971年已高达34.1%。这不但引起职工人数、工资支出和粮食销量增加过多,导致"'突破'容易下降难"的局面,而且还引发了钢材、木材、水泥紧缺,市场紧张,货币回笼困难,银行不得不大量增发钞票。整个国民经济发出了危险的信号。

从1972年起,特别是1973年,国务院先后采取种种措施,力图解决"三个突破"问题。这些措施包括:大力发展粮食生产,控制职工人数和吃商品粮的人口,核减农村不合理的粮食销量,压缩民工过高的粮食补助,加强劳动工资管理,控制各地区、各部门和各单位的工资总额,等等。与财政直接相关的,是控制基本建设规模的扩大,加强基本建设的管理。1972年5月,国务院针对当时的基本建设存在"战线长、浪费大、制度松弛"等现象,提出了如下8条意见:(1)加强基本建设的计划管理和拨款监督。(2)用自筹资金安排的基本建设投资、材料和设备必须落实。各省、自治区、直辖市都要按国家核定的指标,严加管理,不得超过。(3)必须按照基本建设程序办事。(4)认真做好勘察设计工作。(5)基本建设项目所需设备,实行成套供应。(6)加强施工管理,提高投资效果。(7)加强经济核算。(8)积极进行基本建设投资大包干的试点。这一年的11月,财政部又发出通知,规定从1973年起,中央各主管部门都要编制年度基本建设财务计划。为了促进建设单位和施工单位实行经济核算,对于原来实行经常费办法的建筑安装企业,一律改按取费制度办理,国家不再直接拨给经常费。所有这些,都有利于恢复过去行之有效的基本

---

① 《当代中国丛书》编辑部编:《当代中国财政》(上卷),中国社会科学出版社1988年版,第252~254页。

建设工程"四算"①与基本建设拨款"四按"②的成功经验，在一定程度上强化了基本建设的管理。

经过1972年和1973年的努力，虽然经济工作中还存在不少问题，但"三个突破"膨胀的势头得到了有效的遏制。1973年，国内粮食也实现了收支平衡，对财政的压力有所减轻。当年工农业总产值比上年增长9.2%，财政收入达809.67亿元，比上年增长5.6%，收支相抵还有结余0.39亿元。

三、财政压力的累积与寻求化解之策

"文化大革命"十年间，从总的情况看，虽然经济形势一直起伏不定，但财政形势似乎没有发生巨大的波动变化。1966～1976年的十一年间，财政赤字年份为4年，盈余年份为7年。从当时领导层所偏好的财政收支平衡政策的治理术角度来看，情况似乎应该不坏。但是，如果深入探究一下收支差额的具体数目以及各年度的财政形势（见表4－1），可以发现，情况并不那么简单。

首先，从财政盈余的角度看，在收支盈余的七个年份中，最多的年份为1966年，达17.15亿元，然后是1970年的13.49亿元和1971年的12.56亿元。1966年的收支盈余格局，大多被认为与当时的政治形势尚无太大关系；1970年和1971年的财政形势较好，与这两年的经济上的冒进主义关系甚大。当时普遍存在积累率过高，基本建设投资规模过大的现象。1971年还实行了基建投资、物资分配、财政收支的大包干（权力下放），直接导致了基本建设规模和重工业生产的急剧膨胀。反映在财政收支差额上，则是延续了1968年、1969年以来的财政盈余格局。除了1966年、1970年、1971年外，其余4个年份，每年财政盈余最多不超过1.5亿元，大多在1亿元以下。以当时中国的经济总量而言，这样一个财政收支差额，显然是财政极力平衡收支而得到的结果。

---

① "四算"即基本建设项目有概算、施工有预算、成本有核算、竣工有决算。
② "四按"即基本建设按计划拨款、按预算拨款、按基本建设程序拨款、按基本建设进度拨款。

第四章
危局与酝酿中的变局："文化大革命"时期频繁调整的财税体制

其次，从财政赤字的角度看，虽然在 11 个年份中，赤字年份只有 4 个，但都是比较特殊的年份（1967 年、1974 年、1975 年、1976 年）。

1967 年，受政治形势的影响，经济形势开始趋于恶化，财政形势也受到波及。这一年，财政收支格局一下子转变为赤字达 22.5 亿元左右。而上一年的 1966 年，财政收支盈余 17 亿元。

1974 年后，在所谓"反击右倾翻案风"的冲击下，此前经济整顿工作的成效被打了折扣，经济形势重新陷入了困境，财政形势也趋于恶化。1974～1976 年，财政收支差额日渐扩大。1976 年赤字达 29.62 亿元，比 1968～1973 年间财政收支累计盈余的总和（28.95 亿元）还大。

这一财政格局，反映了"文化大革命"十年以来所累积的财政压力正在不断加大。在财政收支平衡思想的主导下，如何化解这种财政收支失衡所产生的压力，显然也是紧随其后的全面经济整顿工作所不能不予以考虑的一个重要方面。在这一意义上，可以说，财税新体制的胚胎，已经开始萌芽了。

第三节 苦撑时局：财政体制的频繁变更与改革[①]

"文化大革命"期间，我国财政管理体制变动的一个总体特征可以概括为：在"综合平衡"思想的指导下，受财政压力的影响，财政管理体制常常是因应形势，顺势而变。因此，体制变动也就显得尤其频繁。

据统计，"文化大革命"十年间，财政管理体制共有 7 次大的变动，是变动最频繁的时期，创下了历史纪录，也反映出中央集权与地方分权之间的矛盾和冲突。

1966～1967 年，实行的是"总额分成、一年一变"的体制。

1968 年，为了应对困难局面，中央改行"收支两条线"，即凡是预算范围内的财政收入全部上缴，完全由中央支配，不搞收支挂钩。

[①] 本小节前四部分主要参考财政部综合计划司编：《中华人民共和国财政史料》（第一辑），中国财政经济出版社 1982 年版，第 1～28 页。

1969 年，生产好转，财政收支又恢复了"总额分成，一年一变"的办法。凡完成或超额完成收入任务的，地方自求平衡收支，超出分成和支出结余，归地方使用。没有完成预算收入任务的，由中央按预算确定的支持指标补助，不因短收使地方减少既定的支出指标。

1970 年，中央开始对企事业单位进行适当的权力下放，实行中央统一领导下的中央、省、县三级管理。与 1969 年相比，1970 年体制增加了"定收定支"。

1971～1973 年，经济体制"大下放"，财政实行"定收定支、收支包干，保证上缴（或差额补贴），结余留用，一年一定"的管理体制。各地方的预算收支经中央综合平衡，核实下达。收支实行"大包干"，即地方收支指标经中央核定以后，收入大于支出的，包干上缴中央财政，支出大于收入的，由中央按差额包干补助。在执行中，超收或结余都归地方支配使用，超收或超支由地方自求平衡。

1973 年，再次修订财政体制，在华北、东北和江苏试行"收入按固定比例留成（即地方所负责组织的收入中，按一定比例提取地方机动财力，当时称"旱涝保收"），超收另定分成比例，支出按指标包干"的体制。地方从所负责组织的收入中，按一定比例提取地方机动财力，超收另定分成比例，支出按指标包干。

1974 年和 1975 年，全国推行上一年度在华北、东北和江苏试行的体制。

1976 年，财政部决定对地方财政试行"定收定支，收支挂钩，总额分成，一年一变"的财政管理体制。这种体制，同 1959 年实行的"总额分成"体制基本一致，把地方财政的权力和责任在一定程度上联系起来，多收则多支，少收则少支，对调动地方增收节支的积极性有一定的作用。

总之，上述种种改革对中央计划经济体制而言，都具有一定突破意义，但总体来看，并不成功。

一、放权与集权之间的"平衡术"："总额分成"

1966～1970 年间，财政管理体制总体是沿袭 1959 年"总额分成，一

第四章
危局与酝酿中的变局:"文化大革命"时期频繁调整的财税体制

年一变"的体制。

1958年的财政体制进一步下放了财权,增加了地方的机动财力。而针对1958年财政管理体制执行中出现的问题,从1959年起实行"收支下放,计划包干,地区调剂,总额分成,一年一变"的财政管理体制,基本精神是:在继续下放收支项目的同时,适当收缩一部分地方的机动财力,通过"一年一变"的做法,解决财政计划同国民经济计划不相衔接的问题。

1966～1970年间,除1968年因上年出现财政赤字,不少地区生产和收入大幅度下降,暂时实行"收支两条线(即收入全部上缴,支出由中央分配)"的办法外,其他各年都是继续实行"总额分成,一年一变"的财政管理体制。其核心仍是沿袭1959年体制的做法,既比1958年的体制有了简化,也通过将地方组织的全部收入和地方财政支出挂钩的方式,通过预算指标"一年一定",适当集中了财力。

这种做法与当时的财政收支格局是紧密相连的。财政收支在这几个年度内均略有节余,在当时的政治形势下,为了积极支持国家经济建设和工农业生产的发展,国家有必要集中有限的财力。而"总额分成,一年一变"的体制有利于国家及时根据形势调整安排基本建设计划。

总的说来,这一时期虽然讲究相对集中财力,但也有放权的趋势。可以说是形成了一种在"收""放"权中寻求平衡的体制。

这种机制的形成,主要导因于"文化大革命"初期毛泽东曾经对一切统一中央的方式表达了一定的忧虑或不满。1966年3月,毛泽东曾提出,"一切统一于中央,卡得死死的,不是好办法。"而后,在中共中央政治局扩大会议上,他又说,"中央只管虚,只管政策方针,不管实,或少管点实。中央部门收上来的厂多了,凡是收的都叫他们出中央,到地方去,连人带马都出去。"①

到了1969年2月,全国计划座谈会下发财政、企业、物资管理体制三个文件。财政管理体制方面,除中央直接管理的企业收入之外,其余各项

---

① 相关详细分析,可参看胡鞍钢:《中国政治经济史论(1949～1976)》(第2版),清华大学出版社2008年版,第512～515页。

收入一律下放到地方。除中央财政的有关支出外，其余各项支出下放到地方。

企业管理体制方面，中央各部门所属科研、设计单位和大专院校下放给地方，扩建改建工程应随生产下放，新建单位除重点工程外尽可能下放。

物资管理体制方面，主要原料和设备由中央统一分配，其余物资由地方管理，自行组织区间衔接，各主管部门协助。首次规定地方"五小"企业生产的产品不纳入中央统一分配。

应当说，这是一次旨在中央下放给地方权力的行政性分权，针对中央部门权限集中过多、机构重叠的体制弊端而进行的改革。①

二、经济激励因素的成长：从"包干"到"分成"模式

（一）1971～1973年："财政收支包干"体制

到了1971～1973年间，由于此前几年经济被过于夸大、膨胀，经济再次进入调整周期，于是，适应经济形势的需要，中央再次下放财权，转而实行财政收支包干的财政管理体制。

实行财政收支包干体制的一个重要背景是，1970年，国务院提出"四五"计划发展纲要，对经济体制改革有了一个比较全面的设想。为了充分调动地方的积极性，中央决定把大部分企业、事业单位下放到地方管理。这次下放的企业比1958年还要多。与此相适应，财政管理体制也就必须进行较大的变更。1971年3月，财政部发出通知，决定当年起实行"定收定支，收支包干，保证上缴（或差额补贴），结余留用，一年一定"的体制，简称为财政收支包干。这一体制的主要内容是：

（1）随着中央企业、事业单位的下放，相应地扩大地方财政收支的范围，国家的财政收入和支出，除了中央部门直接管理的企业收入、关税收入和中央部门直接管理的基本建设、文教行政、国防战备、对外援助和国

---

① 胡鞍钢：《中国政治经济史论（1949～1976）》（第2版），清华大学出版社2008年版，第512页。

家物资储备等支出以外，其余都划归地方财政，由地方负责管理。

（2）地方预算的收支指标，由地方提出建议，经中央综合平衡，核定下达。核定的省（区、市）预算收支指标，收大于支的，包干上缴中央财政（按绝对数包干上缴，不再按比例计算）；支大于收的，由中央财政按差额包干给予补助。

（3）上缴和补助数额确定之后，一般不作调整，地方要保证完成上缴任务，中央要按确定的数字给予补助。

（4）预算执行过程中，地方收入超收或支出结余，都归地方支配使用，如果发生短收或超支，由地方自求平衡。

1971年的财政管理体制，贯彻了财权下放的精神，扩大了地方的财政收支范围，同时按绝对数包干，超收部分全部留归地方，这就大大地调动了地方增收节支的积极性，地方的机动财力随之大量增加。

但是，这一做法也存在问题：一是确定财政收支包干指标时，未能完全符合实际，结果有的地方超收很多，有的地方甚至短收，地区之间存在机动财力"苦乐不均"现象。二是实行绝对数包干，超收部分全部留归地方，短收的地方仍需中央财政补贴，增加了中央财政平衡的困难。

为了改进这些不足，1971年底，财政部规定：自1972年起，地方超收1亿元以下的，全部留归地方；超收1亿元以上的部分，一半留归地方，一半上缴中央财政。这样就有利于中央在地区之间进行必要的调剂，有利于实现全国财政收支的综合平衡。1973年，大部分地区沿袭了这一体制。

（二）1974~1975年："分成"与"包干"相结合

"文化大革命"发动以来，国民经济受到很大损失，许多地区生产下降，财政收入难以完成，更没有超收可言，这就使得"财政收支包干"的体制很难有效推行。针对当时财政经济不稳定的状况，提出了"收入按固定比例留成，超收另定分成比例，支出按指标包干"的办法，1973年先在华北、东北和江苏试行，1974年、1975年即在全国推行。这一办法的主要内容是：

（1）地方负责组织的收入，各省按不同的固定比例留成（平均为2.3%），作为地方一笔比较稳定的机动财力。

(2) 地方财政收入的超收部分,另定分成比例,但留给地方部分,一般不超过30%。

(3) 地方财政支出按中央核定的指标包干。

(4) 地方年终结余,留归地方财政使用。

在当时财政收入不稳定的情况下,上述办法保证了地方必不可少的支出,但由于收支不挂钩(不管收入完成多少,支出照样按包干指标使用,机动财力照样按既定比例稳拿),地方一级财政的权责关系不匹配,不利于调动地方增收节支和平衡预算的积极性。因而,它只能是经济发展不正常,地方财政收入极不稳定时所采用的一种临时性过渡措施。

三、"回到老路上"——"收支挂钩,总额分成"

到了1976年,为解决固定比例留成体制存在的问题,财政体制因应时局之变,转而再次实行"定收定支,收支挂钩,总额分成,一年一变"的体制(简称"收支挂钩,总额分成")。这实际上就是1959~1970年间实行的"总额分成,一年一变"的体制。与原有的做法稍稍不同的是:(1)扩大了地方财政的收支范围,增大了地方财政的管理权限。(2)保留地方实行固定比例留成的既得利益,使地方有一定固定的机动财力。(3)改变了过去超收部分也按总额分成比例分成的办法,规定超收分成比例为30%或70%:地方总额分成比例在30%以下的,超收部分按30%分成;总额分成比例在70%以上和受补助地区,超收部分按70%分成。

这一办法优于固定留成办法之处在于,能够把地方财政的权力和责任结合起来,体现了中央和地方共同平衡预算的精神。但是,也还存在如下两个问题:(1)机动财力同地方收入任务是否完成仍然没有关系,不利于地方发挥增产增收的积极性。(2)总额分成比例一年一变,容易产生年初争指标现象,预算不容易较快确定下来,影响预算的执行。

四、先行先试新体制:从"总额分成"到"超收分成"

为了解决种种矛盾,1978年,在继续实行原有"收支挂钩,总额分

第四章
危局与酝酿中的变局:"文化大革命"时期频繁调整的财税体制

成"办法的基础上,又在部分省(市)试行"增收分成,收支挂钩"的措施:(1)地方财政支出,仍同地方负责组织的收入挂钩,实行总额分成。(2)中央同地方的总额分成比例,仍是一年一变。(3)地方机动财力的提取,依照当年实际收入比上年增长的部分和确定的增收分成比例来进行。(4)取消按固定数额留给地方的机动财力,但地方的这一部分既得利益,包含在增收分成比例内。这种体制保留了"收支挂钩,总额分成"体制的优点,使地方财政权责结合,同时,地方所需机动财力按增收数额提取,有利于调动地方增产增收的积极性,也能缓和年初争指标的矛盾。不过,这种办法只有在经济发展比较正常,财政收入稳定增加的情况下,地方才能获得好处。1979年,由于国民经济调整,国家采取了提高农副产品收购价格,减免农村税收、调整职工工资,安排劳动就业等重大经济措施,不少省(区、市)收入没有增长或增长很少,在这种情况下,国家收入任务分配不下去,全面推行增收分成的办法很难实施。在全国财政会议上,最终商定:1979年,除江苏仍实行"固定比例包干"的办法①,广西、宁夏、内蒙古、新疆、西藏、青海、云南7省、自治区仍实行民族自治地方的财政体制外,其余21省(市)改行"收支挂钩,超收分成"体制,总的办法未变,主要是把地方机动财力的提取,由按增收分成改为按超收分成。规定超收的部分,地方总额分成比例在50%以下的,按50%分成;比例在50%以上的,在确定的分成比例基础上,再加10%。这种做法,无疑也只是适应当时经济发展形势的一种临时性措施。

党的十一届三中全会之后,为了更好地贯彻执行"调整、改革、整

---

① 江苏仍实行"固定比例包干"办法,有其历史原因。粉碎"四人帮"后,为探索体制改革路子,贯彻毛泽东关于在巩固中央统一领导的前提下,扩大一点地方权力,给地方更多的独立性,让地方办更多事情的指示精神,决定从1977年起,先在江苏试行"固定比例包干"的财政管理体制。根据江苏1976年决算口径,参照该省历史上财政总支出占财政总收入的比例,确定一个上缴和留用的比例,一定四年不变。比例确定后,地方支出从留给地方的收入中自行解决,自求平衡。江苏体制的主要特点是,按收支总数计算,确定比例包干,几年不变,这是当时财政体制改革迈出的重大一步。由于实行比例包干,几年不变,地方自主权扩大了,可以统筹安排本地区支出,"条条"为主的模式也改为以"块块"为主,从而调动了地方当家理财的积极性。不过,由于缺乏经验,当时确定的具体做法,有些不太明确,这一体制执行到1980年到期后,未予延续。从1981年起,基本上改按全国的体制原则来办理。详见财政部综合计划司编:《中华人民共和国财政史料》(第一辑),中国财政经济出版社1982年版,第22~23页。

顿、提高"的方针,中央提出在认真总结历史经验的基础上,对经济管理体制逐步进行全面改革,并要求以财政体制作为突破口,改革先行一步。1980年,财政管理体制又展开了进一步的改革。当年2月,国务院颁布规定,决定开始实行"划分收支、分级包干"的财政管理体制。这个体制,也就是后来人们常说的"分灶吃饭"。

五、财政高度集中性与"二元"格局的延续

由上述财政体制的频繁更迭可以看出,"一五"时期所形成的高度集中的财政体制,在全面建设社会主义时期和"文化大革命"期间,并没有发生本质的变化。虽然其间也有向地方分权的尝试,但总体看来,都还是在保证工业化发展、注重基本建设投资规模的前提下展开的。

传统体制下,国家基本建设投资都是仰赖财政无偿拨款。由此,财政体制必然和基本建设财务管理体制有着不可分割的联系。在国民经济调整时期和"文化大革命"期间,基本建设财务管理体制并未突破财政按国民经济计划无偿拨付基建投资的模式,尽管专门办理基建拨款的建设银行几经沉浮,也有一定监督功能,但与真正意义上的银行相去甚远。

这种体制致命的弱点是,基本建设投资责、权、利脱节,缺乏内在的投资约束机制。在此体制下,基建投资项目由计划部门审批、立项,列入国民经济计划,财政部门按计划编制国家预算,安排基本建设支出,将资金拨付给建设银行。建设银行根据计划为建设单位提供资金,并监督资金用途。建设项目成功,皆大欢喜;一旦失败,计划、财政、建设银行很难单独承担责任。建设部门或单位,更没有基本建设投资风险之虑。因而,争项目、争投资,基本建设规模容易失控,成为顽症。[①]

在"大跃进"和"文化大革命"期间,情形一仍其旧。财政资金的投向,主要仍是以工业化项目、基本建设投资为主。"二元"格局并没有实质性的改变。即便在经济出现冒进倾向之后,中央收权,也还主要是保

[①] 高培勇、温来成:《市场化进程中的中国财政运行机制》,中国人民大学出版社2001年版,第20~22页。

障基本建设项目，尤其是保障大型建设项目在地区间的综合平衡。财政保障基本建设投资的功能十分明显。在这一前提下，大规模的赤字政策是不被认可的。因此，财政强调增收节支，"收支挂钩"，从最初的"总额分成"，一直到"增收分成"也好，到"超收分成"也罢，各年度政策的调整，实际上均围绕这一重心展开。

对经济史实的考察也可以发现，1958～1978年，财政服务经济建设的一个总体思路，仍然是注重基本建设拨款。历年来基本建设拨款占财政支出的比重，除了在"大跃进"之后的数年有所下降以外，其余年份，这一比重均稳定在30%～40%之间。据统计，1950～1978年，国家预算内基本建设支出累计达5621.56亿元，[①] 这反映了一种趋势：即使是在和平建设时期，国家仍然一以贯之地实行"工业化导向"的经济发展模式，注重对基本建设的投资。这与中国力图建立起一个独立的、门类比较齐全的工业体系的内在需求紧密相关。其背后的运作逻辑，仍然是建立于传统财政体制"二元"格局之上。

总体上看，"文化大革命"期间，由于政治上的动乱和生产上的不正常，财政管理体制迫于应付时局，变动频繁。而且，基本上都是临时性的过渡措施，很难说是真正形成了一套比较完整有效的财政制度。其目的，最直接的就是为了在困境中勉强度日。但有一点颇值得注意，那就是：在频繁更易的财政管理体制中，对基本建设投资的管理体制，则似乎并未有根本性的变革，也没有触及"二元"格局的改变，仍然体现了高度集中的特征。

第四节 改革大潮来临前的变动

一、全面整顿经济

如前文所述，"文化大革命"后期，财政压力的累积与寻求化解之策，

[①] 项怀诚主编：《中国财政50年》，中国财政经济出版社1999年版，第300页。

逐渐成为改革旧体制的动力源。扭转财政经济形势，成为催生新体制的一个强劲动力。

"文化大革命"期间，国家财政遭到严重破坏。1971年底，曾开始对财政工作进行了第一次整顿。整顿之后，1973年整个国民经济形势和财政形势趋于好转。但是，1974年受"四人帮"的干扰，经济重陷低谷，1975年起，邓小平开始主持中央工作，着手全面整顿。

全面整顿是以铁路运输的整顿为起点的。邓小平当时曾指出国民经济的薄弱环节是铁路运输问题，根据1975年2~3月间的全国工业书记会议所反映的情况，中央作出了《关于加强铁路工作的决定》，改进铁路管理体制，经过一两个月的整顿，铁路运输形势明显改观，对全国工交战线产生了重要影响。

5月，根据铁路整顿的经验和钢铁生产存在的严重问题，又提出了整顿钢铁工业的办法。经过近一个月的整顿，钢铁生产形势开始好转。6月，欠产严重的几个大钢厂，生产状况逐步好转，全国钢的平均日产量超过了全年计划平均日产水平。

经过几个月的整顿，1975年上半年，全国工业总产值完成全年计划的47.4%，财政收入完成全年计划的43%，收支平衡，略有结余。

为了进一步抓好整个工业的整顿，1975年7月中旬起，国家计委起草了《关于加快工业发展的若干问题》。文件后来被改写成二十条，对整顿企业管理、挖潜革新改造、采用先进技术等18个问题作了规定。这个文件在征求意见的过程中受到普遍欢迎，对工业整顿产生了积极的影响。

二、加强财税工作

根据邓小平"全面整顿"的指示，财政管理工作也采取了一系列整顿措施。全国财政经济形势又焕发出新的生机。

（一）财政工作逐步走向正常轨道

1975年初，中国共产党第四次全国人民代表大会决定撤销财政部军事管制委员会，恢复"文化大革命"前的司、局组织建制，从组织架构上逐步把财政工作纳入了正常轨道。

几乎同时，国务院也发出了《关于进一步加强财政工作和严格检查1974年财政收支的通知》。通知规定：（1）凡属任意减免税收，扣留国家收入，乱摊生产成本，虚报企业亏损，以及化大公为小公的，都要清理收回，补缴国库。（2）对各项开支，特别是基本建设拨款，必须逐笔核算，不准采取预算外支出转到预算内开支，不准用任何手法转移资金。（3）1974年国家预算内的基本建设拨款结余，除经中央批准结转使用的以外，全部上缴中央财政。未完工程需要的拨款，在1975年基本建设计划内统一安排。① 这些措施的贯彻落实，对扭转财政收支的不正常情况和纠正违反财经纪律的现象，起到了很好的作用。

（二）改进税收管理工作

1. 全国税务工作会议与税收管理体制改革

为了消除"税收无用论"的影响，1975年4月召开的全国税务工作会议着重讨论了税收的地位、作用以及如何加强税收工作等问题。会议在揭露几年来削弱税收管理、政出多门、制度混乱、偷税漏税现象严重等问题的基础上，强调必须加强税收工作，充分发挥税收的作用。要求各级财政税务部门，加强税收管理工作，采取有力措施，坚决堵塞漏洞，维护国家财政收入。

此外，为改变"文化大革命"中税收管理的混乱状况，国务院于1977年11月向全国转发《关于税收管理体制的规定》，明确规定了国务院、财政部和省、自治区、直辖市的税收管理权限。省、自治区、直辖市不得超越管理权限不适当地层层下放，不得任意扩大减税、免税范围，不得任意停征税种、税目。财政部还根据一些企业单位偷税、漏税的情况作出规定：（1）对工业企业的自销产品，一律按照实际销售价格征收工业和商业两道工商税；对低价自销和削价私分的商品，一律按照国家规定的价格征收工业、商业两道工商税。（2）工业企业倒卖非本企业生产的产品，一律按临时经营征收工商税，情节严重的，加成或加倍征税。（3）对机关、团

---

① 《当代中国丛书》编辑部编：《当代中国财政》（上卷），中国社会科学出版社1988年版，第255页。

体、部队、企业、事业单位，自行到农村采购应税未税的农、林、牧、水产品，都要依法征收工商税。

2. 税务机构的恢复与税收的快速增长

为了进一步落实全国税务工作会议的精神，1975年7月，财政部发出通知，要求清理漏欠税款，进一步整顿和加强纳税纪律。财政部税务局也在1975年恢复了"税务总局"的名称，以加强对全国税收工作的领导。

上述规定的贯彻执行，体现在税收上，最直接的反映就是：1977年的税收，完成了468亿元，比上年多收60多亿元，1978年完成了519亿元，同比又增长51亿元。"文化大革命"期间，税收收入相对来说比较稳定，基本上年年有所增长，但像1977年、1978年这两年每年增加五六十亿元，却是少见的。

三、"财政十条"与新财政体制的萌芽

（一）"财政十条"的出台

1974年底，财政管理工作再次进行整顿。为了尽快恢复国民经济，1975年夏秋之间，在国务院直接领导下，财政部起草了《关于整顿财政金融的意见》，也就是后来通常所说的"财政十条"。"财政十条"提出，要努力促进工农业生产的发展，调整财政收入，节约财政支出，迅速扭转企业亏损局面，加强基本建设拨款的管理，管好用好更新改造资金，加强信贷管理，控制货币发行，改进财政和信贷管理体制，严格财经纪律。

"财政十条"所提出的要求进一步改进财政信贷管理体制，是针对之前几年生产遭到破坏，资金偏于分散的情况提出的。具体要求是：财政资金需要适当集中；继续实行"统一领导，分级管理"的原则，管理权限主要集中于中央和省、自治区、直辖市两级；强调财政方针、政策、国家预算、税法税率、全国性的开支标准、企业基金提取比例、生产成本和商品流通费用的开支范围等，都由中央统一规定。为了加强省、自治区、直辖市财政收支的权力和责任，从1976年起，除继续保留各省、自治区、直辖市的机动财力数额以外，实行"定收定支，收支挂钩，总额分成，一年

第四章
危局与酝酿中的变局:"文化大革命"时期频繁调整的财税体制

一定"的办法。

围绕贯彻落实"财政十条",财政部还起草了关于改进财政体制,加强预算管理、固定资产管理、国营企业财务管理和农业财务管理,以及扭亏增盈等一系列整顿文件。虽然当时受客观局势限制,这些文件都未能正式对外公布,但有关内容在实际工作中得到了不同程度的贯彻,对财政工作的整顿还是起了一定的作用。

(二) 新体制的擘画与萌芽

旧体制累积了一系列问题,新时期的财政工作,又面临着一系列新情况。开展财政整顿工作的一个重要方面,就是着手对新财政体制的规划与构建。大体说来,它包含以下几个主要方面的工作:

1. 设立国务院财政经济委员会

党的十一届三中全会后不久,1979年3月,李先念和陈云根据国民经济中存在的问题,向中央提出了对国民经济进行调整的建议。并建议在国务院下设立财政经济委员会,作为研究制定财经工作的方针政策和决定财经工作中大事的决策机关。随着对经济形势的认识逐步深入,中国的最高决策集体通过对国情的深刻总结,为正确方针、政策的制定奠定了思想基础。中共中央最终决定成立国务院财政经济委员会,以陈云为主任,李先念为副主任,姚依林为秘书长。这为经济工作的拨乱反正,为正确方针、政策的提出和贯彻,提供了组织保证。

2. "调整、改革、整顿、提高"新八字方针的提出

党的十一届三中全会召开后,又经过了3个多月的反复酝酿,慎重考虑,中共中央和国务院的决策集体对我国经济现状的认识已经逐步趋于一致。在此基础上,1979年4月,中央召开工作会议,讨论修改1979年国民经济计划和政治经济领域的一些理论问题。李先念受国务院委托,在会上作了《关于国民经济调整问题》的讲话。他在阐述了当前经济形势和进行经济调整的必要性后,提出了今后一段经济工作的方针——也就是著名的新"八字方针"——"调整、改革、整顿、提高"。要"以调整为中心,边调整边前进,在调整中改革,在调整中整顿,在调整中提高"。

李先念对以调整为中心的新"八字方针"的阐述是这样的:调整的主

要任务是：坚决地、逐步地把各方面严重失调的比例关系基本上调整过来，使整个国民经济真正纳入有计划、按比例健康发展的轨道；积极而又稳妥地改革工业管理和经济管理体制，充分发挥中央、地方、企业和职工的积极性；继续整顿好现有企业、建立健全良好的生产秩序和工作秩序；通过调整、改革和整顿，大大提高管理水平和技术水平，更好地按客观经济规律办事。为了保证上述任务的完成，李先念在讲话中还具体提出了12条原则和措施。

会议经过认真讨论，正式通过了新"八字方针"。和1961年提出的"调整、巩固、充实、提高"相比，新方针标志着我国经济工作的指导思想已经开始了根本性的转变，经济工作中"左"的束缚已经被打破，中国社会主义经济建设道路的新探索已经开始了。

3. 新财政体制的萌芽

扩大地方和企业的财权。1979年起，国家确定全国49个大中城市可以从工商业利润中提取5%的城市建设资金，地方可以从县办工业企业中提取一定比例的收入分成。这一年，全国国营企业还普遍实行了提取企业基金的制度，在4000多家工业企业和商业系统中试行了利润留成的办法。这两项措施，对促进增产增收，逐步解决城市建设中生产和生活安排的比例严重失调起了相当大的作用。

加强基本建设投资管理。上述措施主要是针对提高消费水平。消费上去了，积累必须降下来。而降低积累的关键则是控制和压缩基本建设规模。因此，调整国民收入分配中积累与消费的比例，成为这一次经济调整的重要任务之一，财政部门始终把控制和压缩基本建设规模当作主要问题来抓。1979年6月，财政部发出通知，规定基本建设拨款必须控制在国家预算指标之内，不能突破；要求严格按照国家计划供应资金；严格按照基本建设程序办事。

一方面仍是资金供应紧张，一方面则是中央在财政上仍然对地方统得过多，管得过死，矛盾日渐突出。为了激活地方经济发展活力，调动地方增收节支的积极性，1980年2月，国务院发布《关于实行"划分收支、分级包干"财政管理体制的暂行规定》，在中央财政和地方财政之间，实行"分灶吃饭"的办法。当年，地方机动财力迅猛增长了30亿元。

第四章
危局与酝酿中的变局:"文化大革命"时期频繁调整的财税体制

第五节 小结

"文化大革命"打乱了中国经济发展的良好态势。1966~1978年成为中华人民共和国历史上经济增长率比较低、经济波动系数比较显著的时期,也是生产停滞的时期,实际GDP总量比不发生"大跃进"时减少了40%。

"文化大革命"期间的财税体制,虽然变动频繁,但客观地看,它有一个主要的贡献,即在经济起伏波动不断的情况下,仍然苦撑危局,保持财政运行的相对稳态的状况。在体制内改革不断遭遇困境的情况下,财政体制的每一次变革,总是在寻求"突围"的过程中,又不断回归改革之初的"二元"格局,并且,财政一直强调并服务于以基本建设投资为主导的国家经济建设格局。另外,在坚持这一导向的过程中,财政运行也极为注重十年间的收支平衡问题,相比之下,经济增长则已是退居其次的目标。产生这一局面的主要原因是,"文化大革命"中的经济冒进主义曾导致了财政收入"浮夸风"不同程度地存在,经济调整之后,寻求稳妥的发展模式,已成为更重要的一个追求目标。可以说,保障财政收支形势不出现赤字,成为十年间财政运行格局的一个非常显著的特征。

因此,若以此为背景来观照"文化大革命"期间财政运行的效果,可以发现,1966~1976年的11年间,财政运行形势表面上虽仅有4年是财政赤字,其余7年皆为收支盈余,并且,11年间财政收支相抵,只有赤字约19亿元,似乎问题不大,但实际上,这种平衡是在紧缩支出,许多事业停办缓办,"勒紧裤带过日子"的情况下进行的,而且是采取了非常措施,动员社会财力才得以实现的,是极不正常的。

这种不正常,导源于两个方面:一是基本建设战线长,超过了财力物力承受范围,而预算内基本建设拨款又占据了财政支出的高额比例。二是投资结构畸形发展,农、轻、重比例严重失调。全国投资总额中,"一五"时期,重工业只占36.1%,"三五""四五"时期却达到51.1%和49.6%。

主要产业部门之间的比例严重失调,给国民经济的发展造成了严重困难,这给未来的调整埋下了一个攻坚难点,也为后来的财政分配增加了巨大的负担。国家不得不花费大量财力用于"还账"。"还账"直接导致了1979年和1980年出现巨额财政赤字。

尽管如此,经过种种努力,伴随着经济调整的进行,财政形势日渐好转,一个崭新的财税体制——也就是后来实施的"分灶吃饭"体制——的基本框架已初步显现。面对即将到来的全方位的经济改革,它以顽强的生长姿态向世人展示了其强大的生命力。

放权让利：为整体改革"铺路搭桥"

1978年，党的十一届三中全会确立了对内搞活、对外开放的重大战略方针，把全党的工作重心转移到社会主义现代化建设上来。经历"文化大革命"，国民经济遭受严重破坏，经济社会发展几乎停滞不前。不仅人民生活没有显著提高，而且，我国与其他国家（地区）的经济社会发展差距也在日益扩大。在这种长期未摆脱贫困的内部压力与发展差距日益扩大的外部压力的双重作用下，唯有改革才有出路。

沿袭多年的高度集中的计划经济体制，经过数十年的实践，暴露出不少弊端。其中最突出的是，它在很大程度上压抑了地方、企业、个人的积极性。因此，只有将更多的决策权下放给地方政府和生产单位，并且给予地方、企业和劳动者个人以更多的利益。简单地说，就是放权让利。计划经济体制最大的特征是高度集中，这在作为计划经济体制一部分的财税体制上的表现更为突出。故而，在财权以及财力分配上进行突破，改变以往的利益分配格局，激发各方面发展经济、提高人民生活水平的积极性，显得十分重要。于是，财税体制的率先改革并以其作为突破口，也就成为一种自然的选择。

第一节　放权让利：拉开整体经济改革序幕

20世纪70年代末，"文化大革命"遗留下的矛盾堆积如山，国民经济和国家财政遭受到严重的破坏。长期实施的重工业优先的赶超战略也导致"轻""重"失衡，国家对农民、居民以及社会"欠账"太多。比如，1978年全国农民人均年收入为125元，相比1966年的106元，仅增加了19元；1976年全民所有制职工人均年工资为605元，比1966年还下降了31元；"三五""四五"时期，科教文卫等社会事业支出占总支出的比重，也由20世纪60年代初的10.5%下降到8%左右。

一、分配上向农民、城市职工和企业适度倾斜

在这场由中央政府主导的放权让利的制度变革中，政府是推动改革的主体，改革的大部分成本自然也由政府来承担。减少财政在国民收入分配格局的份额，通过政府还权于企业、让利于居民的一系列"还账"举措，激发各利益相关主体的改革积极性，从而恢复几乎被传统计划经济体制所限制了的国民经济活力，便成为改革之初的思路和选择。

（一）提高农产品收购价，增加农民收入

我国的减税让利先从农村开始。1979年，以农村家庭联产承包责任制为突破口，国家大幅提高了粮、油、棉、麻、猪、牛、羊、鱼、蛋、甘蔗、甜菜、桑蚕茧等主要农副产品的收购价格。当年全国农副产品收购价格总指数（包括牌价、议价和超购加价）比上年提高22.1%。[①] 农副产品价格提高，农民收入增加（据测算当年增加70多亿元）；与此同时，政府还通过实施对低产地区农业税的起征点制度，较大幅度调减了农业税负担（当年免征47亿元），并通过适当提高农村社队企业工商所得税的起征点，适当放宽新办社队企业减免税期限等办法，减轻农村社队企业的各项税负（高培勇，1999）。

（二）提高城市职工工资，改善居民生活

在增加农民收入同时，政府也逐步放松了对城市职工的工资管制。不仅恢复了企业和行政事业单位的奖金制度，实行副食品价格补贴制度，还

---

① 《中华人民共和国国家统计局关于一九七九年国民经济计划执行结果的公报》（1980年4月30日），国家统计局网站。

进行了职工工资同企业经济效益挂钩浮动的试点。因而，在那几年，城市职工工资收入有了较大幅度提高。据统计，从1978年到1984年的6年间，国有制职工年平均工资水平提高了60.6%，即使扣除物价上涨因素，提高的幅度也达到33.9%。

（三）调整企业利润分配体制，促进企业提高经济效益

农副产品收购价格提高后，农副产品的销售价格并未随之提高，购销价格倒挂，商业部门的利益受损。为了弥补高额的损失，国家财政向商业部门拨付了价格补贴。在增加补贴、维持企业既有利益的同时，高度集中的国有企业利润分配体制开始松动。1978年11月，国务院批转财政部《关于国营企业试行企业基金的规定》，企业在全面完成产量、质量、利润（包括实现利润和上缴利润）和供货合同等四项计划指标后，可以按照职工工资总额的5%提取企业基金，主要用于职工福利、奖金和提高生产技术水平。原有国有企业统收统支体制被打破，国有企业初步掌握了一定的财力。当然，企业掌握的财力仍然偏小，难以促进企业经济效益的长期提高。

1979年，我国在部分企业中开始推行全额利润留成试点。1980年进行基数利润留成加增长利润留成试点，并进一步扩大了试点范围。1981年又针对上述办法作了调整，提出了国家对企业和主管部门，根据不同情况实行"基数利润留成加增长利润留成""全额利润留成""超计划利润留成""上缴利润包干、超收分成留用""亏损补贴包干、减亏分成或留用"等多种形式的利润留成和盈亏包干办法。国有企业的财权和财力进一步扩大，企业留利占实现利润的比重，从1978年的2%、1979年的7.6%上升至1982年的21.1%。这对打破高度集中的国民收入分配格局、激发企业提高经济效益的积极性，发挥了很好的作用。

企业基金制度和利润留成制度，初步打破了过去统收统支的分配模式，在一定程度上承认了企业的自主利益，调动了企业改善经营管理、发展生产的积极性。但是，这并没有从根本上改变政府与企业的分配关系，企业的行政隶属关系依然存在。

二、财政为改革"埋单"

改革初期,放权让利政策频频出台,传统的财政收入机制被各种减税让利的改革举措所打破。来自低价统购统销农副产品并以价格"剪刀差"方式由农业部门向工业部门转移利润这一渠道的财政收入相应减少;在城市职工工资水平提高、财政支出增加的同时,工业成本增加,上缴利润和财政收入减少。财政收入各项机制的调整,均造成了财政的减收。在"以收定支"的思路下,客观上要求政府必须压缩财政职能范围,才能实现财政收支平衡。

然而,中国经济体制的转型改革才刚刚启动,为了使改革能顺利推行下去,就必须有一个良好的起点,为改革参与者创造或增加因改革而带来的收益,使他们形成对改革的良好预期。计划经济体制下高度集中的分配格局若继续延续,则难以激发其他利益主体参与改革的积极性。因此,在分配上向他们倾斜进而引导他们参与到改革进程当中,在维持既得利益的同时,又能得到增量利益,才会使他们以积极的热情支持并投身到改革中。而对政府来讲,为了推动改革,调动其他利益主体参与改革的积极性,就自然需要将一部分自身利益让渡出去,支付一定的改革成本。这反映到财政上,则是财政支出范围非但无法收缩,反而要增加许多新的支出项目,由此财政支出剧增。比如,1979年的财政支出,就比1978年增长了14.25%。

计划经济体制下高度集中的利益分配格局在调整中逐渐被打破,取而代之的是渐渐形成的新的利益分配格局。在这种新的利益分配格局下,各方的利益都得到了兼顾。虽然利益让渡方暂时失去了部分利益,但从全局和长远来看,正是财政为各项改革措施埋单,增加了其他利益主体的切身利益,从而减少了改革的实施成本和摩擦成本,才会有随之而来的一系列改革措施的顺利出台。从分配入手,以重塑新的利益格局为起点,兼顾各方的合理利益需要,尽管在财政上要以付出一定的改革成本为代价,却由此拉开了我国整体经济改革的序幕。

第五章

放权让利：为整体改革"铺路搭桥"

第二节 "分灶吃饭"：调整中央与地方分配关系

传统财税管理体制最显著的特征，是高度集中性——中央财政对地方实施统收统支制度，地方财政没有独立预算，地方收支标准均由中央政府统一规定。高度集中于中央政府的财税管理体制，是新中国成立初期集中全国有限资源、资金大力发展重工业的客观需要。然而，这种高度集中、统收统支的财税管理体制，无法适应各地差异化的现实状况，也不利于调动地方政府的积极性。另外，中央与地方政府间信息不对称、监管难度加大等问题越来越突出。尽管改革以前针对高度集权的财税体制也做过"放权"的尝试，但往往陷入"一放就活、一活就乱、一乱就收、一收就死"的恶性循环中。因此，在处理中央与地方财政关系方面，需要进行新的探索，同时还要避免过去那种"放"与"收"频繁变动的老路。这一调整的直接背景，则是20世纪70年代末至80年代初中央财政陷入了困境。

一、中央财政困境：中央与地方分配关系亟待调整

早在1979年，财政体制就分别在四川省和江苏省展开了改革试点。其中，四川省试行的是"划分收支，分级包干"，江苏省试行的是"收支挂钩，总额分成，比例包干，三年不变"，即所谓的"四川式体制"和"江苏式体制"。两种办法都扩大了地方的财权，加大了地方的责任。

由于国家于20世纪70年代末启动了一系列改革措施，归还欠债，落实政策。每一项措施都增加了政府的财政支出，是政府为进一步推进改革而不得不付出的成本，也使原本并不宽裕的财政收支平衡状况继续恶化。在1979年和1980年，财政分别出现了170.67亿元、127.5亿元的赤字，中央财政不堪重负。为缓解财政压力，中央需要引入新的财政分配制度，调整中央与地方的财政关系，扩大地方自主权，使其承担相当的支出责任。于是，中央将四川、江苏两省的试点向全国全面推广。

可以说，当时从试点转向全面推行分灶吃饭，扩大地方财权，使财政

体制改革在城市经济体制改革中先行了一步。当然，这并不是有意识的安排，而是逼出来的，是把担子分给地方，"千斤重担众人挑"。①

二、"财政包干制"：探索稳定的中央与地方分配关系

以1980年前后为界，传统的中央与地方财政分配体制开始进入革命性变革时期。1980年2月，国务院颁布了《关于实行"划分收支，分级包干"的财政管理体制的暂行规定》。与以往的调整不同，这次财权的下放伴随着经济管理体制改革的推进。这一规定按经济管理体制的隶属关系，明确划分了中央财政与地方财政的收支范围，从以往中央与地方"一灶吃饭"变为中央与地方"分灶吃饭"，高度集中统一的体制被打破，地方独立利益主体的地位开始形成，并逐步得到加强。

（一）1980年"划分收支，分级包干"体制

从1980年年初开始，除北京、天津和上海三个直辖市继续实行"收支挂钩，总额分成，一年一定"模式外，其他各省、自治区均统一实施"划分收支，分级包干"体制，并根据不同的省、市的具体情况，采取"划分收支，分级包干""财政包干""比例包干，四年不变""定额上缴或定额补助"等多种模式（见表5-1）。

1980年进行的"划分收支、分级包干"体制改革，是改革开放以来财政领域进行的第一次较为全面和深入的改革。它从根本上转变了过去中央高度集中、全国财政吃"大锅饭"的局面，初步形成中央、地方各有其收入和各负其责的格局（贾康、阎坤，2000）。多种模式的探索，体现了转型时期我国渐进式改革的思路以及中央对经济多元化、地区差异性等因素的考量；五年一变的系数确定方法，也利于地方政府形成稳定的收支预期以及地方关注和制定推动本地经济发展的长远规划。但是，在实际运行过程中，由于形势变化，1981~1984年的中央财政连年赤字，造成中央政府不得不分别于1981年、1982年向地方政府借款70亿元、40亿元，在

---

① 戴园晨、徐亚平：《财政体制改革与中央地方财政关系变化》，载于《经济学家》1992年第4期。

表 5-1　1980 年"划分收支，分级包干"体制的具体模式

具体模式	实施省份	模式内容
划分收支，分级包干	四川、山西、陕西、甘肃、辽宁、吉林、河南、湖北、湖南、江西、山东、辽宁等	1. 划分收支范围：收入方面，分为固定收入、固定比例分成收入和调剂收入，分类别分成。其中，固定收入中属于中央财政收入有：中央企业收入、关税收入和其他税收；属于地方财政收入有：地方企业收入、盐税、农牧业税、工商所得税、地方税。固定比例分成收入是指经国务院批准，各地方划给中央部门直接管理的企业，其收入按固定比例80%归中央，20%归地方。工商税作为中央和地方的调剂收入，调剂收入的比例根据各地区财政收支情况确定。 支出方面，分为一般性开支和特殊性开支。一般性开支按企业和事业的隶属关系划分。其中，归中央支出的部分主要为：国防费、对外援助支出、国家物资储备支出、中央科教文卫支出、农林、水利、中央基本建设投资、中央所属企业流动资金、工业、商业部门事业费和行政费等；地方支出的部分包括：地方统筹基本建设投资，地方所属企业流动资金，支援农村公社支出和农林、水利、气象等事业支出，城市维护建设费、抚恤和社会救济费以及行政费等。而特殊性开支使用方向、数量在地区和年度间并不稳定，中央以专项拨款方式下拨。该类支出主要包括：地方基建专项拨款、特大自然灾害救济费、支援经济不发达地方的发展资金和边境事业补助等。 2. 确定收支基数，分级包干：在划分收支范围基础上，以 1979 年财政收支预计数为基础，经调整后确定包干基数。地方收入大于支出的，多余部分按一定比例上缴；支出大于收入的，不足部分由中央从调剂收入工商税中拨付。分成比例与补助数额五年不变。在这五年中，地方在包干范围内，多收可多支，少收少支，自行安排预算，自求预算平衡
财政包干与民族自治结合	内蒙古、西藏、广西、云南、青海、贵州等	参照"划分收支，分级包干"模式，划分中央与地方财政收支范围；确定中央补助数额，五年不变，且地方收入增长部分全留给地方。仍然享受中央对民族自治区的补助，且每年以5%的比例递增
财政包干与"定额上缴或定额补助"结合	广东、福建	1. 划分收支范围：收入方面，除中央直属企业、事业单位收入和关税划归中央外，其余收入均作为地方收入；支出方面，除中央直属企业、事业单位支出归中央外，其余归地方支出。 2. 特殊的包干方法：对广东实施"划分收支，定额上缴"的包干体制；对福建实施"划分收支，定额补助"的包干体制
比例包干，四年不变	江苏	江苏继续实施"比例包干，四年不变"体制

1983 年又以调减地方财政支出包干基数的方式替代向地方政府的借款,包干体制不得不进行调整:1981 年,适当缩小财政包干范围;1982 年起,除广东、福建外,其余省、自治区和直辖市均改为"总额分成,比例包干"办法,取消分类分成,在地方收入总额基础上,按一定百分比划分中央与地方收入,实行包干。

(二)1985 年"划分税种,核定收支,分级包干"体制

1983 年、1985 年国家两步"利改税",完善税制的改革进一步推进了中央与地方财政关系的调整。1985 年,在第二步"利改税"基础上,税收收入逐渐取代企业上缴利润成为财政收入的主要形式,财政分配的基础发生了变化。"划分收支,分灶吃饭"的形式相应改为"划分税种,核定收支,分级包干",即按照税种和企业隶属关系,确定中央、地方的固定收入以及中央与地方共享税收入。

1985 年,国务院决定,除了广东、福建两省继续实行"财政大包干体制"外,其余各省、自治区和直辖市均实施"划分税种,核定收支,分级包干"模式。

1985 年中央与地方财政分配方式的调整,是在第二步"利改税"基础上收入范围的再划分。但是,由于当时我国税制改革尚未到位,价格体制也未理顺,并不完全具备推广"划分税种"的前提。在这样一种背景下,1985 年、1986 年,中央又不得不暂行实施"总额分成"的过渡方法,即除中央税划为中央收入外,地方在划分税种、核定收支基础上,把地方财政固定收入与共享收入捆在一起,与地方支出挂钩,确定分成比例,实施总额分成。尽管如此,1985 年财政体制的改革仍然具备了"分灶吃饭"体制的优势,在给予地方更多财政权利的同时,保证了中央财政收入持续、同步的增长;此外,"划分税种,分级包干"的提出也为进一步推进我国税收体制和财政体制的改革明晰了方向。

(三)1988 年后的"多种形式包干"体制

从 1987 年,为扭转企业效益持续下滑的局面,全国绝大部分国有企业先后实施了承包经营责任制,在企业上缴所得税时,不是按照利润而是按照承包数额倒推填入。第二步"利改税"在某种程度上名存实亡,税制改革的步伐减缓。对应的"划分税种,分级包干"的财政分配模式也进行

第五章
放权让利：为整体改革"铺路搭桥"

了改变。从 1988 年起，全国 39 个省、自治区、直辖市和计划单列市分别推行"收入递增包干""总额分成""总额分成加增长分成""上解额递增包干""定额上解""定额补助"等六种财政包干形式。

上述"多种形式包干"模式以两年为期。到 1992 年时，除部分地区成为分税制试点外，财政包干体制具体形式已调整为五类：固定比例留成（山西、安徽），固定比例增长留成（河南、河北、北京、哈尔滨、江苏、宁波），定额上解（上海、黑龙江、山东），定额递增上解［广东（含广州）、湖南］，定额补助［内蒙古、新疆、西藏、贵州、云南、青海、广西、宁夏、海南、甘肃、陕西（含西安）、吉林、福建、江西］（见表 5-2）。

表 5-2　　　　　　　1988 年地方财政包干体制的具体模式

具体模式	实施省份	模式内容
收入递增包干	北京等 10 个省（市）	以 1987 年决算收入和地方应得支出财力为基数，参照各地近几年收入增长情况，确定地方收入增长率和留成、上解比例。地方每年在收入递增率以内的收入，按照既定的留成、上解比例实行中央与地方分成；超过部分，全部留给地方；收入达不到增长率而影响上解中央部分，由地方用自有财力补足
总额分成	天津等 3 个省（市）	根据各地区前两年预算收支情况，核定收支基数，以地方支出占总收入的比重确定地方留成、上解中央比例
总额分成加增长分成	大连等 3 个计划单列市	每年均以上一年实际收入为基数，基数部分按照总额分成比例分成，每年实际收入比上年增长部分另加分成比例
上解额递增包干	广东、湖南	以地方 1987 年上解中央收入为基数，参照近几年地方财政收入增长情况确定上解额递增率，地方每年按照定递增率上解中央。地方除保证递增上解中央数额外，增加收入全留给地方
定额上解	上海等 3 个省（市）	按照原核定收支基数，收大于支的部分确定固定的上解数额
定额补助	吉林等 16 个省（市）	按照原核定收支基数，支大于收部分确定固定的补助数额

"分权让利"思路下实施的财政包干体制逐渐凸显其优势：分权让利使地方政府成为了独立的利益主体，由原来被动安排财政收支转变为主动参与经济管理，调动了地方政府改善财政收支的积极性，很大程度上促进

了地方经济的发展；分权使得地方政府财力不断增强，地方增加了对本地区的重点建设项目以及教育、科学、卫生等各项事业投入的能力，促进地方经济建设和社会事业的发展（寇铁军，1996）；财政体制改革支持和配合了其他领域的体制改革，激发出地方政府的经济活力，带动财政收入增长，为其他改革提供了财力支持。

三、"包而不干"：中央与地方分配关系仍待进一步规范

尽管"分灶吃饭"模式取得了不少成效，对"分灶吃饭"模式的具体形式也不断进行完善和改进，但在当时财政体制框架下，传统计划经济体制的症结始终未彻底消除。分级包干体制收入划分仍没有摆脱行政隶属关系的制约，政府仍然条、块分割和控制着各级企业，政、企尚未彻底分离，国有企业活力难以发挥。同时，又涌现了新的问题和矛盾：第一，分灶激活的地方独立经济利益，助长了市场分割、产业逆调节倾向、低水平的重复建设、结构失调、中国宏观经济波动增加等诸多问题出现和激化，对中国经济持续稳定的发展和财政经济体制改革的进一步深入形成威胁（贾康、阎坤，2000）。第二，财政包干体制包死了上缴中央的数额，导致中央财政在新增收入中的份额逐步下降，中央政府宏观调控能力弱化（王绍光、胡鞍钢，1993）。第三，财权分配模式的频繁调整也暴露了制度建设的非规范化，一对一讨价还价的财政包干体制缺乏必要的公开性，各省市讨价还价的欲望和能力在规则的更迭中不断强化，不利于政局态势的稳定和维持中央强有力的宏观调控能力。第四，中央与地方多种财政分配体制形式并存，不同体制形式对地方财政收入的增长弹性不一致，体制形式的选择也存在机会不均等、信息不对称和决策不透明等因素，这都会导致财力分配的不合理。第五，注重既得利益导致财政包干体制缺乏横向公平性。保证既得利益一直是贯穿财政体制改革的主线，主要是出于顺利推进改革的考虑。例如在每一次核定基数时都以地方政府以往的既得财力作为基数。但在不同财政分配模式下，地方既得利益形成存在客观性的差异；既得利益中也遗留着许多计划经济的影响成分，并非完全公平。第六，调节地区间的非均衡和实现公共服务均等化的功能没有成为体制设计的政策

目标，没有完整的横向财政调节机制；财政包干体制对财权分配的公平性考虑不够（陈共，1998）。

因此，在经济体制改革的大背景下，合理、科学地安排财政分配体制，并以规范化的法律制度予以确立和保证，才能终止中央政府与地方政府之间无休止的"讨价还价"，我国的财政分配体制才能逐渐步入规范化的轨道。

第三节 两步"利改税"：规范国家与企业分配关系

随着经济体制改革的逐步深化，我们对国有企业的性质和地位开始有了新的认识。国有企业逐步不再是政府的附属物，而演变成为具有相对独立性的经营实体。于是，对于政府与国有企业的分配关系，需要一种适当的方式来加以规定。国务院决定在1983年1月和1984年10月，分两步对国有企业实行"利改税"改革，以此规范政府与企业之间的分配关系，实现从"利润上缴"经"税利并存"完全过渡到"以税代利"。

一、重塑政府与企业分配关系：市场化改革的现实要求

计划经济条件下，国有企业与财政的关系是一种指令性的计划分配关系。国有企业主要通过利润的方式将收入上缴财政。相应地，税收在调节国有企业与国家财政之间仅起辅助作用。

从20世纪70年代末拉开改革开放序幕，到80年代初期"利用商品交换、价值规律的计划经济"和"计划经济为主，市场调节为辅"的探索，发展到1984年《中共中央关于经济体制改革的决定》确立"有计划商品经济"，再到1992年邓小平南方谈话后确立"社会主义市场经济"。虽然中国社会经济转型的最初定位并没有明确为建立市场经济体制，但中国改革渐行渐近地迈向了通往市场经济的道路。

在此过程中，随着市场因素的逐步引入，计划经济下国有企业与财政的分配关系开始发生变化。国有企业需要从财政的附属物逐渐转变到能够

在独立商品生产经营者和市场竞争主体中占据地位，走上市场化经营的道路；国家财政与企业的关系，也应从指令性的直接干预转变为与市场化趋势相适应的指导性间接调控。因此，重塑政府与企业之间的分配关系成为市场化改革的现实要求。

二、利税改革：政企分离的开端

早在改革初期，国家就开始酝酿调整政府与企业分配关系。为调动企业生产积极性，政府恢复了企业利润留成制，通过企业基金制和企业留利制，稳定了计划经济中财政与企业的关系。在那时，尽管尚未打破旧有的分配体制，但这种对政府与企业分配关系的探索与实践，为下一步的"利改税"创造了前提条件。

1979年，国家先是在湖北省光化县对15户县办工业企业进行"利改税"的试点。继而，1980年，进一步将试点范围扩大至广西壮族自治区柳州市的市属工业企业。同时，在上海市、四川省的部分工业企业也陆续进行了试点。到1981年年底，全国共有18个省、自治区、直辖市的456户工交企业试行了"利改税"（郝昭成等，1993）。"利改税"的试点办法在全国约有30多种。这些办法的共同特点是，以所得税为主要税种，国家首先通过征收55%左右的所得税参与企业的利润分配；征收所得税后的利润，或者全部留归企业自行安排使用，或者采用诸如调节税、资金占有费、资金分红等形式，由国家进一步参与分配。试点过程为"利改税"政策的出台与实施提供了丰富且宝贵的经验。

根据国务院、财政部的部署，在全国广泛试点的基础上，作为企业改革和城市改革的一项重大举措，"利改税"实行"分步到位"的改革思路：第一步实行税利并存，扩大上缴税收的比重，待条件成熟后，再过渡到实行完全的"利改税"。

（一）第一步"利改税"

1983年，国务院决定在全国试行国营企业"利改税"，即将新中国成立以后实行了30多年的国营企业上缴利润的制度改为缴纳企业所得税的制度。在财政税收发展史上，这被称之为第一步"利改税"，其主要内容包括：

（1）对有赢利的国有大中型企业（包括金融保险机构），根据实现的利润，按55%的税率缴纳所得税。企业缴纳所得税后的利润，根据不同情况，分别采用递增包干上缴、固定比例上缴、定额包干上缴和缴纳调节税等方法上缴国家财政一部分，余下的作为企业留利。

（2）对有赢利的小型国有企业，根据实现的利润，按照8级超额累进税率缴纳所得税。缴纳所得税之后，由企业自负盈亏，国家不再拨款，但对税后利润较多的企业，国家可以收取一定的承包费，或者按固定数额上缴一部分利润，对营业性的宾馆、饭店、招待所和饮食服务公司按15%的税率缴纳所得税。

（3）对县以上供销社，以县公司或县供销社为单位，按8级超额累进税率缴纳所得税。

（4）军工企业、邮电企业、粮食企业、外贸企业、农牧企业和劳改企业暂不实行"利改税"办法。

（5）经财政部门审查同意后，国有企业的各种专项贷款可用缴纳所得税之前的新增利润归还。

（6）企业税后留用利润，按规定要建立新产品试制基金、生产发展基金、后备基金、职工福利基金和职工奖励基金。前三项基金的比例不得低于留利总额的60%，后两项基金的比例不得高于40%。

（二）第二步"利改税"

为了进一步为企业自主经营、自负盈亏创造条件，充分调动企业和职工的积极性，1984年10月起，在全国推行了第二步"利改税"的改革。"利改税"的第二步改革，是在第一步"利改税"的基础上，对国有企业所得税和调节税的进一步改革和完善，其核心内容是将国营企业原来上缴国家的财政收入改为分别按11个税种向国家缴税，从而完成了第一步"利改税"的税利并存向完全的以税代利的过渡。第二步"利改税"实际上包括国有企业"利改税"和工商税制改革两个部分，其主要内容包括：

（1）改革工商税，将原来的工商税按纳税对象"一分为四"，即产品税、增值税、盐税和营业税。对某些采掘企业开征资源税，同时恢复和开征房产税、土地使用税、车船使用税、城市维护建设税等税种。

（2）将国有大中型企业征收所得税后的利润上缴形式，改为征收调节税。按照一户一率的原则，根据企业的实际情况分别核定税率。

（3）对国有小型赢利企业改按新的 8 级超额累进税率缴纳所得税，不征调节税。一般由企业自负盈亏，国家不再拨款。但对税后利润较多的企业，国家可以收取一定数额的承包费。

（4）营业性的宾馆、饭店、招待所和饮食服务业，也改按新的 8 级超额累进税率缴纳所得税。

（5）继续实行企业用贷款项目投产后新增利润，在缴纳所得税前归还贷款的政策。

实施第二步"利改税"和工商税制改革，是我国改革开放以后第一次、新中国成立以后第四次大规模的税制改革（金人庆，2000）。此后经过进一步的税制完善，我国初步建立起了包含 32 个税种的工商税制整体框架。由此，我国的税制建设开始进入健康发展的新轨道，从而完成了由单一税制向复合税制的转变，并进一步加快了中国财政体制适应市场化进程的历史转变。

三、两步"利改税"：为下一步税制改革奠定基础

站在今天的时点上评价"利改税"在中国财税体制改革进程中的历史地位，可以说，始于 20 世纪 80 年代的"利改税"是我国国家财政与国有企业分配关系史上的一次重大变革，对整个财税体制改革、经济体制改革及制度创新所产生的影响，相当深远。

（一）"利改税"体现了财税运行机制的新变化

实行"利改税"后，不仅以税收形式规范了政府与企业的分配关系，也增加了企业自我改造、自我积累和自我发展的能力。更重要的是，"利改税"顺应了国民经济市场化进程中的财税运行机制变化的大趋势，是财政退出企业直接经营过程，并最终把企业推向市场的突破口，成为财政对企业由指令性的直接调控向指导性间接性调控转变的起点（赵梦涵，2003）。以国有企业所得税（当时称为"国营企业所得税"）的开征为标志，政府改变了直接干预的方式管理企业，通过法律的形式确立处理政府

与企业分配关系的基本准则，对于此后实现政企分开、两权分离，培育市场主体，建立现代企业制度等一系列制度变革具有奠基性意义。

（二）"利改税"奠定了现行税制的基础

在我国现行税制体系中，相当部分的重要税种都是从此次改革的基础上发展演变而来，因此，"利改税"使得中国财政收入开始呈现明显的公共化特征。

通过1980年、1984年的两步"利改税"，动摇了利润上缴在财政收入中的原有地位。税收占政府财政收入的比重由1978年的45.9%上升到1981年的53.6%，到1985年、1986年，该比重上升为90%以上；相应地，利润上缴占政府财政收入的比重由1978年的50.5%下降为1985年后的5%以下。税收收入替代利润上缴成为财政收入的最主要方式。

利润是产权收益的一种方式，是所有者分享企业收益的一种分割方式。税收则是企业、居民等为政府提供公共产品而支付的价格，是与市场经济相适应的财政收入的主要形式。因此，税收取代利润成为国有与企业利益分配关系的主流，也就意味着作为公共管理职能的政府与作为国有企业所有者的逐步分离。这种将"国家"性质的利润上缴转变为"公共"性质的税收的变化，鲜明地表现出我国财政收入在市场化改革作用下的公共化趋势（张馨，2004）。

但是，由于受到当时客观经济和社会条件的制约，以及"利改税"制度设计自身的局限，"利改税"在推动税制建设，重构财政运行机制的同时，也产生了一些新的问题，既定的改革目标并未完全实现。从理论准备上看，"利改税"的终极目标是实现完全的以税代利，试图用单一的税收形式完全代替利润上缴形式。这就使国家以行政管理者的身份替代了资产所有者的身份，混淆了社会主义国家的两种身份和两种职能。由于否定了上缴利润形式，也就弱化了国家作为资产所有者的职能，这就不利于国家对国有资产的管理（高培勇，2005）。从某种程度上，造成了"过犹不及"的局面。从实际操作上看，也存在许多有待改进的地方：一是所得税的税率过高，国营企业的税负重，因而法律约束不严造成税收减免多；二是征收所得税后，又征收调节税，而且调节税是每户一率一法，征收随意性大；三是实行税前还贷的办法，实质上是用财政资金替企业归还贷款，出现企业争贷款、银行保收益、国家财政收入减少的局面。企业和银行自我约束机制软化，易于诱发投资膨胀。正是由于"利改税"存在这样或那样的问题，为进一步推进全面的税制改革埋下伏笔。

第四节 工商税制改革：改革开放的重要推动器

一、改革开放呼唤现代税收制度

在1978年以后，在逐渐引入并强化市场配置社会资源的过程中，国民经济发生巨大改变，所有制结构呈现多元化趋势。外资、中外合资以及私营企业多种经济成分蓬勃发展，合作、合伙、独资等多种经营方式大量并存。这导致全民所有制（国有制）经济成分比重下降，其他多种所有制经济成分比重上升。此外，国有企业作为参与市场竞争的经济主体，逐步走向独立，接受市场信号的导向。计划经济下主要依赖利润方式调节企业与财政分配关系的做法，已不合时宜。

在经济体制改革大背景下，政府调控逐渐由直接调控向间接调控转变，主要通过市场参数（包括税率、汇率、利率等方式）调节微观主体企业的运行是现实的必然选择。在价格不能大幅度调整的情况下，税收应更多地被赋予组织政府财政收入、调节政府、各类企业、个人等多方利益、贯彻执行经济政策的职能。工商税收在经济中的作用，重新被定位。

但是，1973年简并的税制是与产品经济相适应的单一税制。税率、税目，范围不全面，税负与企业赢利不匹配，难以满足经济体制改革中税收应承担的调控要求。为了推进改革，确立面向市场的调控规则，就需要一种多税种、多层次、多环节发挥调节作用的复合税制。

二、工商税制改革正式启动

在改革开放初期，我国工商税制的改革，是以建立和健全涉外税制为起点的。

第五章
放权让利：为整体改革"铺路搭桥"

（一）建立和健全涉外税制：调节外资经济

1980年9月，全国人民代表大会公布了《中华人民共和国中外合资经营企业所得税税法》和《中华人民共和国个人所得税税法》。随后不久，1981年，《中华人民共和国外国企业所得税法》出台，规定：涉外企业沿用修订后的工商统一税，照章缴纳车船使用牌照税和城市房地产税。于是，我国涉外税制初步建立，将开放后数量日增的外国企业和外国在华工作人员纳入征税范围，初步适应了外资经济蓬勃发展对税制建设的要求，保障对外开放后国家的经济利益。

（二）原工商税"一分为四"：调节产供销关系

改革之前的流转税，经过多次简并后只剩下"工商税"，税目、税率简单，无法适应产品性能和产销多样化的征税需要。1984年9月，国务院颁布了产品税、增值税、营业税和盐税等4个条例（草案），将原工商税"一分为四"。

产品税是从原工商税中分解出来，针对烟酒、手表、化妆品、焚化品等二十多种特定产品征收的税。本着调节产品利润，合理企业负担的原则，按照产品和产品类别设置了税目以及分档定率。

增值税是为适应商品经济的调整，促进专业化分工协作，解决重复征税矛盾，而针对产品新增价值和附加值所征的税。当时将机械、钢铁、钢材、西药、自行车、电风扇、缝纫机、印染丝织品等5类产品纳入征税范围，按产品销售额征税，以不同范围、重复征税带来的税负不公。

恢复和改进营业税。主要针对商业、交通运输、金融保险、邮电电讯、建筑安装服务等行业征收，增加对商业批发营业税的征收，结束了近30年商业批发不征税的做法，税目由5个增加到11个，税目税率由按行业设置改为按项目设计。

调整盐税。从工商税中单独制定税收条款，恢复盐税的独立性。为了适应价格的变化调整了盐税税额，缩小了工业用盐的免税范围。

（三）开征资源税：调节级差收入

为合理利用自然资源，调节企业因为自然资源差异而获得的级差收入，1984年10月，我国开征了资源税。主要针对开采原油、天然气、煤炭和金属矿产品的企业和个人所征的税。由于当时金属矿产品的价格尚未合理调整，暂缓征收。自然资源的级差收入综合反映在产品销售利润上，因此确定依照产品销售利润率设计税率。在缴纳产品税收，产品销售利润率在12%以下不征资源税，销售利润率超过12%的部分，则按三个不同的档次分档累进计算，依据销售收入额计征。1986年改进计税方式，由按照销售利润率超率累进计征改为从量定额征收。

（四）开征和恢复地方税种：完善税收制度

地方经济在改革开放得到不断发展，地方经济成分、产业结构和生产分工逐渐呈现多元化和复杂化趋势。同时，向地方放权让利的改革过程中，地方政府承担了更多的支出责任，对财力的需求加大。要因地制宜地发展地方经济，就需要开征和恢复地方税种，以使地方获取更为稳定的收入。

地方税制改革的内容包括：扩大地方税的征收范围，加强地方的税收自主性。地方税的征收原则和税率最高限额决定权在中央，但开征、停征、减免税以及具体征税规定则由省、自治区、直辖市根据实际情况而定。恢复城市房产税、车船使用牌照税、印花税、特种消费行为税和集市交易税。新开征土地使用税和城市建设税。至此，地方税收体系的雏形已经建立起来。

三、多层次复合税制逐步形成

经过工商税收改革以及同一时期的"利改税"，我国初步建立起了包含32个税种的工商税制框架（见图5-1），一个适应多种经济成分、多种流通渠道、多种经营方式，以流转税和所得税为主体的复合税制体系基本上成型，税制建设开始进入健康发展的新轨道。这不仅适应了经济体制改革的要求，同时也推动了经济体制改革的深化。

更为重要的是，在这一过程中，政府对新形势下税收调节经济的功能有了进一步的探索和实践。例如，在转轨阶段主要以产品税保证国家财政收入的稳定性，并以价格配合调节市场供求；以增值税调节企业税负，促进专业化分工；运用资源税调节级差收入，促进资源的合理利用；运用特种行为税，以抑制某些经济行为；依赖所得税调节企业、个人所有分配等。如何依照各种税种的不同功能寻求不同发展阶段多税种的最优组合，成为设计税制的目标（贾康、阎坤，2000）。

第五章
放权让利：为整体改革"铺路搭桥"

图 5-1 两步"利改税"后我国工商税制结构

第五节 调整支出结构：探索缓解财政困难之路

与计划经济条件下政府包办社会各项事业的"大而宽"的职能范围相

适应，计划经济时代的财政支出格局也同样具有事无巨细、包揽一切的特征。这一时期的中国财政被冠以"生产建设财政"的称谓。其主要表现是：财政作为社会投资主体，基本建设拨款支出规模浩大，通常占到政府财政支出的40%左右；财政承担无偿拨付国有企业流动资金的任务，在大多数年份，由此形成的流动资金支出，往往占到财政支出的20%；此外，财政还几乎包揽了科技、教育、文化、卫生等全部社会事业，并为城市职工建立了"从摇篮到坟墓"的社会保障制度。与此同时，主张并坚持实现财政总收支的年度平衡，是当时奉行的一贯政策，且一度被认为是社会主义优越性的体现之一。

然而，随着改革的逐步深化，这种与计划经济时代相适应的"大而宽"的"生产建设财政"格局，面临着严峻挑战。

一、财政困境："生产建设财政"难以为继

1978年，伴随放权让利的经济体制改革，财权财力大规模由中央政府向地方政府、从政府向企业转移。财政收入增长乏力，与此同时，体制改革、经济增长的要求以及国家政策规定的各种义务使得财政支出急剧增加，国家财力不堪重负，实现财政收支平衡困难。

国有企业的利润上缴一直是计划经济年代财政收入的主要来源。从"二五"到"五五"时期，国有企业提供的财政收入一直占财政收入80%以上。在改革开放以后，多种经济成分蓬勃发展。从20世纪70年代末到80年代初，非国有企业的快速发展却没有贡献相应的税收收入。作为财政支柱的国有制企业提供的财政收入比重仍高达78.7%；非国有制企业提供的比重仅占21.3%。再加上政府推动改革而实施的减税让利政策，自70年代末起，我国财政收入一直增长缓慢。在1979~1982年间，财政收入分别为1146.38亿元、1159.93亿元和1175.79亿元，几乎没有增长。

而到20世纪80年代末至90年代初，国有企业由于经营机制、管理机制问题效益不佳，出现了通常所说的国有企业"三分之一在明亏、三分之一在暗亏、三分之一在赢利"的局面；乡镇企业也因为缺乏规模经济以及官僚体制倾向纷纷倒闭破产，国有企业和集体企业无法再为政府贡献高额

持续的税收收入。预算内收入占 GDP 比重持续下降，预算内收入占 GDP 比重由 1978 年的 31.2% 迅速下降为 1980 年的 25.3%；到 1987 年后，降至 20% 以下（见表 5-3）。政府可支配的社会资源比例不断降低。

表 5-3　　　　　1979~1990 年财政收入占 GDP 的比重

年份	财政收入（亿元）	国内生产总值（亿元）	财政收入占比（%）
1979	1146.38	4100.5	28.0
1980	1159.93	4587.6	25.3
1981	1175.79	4935.8	23.8
1982	1212.33	5373.4	22.6
1983	1366.95	6020.9	22.7
1984	1642.86	7278.5	22.6
1985	2004.82	9098.9	22.0
1986	2122.01	10376.2	20.5
1987	2199.35	12174.6	18.1
1988	2357.24	15180.4	15.5
1989	2664.90	17179.7	15.5
1990	2937.10	18872.9	15.6

资料来源：中经网统计数据库。

计划经济下财政大包大揽的格局难以为继。1979 年、1980 年分别出现了 135.41 亿元、68.9 亿元的巨额财政赤字。而财政收支失衡的压力反映到财政支出上，就是在全社会固定资产投资支出中，预算内投资所占比重迅速且持续下跌（见表 5-4），预算内投资占全社会固定资产投资从计划经济时期 30% 左右的比例，下降为 20 世纪 80 年代中期的 10% 左右，甚至降到 5% 以下的水平。

表 5-4　　　1981~1993 年国家预算内资金/全社会固定资产投资总额

年份	国家预算内资金/全社会固定资产投资总额（%）
1981	28.1
1982	22.7
1983	23.8
1984	23

续表

年份	国家预算内资金/全社会固定资产投资总额（%）
1985	16
1986	14.6
1987	13.1
1988	9.3
1989	8.3
1990	8.7
1991	6.8
1992	4.3
1993	3.7

资料来源：中经网统计数据库。

在财政收入无法实现短期快速增长的情况下，适时调整财政支出格局，将有限的资源用到刀刃上，成为探索解决财政困难之路。"一要吃饭，二要建设"的口号，形象地反映了当时财政支出结构的调整与财政的转型。

二、解困之道：调整财政支出结构

在财政收入规模短期内不可能有较大改观的情况下，扭转财政困难的着眼点便转移至财政支出结构的调整上。其基本的做法，是对财政支出结构"有保有压"：投向传统生产领域的支出减少，而能源交通和基础设施成了支出重点。这种调整，以今天的眼光看，多多少少具有了公共化的意味。

（一）传统生产领域投资减少

在计划经济体制下，政府通过计划方式直接配置整个社会绝大部分的资源，财政支出中包含了大量投资性支出的内容。20世纪70年代末，带有计划经济性质的生产建设支出占财政支出的比重达60%以上（贾康、阎坤，2003）。其中，全民所有制企业的生产建设资金（包括企业挖潜改造资金、企业流动性资金等）也主要由财政提供。如在 1978 年，生产性流动资金支出为 66.6 亿元。

随着经济体制改革的深入，市场因素逐步占据主导地位。在大部分的社会资源经由市场提供的情况下，财政逐渐开始从竞争性行业退出，财政支出对传统生产领域的投资也随之减少。如对企业流动资金的财政拨款，就由 1978 年的 66.6 亿元下降为 1981 年的 22.84 亿元，到 1984 年更降到了 9.96 亿元。这种趋势伴随国有企业的改制以及国有银行的市场化改革而渐渐增强。

（二）预算内支出重点投向能源交通和基础设施

预算内财政投资的重点转向了对能源交通和基础设施领域的投入。诸如市政道路、水、电、气等基础交通设施，连接省、市等之间的高速公路、铁路，环保、城市营运支出等方面的能源交通和基础设施，属于典型的公共物品。这些物品，对于一个发展中国家实现经济腾飞是不可缺少的基础条件。而它们大都属于资本密集型行业，在投资前期要求有大量资本成本投入，建设周期长，投资形成生产能力和收回投资要历经多年，往往成为制约经济发展的"瓶颈"。因此，能源交通和基础设施属于市场失灵的范围，属于政府进行干预的领域。在压缩传统领域投资的同时，财政加大了对这些领域的投入。

（三）财政支出走上自发公共化进程

从 20 世纪 70 年代末到 80 年代的财政支出格局的调整，虽然是为缓解当时财政困境的一时之策，但我们从改革开放以来财税体制的变迁过程来看，这些调整，在整个经济体制改革的不断推动下，孕育着一些有别于传统计划经济体制下财税体制的新因素，成为一种新的财税体制形成的种子。实质上，财政在经济体制改革过程中对"一要建设、二要吃饭"两者关系的处理上，逐步摆脱计划经济的影响，从"一要建设、二要吃饭"，甚至不顾"吃饭"而要"建设"的状态转变为只是集中于市场失灵的领域，反映出了一个基本事实，那就是在经济体制改革的推动下，财税体制正自发地朝着公共化方向变革。而这种变革，又进一步有力地推动了经济体制改革的实践。

第六节 财会制度改革：打造财税体制的微观基础

现代企业制度的一个重要环节，便是企业财务会计制度。当时我国实行的财务会计制度，基本上是在计划经济年代形成的。随着市场化的进程，财务会计制度与市场经济体制的矛盾越来越尖锐。突出的问题是，财务会计制度不统一、不规范，企业财务会计管理权限小，同国际通行会计惯例的差距大，直接制约了对外经济技术的交流与合作。因此，企业财务会计制度的改革很快被提上了议事日程。

作为计划经济年代国家财政基础环节的企业财务会计制度，它的调整所牵涉的不仅仅是国有企业制度本身，也包括财政运行机制。事实上，财务会计制度的改革就是作为整体财政运行机制改革方案的一个组成部分而设计和提出的。从这项改革的初衷和意义看，它实质是构建财税体制的微观管理基础。

一、计划经济财会模式弊端凸显

从某种意义上讲，计划经济是在国有制基础上建立的全社会范围的大企业（吴敬琏，2003）。全国经济由国家统一领导，国有企业并不是独立的主体，而是附属于国家财政。国家财政不仅负责生产领域外的分配领域，还包括生产领域内的分配关系，形成了一个包括国家预算、银行信贷和企业财务在内的社会主义财政体系。① 因此，国有企业的计划、生产、销售等均纳入计划管理；企业的财务会计管理实质上也构成财政管理体制的重要部分，属于全社会传统公共财务管理。伴随国有企业下放，市场因素逐步地发展，计划经济财会模式弊端凸显。

原有的国有企业财务会计管理体制和会计核算体系是在计划经济体制下制定的，片面地服从国家计划以及宏观财政财务政策，许多的财务会计

---

① 《经济与管理大辞典》，中国社会科学出版社1985年版，第422页。

制度和政策不能客观、真实地反映企业的财务状况和经营成果，造成企业资产不实、盈亏虚假；原有企业会计制度按照所有制、分部门分别制定，使得不同行业的企业之间会计信息无法比较，考评国有企业绩效、制定相关激励和惩罚措施非常困难；会计考核指标体系是按照国有企业完成国家计划等进行考核，无法适应经济体制改革中企业独立市场行为的要求。

二、配合财税体制改革，改革财会制度

伴随着财税体制改革的进程，建立与财税体制相吻合的新的财会制度就成为必然。

从国家层面看，"利改税"改革使得政府与国有企业之间的财政分配关系日益远离计划经济体制下的分配模式，政府与国有企业之间的分配关系逐渐以税收的形式加以法制化和规范化。作为真实反映企业经营情况和利润信息记录的会计制度，不仅是政府征税的微观基础，也是政府相关部门制定宏观经济管理政策的基本依据。

从企业层面来看，经济体制改革使国有企业慢慢成为自主经营、自负盈亏、参与市场竞争的主体。企业要在竞争中立足，需要有真实可靠的财会信息为依据，并能通过这些信息，改善内部管理，制定可行的经营决策，提高企业的竞争力，并反映真正的经营成果，据实向政府缴纳税收（或利润）。除此之外，在改革开放所带来的国内经济国际化的过程中，逐步增强会计信息的可比性，还可大大减少国际商务中的交易成本。

（一）《中华人民共和国会计法》：确立会计行为的基本规范

1985年1月，第六届全国人大常委会第九次会议审议通过了《中华人民共和国会计法》（以下简称《会计法》）。于1985年5月1日起实施的《会计法》是我国会计工作的根本大法，是会计行为的基本规范。它对其他会计法规、制度起统驭作用。这是新中国第一部会计法，对我国会计管理体制、会计工作职能、会计核算、会计监督等基本内容做出规定。此后，《会计法》历经两次修改。

1993年12月29日，第八届全国人大常委会第五次会议通过了《关于修改〈中华人民共和国会计法〉的决定》。修改的内容主要包括：一是确立会计工作在发展社会主义市场经济的地位和作用；二是突出企业领导人

的责任；三是扩大《会计法》适用范围；四是完善相关会计准则。

党的十四大后，我国改革开放和社会主义市场经济进程加快，对会计工作提出了更多更新的要求。所有制结构和投资主体的多元化、筹资活动的多样性，要求有关经济责任人和政府部门在经济活动中和宏观调控中更加注重运用会计信息，因此，需要进一步以法律形式确立和规范会计信息生成、披露标准，做到会计有法必依、执法必严、违法必究。

以此为背景，1999年10月31日，全国人大常委会第十二次会议通过了修订的《会计法》。其主要的修订内容，大致包括：（1）突出了规范会计行为、保证会计资料质量的立法宗旨；（2）突出本单位负责人对单位会计工作和会计资料真实性、完整性的责任，规定国有大、中型企业必须设总会计师；（3）对公司、企业会计核算做出特别规定；（4）进一步加强会计监督制度；（5）对会计从业资格管理做出规定，修改并加强了相关法律责任的内容。

（二）"两则两制"：基本实现国内会计与国际会计惯例接轨

在实施《会计法》、奠定符合新形势要求的会计制度的基础后，财政部继续推进会计制度的改革。按照社会主义市场经济的要求，建立适合中国国情、与国际会计准则相协调的会计准则体系成为改革的目标。1992年，财政部发布了《企业会计准则》、行业会计制度和《企业财务通则》、行业财务制度，简称"两则两制"。"两则两制"的主要内容有几个方面。

1. 规定或重申了会计核算的一般原则

第一次强调会计核算不再是以满足国家计划的需要，而是为了满足包括国家在内的投资者、债权人以及社会各方面的需要，体现了在市场经济条件下，国有企业享有独立地位，国家是国有企业投资者，具有所有者的身份；基本统一不同所有制、不同行业、不同经营方式、不同行业的会计政策，体现市场经济下社会资源流动、在社会范围内合理评价企业财务状况和经营成果对会计信息的需要。

2. 借鉴国际通行会计惯例，在许多重大方面实现了国际会计管理协调一致

例如确立国际通行的"资产＝负债＋所有者权益"会计平衡式，在此基础上建立以资产负债表、利润表、现金流量表三表为核心的会计核算体

系。这样才能够科学地反映企业的资产规模、债权、债务以及所有者权益结构和质量，为企业管理者决策、企业所有者监督、银行以及市场资产评估企业提供基础性的数据指标，是合理界定产权、构建现代企业制度，引导企业有效利用资源、推动财税和金融体制改革的微观基础。

3. 会计制度设计中引入企业激励和控制原则，确保企业资产、资金管理独立的同时，保障国家作为所有者的权益

新的会计制度取消了沿用多年的专户存储制度，允许企业自主调配资金；实行资产保全原则，即设立企业必须符合法定要求资本，资本金不能以任何方式抽回；提取折旧、资产盘亏不得核减资本。上述条款对于增强国有企业独立自主地位，保证国有资产的保值增值，保障国家在内的所有者权益意义重大。改革成本管理，采用制造成本法，遵循配比原则，将当期发生的管理费用和销售费用直接计入当期损益，真实地反映企业当期成本和经营状况。

三、适应市场经济的财会模式逐步确立

以"两则两制"为标志的企业财务会计制度改革，完成了我国财务会计制度模式的转化，基本实现了中国会计核算制度与国家会计惯例相协调，为改革开放背景下，促进国内外商品、资本的自由流动，推动国内国有企业改革，加强企业成本意识，激励考核以及政府部门审查税基、保护国家税收利益提供了会计核算的微观基础。

除此之外，"两则两制"的实施，正值我国市场经济和证券市场进入一个新的快速发展期。国有企业正按照建立现代企业制度的要求转化经济资源配置，通过证券市场筹集更多的资金。市场经济财会模式的确立、更为透明公正公开的会计信息的披露环境、真实可靠的会计信息，客观上为证券市场的发展、引导投资信贷以及社会资源配置发挥了积极的作用。

第七节 小结

20 世纪 70 年代末到 90 年代初，经济体制改革是以放权让利为主轴

的。通过放权让利，以分配为切入点，对传统计划经济体制下的高度集中的分配格局重新进行了调整。最具高度集中特征的财税体制，因处于分配领域的中枢环节，而率先成为这场改革的突破口，充当了"排头兵"或"开路先锋"的角色。这不仅为整体改革铺路搭桥，也有力地推动了改革向纵深发展。

一、财税体制改革深植于经济体制改革之中

从部分与整体的逻辑关系上看，财税体制隶属于经济体制，它的改革当然取决于整个经济体制改革。虽然在以放权让利为特征的改革初期，财税体制改革因其鲜明的高度集中特征而成为改革的前沿，但如果没有我国经济体制改革的全面铺开，则很难想象财税体制改革"捷足先登"，也不会发挥推动整体改革的作用。

从着手进行改革的计划经济体制开始，到全面推进市场经济体制的确立为止，对经济体制改革的探索先后经历了"计划经济为主、市场调节为辅"（1978～1984年）→"有计划的商品经济"（1984～1987年）→"有计划的商品经济体制"，实行"国家调节市场、市场引导企业"的经济运行机制（1987～1989年）→"有计划的商品经济体制，以及与之相适应的计划经济与市场调节相结合的运行机制"（1989～1991年）这几个阶段。在这些阶段中，无论是政府与企业、政府与居民的利益关系的调整，还是中央与地方利益关系的调整，以及相关的其他一些配套改革措施，处处体现着经济体制改革的决定性影响。

二、财税体制改革推动了经济体制改革

以放权让利为特征的改革，自然涉及众多方面权力的下放，而作为计划经济体制下"国家总会计师"的财政的权限下放无疑是其核心内容；"让利"，是中央政府向地方政府、向企业、居民实施的倾斜政策，最终必然要在政府财政收支变化上得以体现。这种由此产生的利益格局重构，尽管后来出现一些不尽如人意的地方，但由于存在着利益的同向性，所以在

很大程度上激发了各利益主体参与改革的积极性,也为一些利益主体的"自费改革"提供了一定的财力保障。

财税体制改革所形成的激励,不仅释放了体制内的活力,打破了传统体制下高度集中的分配格局,促使传统体制出现松动;更重要的意义在于逐渐培育了体制外的活力,通过分配格局的再造,促进了多元化市场主体和市场化价格的形成。而且,财税体制改革以放权让利的形式承担改革的稳定成本,减轻了经济体制改革所带来的阵痛,有力地支撑了其他改革措施的平稳出台。

因此,作为经济体制改革突破口的财税体制改革,在改革初期所担纲的角色,就是通过放权让利,在不断探索如何适应且促进经济体制改革中,为整个经济体制改革搭桥铺路。

三、财税体制改革是渐进的制度变迁

要推动制度的变革,改革就需要承认现有的利益格局,保护存量利益分配上的均衡,而且,改革参与者在能够通过改革获得新增利益的同时,不会对其他利益相关者产生负面影响。否则,变革后新的资源分配以及激励格局产生的新的利益分配非均衡又将成为改革成本,阻碍制度变革的进程。因此,在计划的机体内引入新的成分,既要保证国民经济基本运转,又要启动改革模式的转化,就必须保证社会中改革相关参与者的既得利益,或是增加它们的收益,顺利地使得传统体制有所松动的同时,逐步扫清改革的阻力,为触动和改革计划经济之根本——计划、物价、工资等机制提供空间(贾康、阎坤,2000)。

在这种思路下,从20世纪70年代末到90年代初的财税体制改革,采取了渐进式的制度变迁。在承认各方既得利益的存量不变的前提下,加大增量的供给。随着增量部分在整个体制总量中所占的比重越来越大,逐步对旧体制产生潜移默化的影响。当这种影响积累到一定程度时,向新体制的全面过渡就会水到渠成。

从1980年进行的"划分收支,分级包干"体制改革,到1985年"划分税种,核定收支,分级包干"体制,再到1988年后"多种形式包干"

体制，结合1983年、1985年的两步"利改税"和多税种配合发挥作用的复合税制的形成以及财会制度的不断规范，使我国的财政收入逐步从按行政隶属关系划分向按税种划分转变，再加上财政支出结构的调整，使我们可以清晰地看到财税体制渐进性变迁的轨迹。也正是因为这种变迁，才会有财税体制1994年和1998年具有划时代意义的制度创新。

四、财税体制改革孕育了财政公共化的种子

我国的财税体制，自从新中国成立以来，几经变动，"收"与"放""集中"与"分散"屡屡交替。即便是在统收统支体制下，也曾有过类似改革初期放权让利式的体制调整，比如"大跃进"时期地方有较大的财权，再如1971~1973年实行过财政收支大包干的体制。财税体制的这些调整，与改革以来财税体制的变迁有一个共同点，那就是都在探索如何调动各方面的积极性，使国民经济能够更充满活力地发展。而不同之处在于，改革之前的财税体制调整，都是在计划经济体制的范畴下，其出发点和归宿依然是计划经济体制；改革以来10多年间以放权让利为特征的财税体制改革，虽然始于计划经济体制下如何搞活经济的初衷，但由于其不同于以往体制的增量改革、以增量促存量的改革轨迹，预示着这样的财税体制变迁，与传统的财税体制渐行渐远，最终实现质的变化。

这也正是改革以来以放权让利为特征的财税体制改革的重要意义所在。在经济体制改革的大背景下，放权让利满足了各利益主体的合理利益需求，形成了整体利益一致性下的多元利益主体。对税制结构的完善，使税收取代利润上缴成为财政收入最重要的形式；通过财政支出结构的调整，初步淡化了建设财政的色彩，使财政支出更多地面向非生产领域；而政府与国有企业分配关系的变革，不仅增强了企业活力，也使企业开始依据市场来制定生产经营决策。这些积极的变化，虽然还无法用市场经济体制下的财政公共化来一语冠之，却不乏孕育着公共化的因素。

改革对计划经济体制的冲击，市场因素在经济运行中日渐增强的作用，使得财税体制必然对其有所反映，并顺势做出响应。当财税体制在变

迁中接纳了市场因素后,与市场相适应的财政公共化自然也要体现到财税体制的变迁中。因此,从这个意义上讲,从20世纪70年代末到90年代初的财税体制改革,已经使财政公共化初露端倪,并沿着公共化的轨迹演进下去。

制度创新：1994年的财税改革

历史的车轮转到了1994年。这一年，元旦的钟声刚刚敲过，我国政府便在财税改革方面推出了一系列重大举措，从而展开了以制度创新为显著特点的1994年的财税改革。事实上，随着改革开放初期财政体制所潜藏的各种弊端日益暴露出来，也迫使我们必须尽快进行深层次的变革。继党的十四大确立建立社会主义市场经济体制的目标后，1993年召开的十四届三中全会审议通过了《中共中央关于建立社会主义市场经济体制若干问题的决议》，其中就专设了"积极推进财税体制改革"部分。

1994年的财税体制改革，即是在如此的背景下展开的。

第一节 走向市场经济：财税改革的基本背景

一、改革目标的确立：建立社会主义市场经济体制

1978年中国开始推行的改革开放政策，最初是针对高度集中的计划经济而进行的体制调整。其基本思路，是通过"减税让利"和"放权让利"，处理好政府与国有企业、中央政府与地方政府的关系，以达到调动企业和地方政府积极性和促进经济发展的目的。这种改革思路被称为"行政性分权"，其所采用的主要手段，则是对国有企业和地方财政实行"承

包制"。但是，在政企不分的制度背景下，将国有企业下放地方政府管理的同时，对企业和地方政府实施的"放权让利"极大地削弱了中央政府的宏观调控的能力，在很大程度上导致了"地方封锁"的局面。"行政性分权"的改革思路，难以从根本上解决财政体制面临的种种问题。也就是说，作为计划经济体制重要组成部分的财政体制，无法通过其内部的调整，解决计划经济所带来的问题。①

以 1992 年邓小平同志南方谈话为契机，中国共产党第十四次代表大会明确提出中国经济体制改革的目标是建立社会主义市场经济体制。与此相适应，作为经济体制的重要组成部分，财税体制改革的目标也随之确立：建立与社会主义市场经济体制相适应的财税体制。自此，中国财税体制改革开始摆脱"行政性分权"的束缚，进入以"制度创新"为特征的崭新阶段。

二、1994 年财税体制改革的背景

在 20 世纪 90 年代初，财政承包体制和脱胎于"计划经济"税制的弊端，已经日益暴露出来。对于这些弊端的认识，也迫使中国必须尽快实施财税体制的深刻变革。

（一）税收制度的弊端

从 1978 年到 1991 年，随着改革开放政策的实行和经济的发展，中国的工商税制改革从建立涉外税收制度入手，进而推行国营企业"利改税"（即将国营企业上缴利润改为缴纳所得税）和工商税制的全面改革，初步建成了一套内外有别的税制体系。但是，这套以计划经济价格体制和以所有制"区别对待"为基础的税制远远不能适应社会主义市场经济体制的要求，迫切需要进行彻底的改革。

（1）1978 年以来税收制度的演变，是建立在所有制成分的逐步多样化和国有企业改革不断深化的基础之上的，因此导致税种的设置不仅内外有别，而且在内资企业中，也区分国营、集体、私营、个体工商户和事业

---

① 杨之刚：《公共财政学：理论与实践》，上海人民出版社 1999 年版，第 570 页。

单位。如在所得税方面,有外资企业和外国企业所得税、个人所得税、国营企业所得税、国营企业调节税、集体企业所得税、私营企业所得税、城乡个体工商业户所得税、个人收入调节税、国营企业奖金税、集体企业奖金税、事业单位奖金税、国营企业工资调节税等多个税种。① 这种以所有制为基础区别对待的税制结构,显然不符合以公平竞争为核心的社会主义市场经济的要求。

(2) 在间接税制中,国内企业与外商投资企业适用不同的税种和税率。其中,适用于内资企业的增值税有13个(8%~45%)税率,产品税21个(3%~60%)税率,营业税4个(3%~15%)税率;适合于外资企业的工商统一税40个(1.5%~69%)税率。这些复杂的税率结构,是在中央计划经济体制下为平衡不合理的计划价格而在不同时期建立的。随着中国经济体制改革的深入,复杂的差别性税率体系已经没有存在的必要。

(3) 在税收征管体制方面,1994年以前,除国家税务总局之外的其他所有税务机关,都是地方政府的职能部门,而在财政承包体制下,中央和地方政府都拥有税收的减免权。由于地方政府实际控制了税收的征管权,因此通过尽可能向地方企业减免税,地方政府可以"藏富于企业"而减少与中央政府的税收分成。这直接导致财政收入占GDP的比重迅速下滑。1978年,财政收入占GDP的比重为30.8%,1985年则下降为22.0%,1992年则进一步下滑为12.8%。②

总的来说,在"放权让利"思路的指导下,基于所有制成分的多样化和计划价格调整而逐步建立起来的复杂、烦琐的工商税制体系,远远不能适应以公平竞争为基础的社会主义市场经济的要求,而财政承包制下过度分散的税收征管则进一步导致了税收秩序的混乱。在简化税制的前提下公

---

① 到1991年为止,中国的工商税制共包含32种税收,即产品税、增值税、营业税、资源税、盐税、城镇土地使用税、国营企业所得税、国营企业调节税、集体企业所得税、私营企业所得税、城乡个体工商业户所得税、个人收入调节税、国营企业奖金税、集体企业奖金税、事业单位奖金税、国营企业工资调节税、固定资产投资方向调节税、城市维护建设税、烧油特别税、筵席税、特别消费税、房产税、车船使用税、印花税、屠宰税、集市交易税、牲畜交易税、外商投资企业和外国企业所得税、个人所得税、工商统一税、城市房地产税和车船使用牌照税。其他税种还有:农业税、牧业税、契税、耕地占用税、关税。另外,还包括国家交通能源重点建设基金和国家预算调节基金。

② 据中经网经济数据库计算。

第六章
制度创新：1994年的财税改革

平税负，为不同所有制性质的企业创造公平竞争的税收环境，是社会主义市场经济体制对税制改革的基本要求。

（二）财政承包体制的弊端

1993年前"放权让利"改革的重要措施是实行"行政性分权"，即在扩大国有企业自主权的同时，将原来隶属中央各部的国有企业下放给地方政府管理。而同一时期实行的"分灶吃饭"和"财政大包干"体制，在很大程度上是与上述国有企业改革措施相适应的。然而，当中国经济体制改革进入到建立社会主义市场经济体制的新阶段后，财政承包体制远远不能适应社会主义市场经济体制的要求，因此亟待从"制度创新"的层面重建政府间的财政关系。

具体来说，财政承包制的弊端主要表现在以下四个方面：

第一，市场经济体制要求摒弃过去计划经济体制下以计划为主的经济模式，国家对经济的调控由过去的以计划为手段的直接管理为主向以市场机制为手段的间接调控为主转变。为了保证中央对宏观经济的有效控制，中央政府必须掌握充裕的财力。而财政包干体制过于强调调动地方组织收入的积极性，在收入增量分配方面过于向地方倾斜，使得中央财政收入在整个财政收入增量分配中所占份额越来越少，造成国家财力过于分散，中央财政收入占全部财政收入的比重不断下降，困难日益加剧。中央财政收入占全国财政收入的比重（不含债务收入）由1985年的38.4%下降为1992年的28.1%，严重弱化了中央的宏观调控能力，与建立社会主义市场经济体制的总体目标相悖。

第二，市场经济体制要求政府营造良好的经济发展氛围，以利于企业在市场经济条件下公平竞争，通过市场实现资源的有效配置，达到提高全社会宏观经济效益的目的。但旧的包干体制将对不同产品按不同税率征收的流转税全部作为地方收入，导致各地政府在自身的财政利益的驱动下，热衷于发展那些税高利大的企业，导致"小酒厂、小烟厂"盲目发展，重复建设严重，不利于资源的优化配置和产业结构的合理调整；同时，这种体制将政府的财政利益与企业耦合在一起，强化了政府对企业生产经营的干预，不利于政企职能的分离。

第三，市场经济体制要求经济政策相对稳定、公正和规范，减少不必要的波动和人为因素的干扰。而财政包干体制种类繁多，计算复杂，人为因素影响大，容易造成各地区间的苦乐不均，不利于地方经济的均衡发展，不利于营造规范的社会主义市场经济环境。

第四，包干体制将大部分收入混在一起实行大包干的办法，容易造成中央与地方之间的利益界限不明晰，各级财政的职责、权限模糊，相互挤占收入和收入流失现象非常严重。①

（三）抑制经济过热，加强宏观调控

1994年的财税体制改革，还与当时特殊的宏观经济背景有密切的关系。1992年，以邓小平南方谈话为契机，中国经济一举扭转了1989年以来低速徘徊的局面，在1991年国内生产总值增长9.3%的基础上，1992年经济增长率越过两位数，达到14.2%；1993年经济增长再次加速，第一季度为15.1%，第二季度为16.4%。伴随着经济的过快增长，1993年上半年开始，经济生活中的过热势头开始出现。其具体表现主要是"四高"（高投资增长、高货币投放、高物价上涨和高贸易逆差）、"四热"（房地产热、开发区热、集资热和股票热）、"两乱"（金融秩序混乱、市场秩序混乱）。

全国零售物价上涨幅度较大，如大城市生活物价上涨22%，使群众受到很大的压力。物价快速上涨主要是由于投资需求过大，使得生产资料价格大幅度上涨造成的。1993年5月，原材料、燃料、动力购进指数同比上涨31%，生产资料价格指数上涨43%，相当一部分企业生产成本明显增加，建设项目造价大幅度提高，导致下游企业产品价格不断攀升。

在这种情况下，1993年6月24日，中共中央、国务院联合发出《关于当前经济情况和加强宏观调控的意见》，以整顿金融秩序为重点，提出了16条措施。其中明确指出：当前经济中出现的矛盾和问题，从根本上讲在于原有体制的弊端没有消除，社会主义市场经济体制尚未形成，那种盲目扩张投资、竞相攀比速度、缺乏有效约束机制等问题没有得到根本解决。在这种情况下，解决当前的问题必须采用新思路、新办法，从加快新旧体制转换中找出路，把改进和加强宏观调控、解决经济中的突出问题，

---

① 财政部地方司：《中国分税制财政管理体制》，中国财政经济出版社1998年版。

变成加快改革、建立社会主义市场经济体制的动力。在深化改革中，特别要加快金融体制、投资体制和财税体制的改革。

正因为如此，1994年的财税体制改革，尤其是税制改革中税制的设计，与当时的宏观经济形势有着密切的联系。财税体制改革被赋予了控制投资需求的过快增长、抑制经济过热的任务。

三、建立社会主义市场经济体制对财税体制改革的要求

党的十四大确立建立社会主义市场经济体制的目标后，财税体制改革很快提上了议事日程。

（一）财税改革的酝酿与决策

1992年12月29日，中共中央政治局常委、国务院总理李鹏与出席全国财政会议的财政厅局长和税务局局长座谈时指出：财税改革是整个经济体制改革的重要组成部分，其核心是按照社会主义市场经济的要求，正确处理国家与企业、中央与地方的利益分配关系，为市场发育和企业之间的公平竞争创造良好的外部条件，改进和加强宏观调控。因此，改革要加快进行。

为了在新的形势下进一步提高税收的地位，更好地发挥税收的职能作用，加强对税收工作的领导，1993年4月19日，国务院在机构改革中将国家税务局改名为国家税务总局，并升格为国务院直属机构。

1993年4月下旬，中共中央总书记江泽民先后三次主持召开中央财经领导小组会议，听取国家税务总局关于税制改革等问题的汇报，研究税制改革工作。中央财经领导小组在听取了上述汇报以后，充分肯定了中国改革开放以来税制改革取得的明显进展和税收工作发挥的重要作用。同时指出：现行税制已经不适应经济发展的需要，对于理顺中央与地方以及国家、企业、个人的分配关系，难以起到有效的调节作用。因此，必须加快税制改革。这次会议的决议明确提出：税制改革涉及面广，影响大，既要积极，又要稳妥；要同投资体制、企业体制、财政体制等方面的改革协调配套进行。

为了加强对财税体制改革的领导，决定由中共中央政治局常委、国务

院副总理朱镕基负责,研究制定改革的具体方案和步骤。在改革中,要注意把握以下原则:一是要有利于加强中央的宏观调控能力;二是要有利于发挥税收在调节个人收入和地区经济发展差距方面的作用;三是要体现公平税负,促进平等竞争;四是要体现国家产业政策,促进经济结构的有效调整。①

(二) 财税改革的重点内容

1993 年 11 月 14 日,中国共产党第十四届三中全会审议通过了《中共中央关于建立社会主义市场经济体制若干问题的决议》(以下简称《决议》),专设"积极推进财税体制改革"一节,将财税体制改革的重点内容确立为如下三项:

(1) 把现行地方财政包干制改为在合理划分中央与地方事权基础上的分税制,建立中央税收和地方税收体系。维护国家权益和实施宏观调控所必需的税种列为中央税;同经济发展直接相关的主要税种列为共享税;充实地方税种,增加地方税收入。通过发展经济,提高效益,扩大财源,逐步提高财政收入在国民生产总值中的比重,合理确定中央财政收入和地方财政收入的比例。实行中央财政对地方的和转移支付的制度,以调节分配结构和地区结构,特别是扶持经济不发达地区的发展和老工业基地的改造。

(2) 按照统一税法、公平税负、简化税制和合理分权的原则改革和完善税收制度。推行以增值税为主体的流转税制度,对少数商品征收消费税,对大部分非商品经营继续征收营业税。在降低国有企业所得税税率,取消能源交通重点建设基金和预算调节基金的基础上,企业依法纳税,理顺国家和国有企业的利润分配关系。统一企业所得税和个人所得税,规范税率,扩大税基。开征和调整某些税种,清理税收减免,严格税收征管,堵塞税收流失。

(3) 改进和规范复式预算制度。建立政府公共预算和国有资产经营预算,并可以根据需要建立社会保障预算和其他预算。要严格控制财政赤字。中央财政赤字不再向银行透支,而靠发行长短期国债解决。统一管理政府的国内外债务。

---

① 刘佐:《社会主义市场经济体制中的税制改革》,载于《当代中国史研究》2003 年第 5 期。

根据《决议》的要求，1993年11月25日和26日，国务院总理办公会议和国务院常务会议先后审议并原则通过了国家税务总局草拟的《工商税制改革实施方案》和增值税、消费税、营业税、企业所得税、资源税、土地增值税等六个税收暂行条例。1993年12月15日，国务院颁布了《关于实行分税制财政管理体制的决定》，决定从1994年1月1日起改革地方财政包干体制，实行分税制财政管理体制。

第二节 税收制度改革：旨在创造公平竞争环境

一、1994年税制改革的主要内容

（一）税制改革的指导思想与基本原则

按照《国务院批转国家税务总局工商税制改革实施方案的通知》的规定，1994年工商税制改革的指导思想是：统一税法、公平税负、简化税制、合理分权，理顺分配关系，保障财政收入，建立符合社会主义市场经济体制要求的税制体系。其基本原则包括以下几个方面：

税制改革要有利于调动中央、地方的积极性和加强中央的宏观调控能力。要调整税制结构，合理划分税种和确定税率，为实行分税制、理顺中央与地方的分配关系奠定基础；通过税制改革，逐步提高税收收入占国民生产总值的比重，合理确定中央财政收入和地方财政收入的分配比例。

税制改革要有利于发挥税收调节个人收入和地区间经济发展的作用，促进经济和社会的协调发展，实现共同富裕。

税制改革要有利于实现公平税负，促进平等竞争。公平税负是市场经济对税收制度的一个基本要求，要逐步解决目前按不同所有制、不同地区设置税种税率的问题，通过统一企业所得税和完善流转税，使各类企业之间税负大致公平，为企业在市场中进行平等竞争创造条件。

税制改革要有利于体现国家产业政策，促进经济结构的调整，促进国民经济持续、快速、健康的发展和整体效益的提高。

税制改革要有利于税种的简化、规范。要取消与经济发展不相适应的

税种，合并那些重复设置的税种，开征一些确有必要开征的税种，实现税制的简化和高效；在处理分配关系的问题上，要重视参照国际惯例，尽量采用较为规范的税收方式，保护税制的完整，以利于维护税法的统一性和严肃性。

（二）税制改革的主要内容

从总体上看，1994年税制改革的基本内容可以大致概括如下：

（1）建立以增值税为主体、消费税和营业税为补充的流转税制。在商品的生产、批发、零售和进口环节，采取基本税率在加一档低税率的模式，普遍征收增值税；选择烟、酒、化妆品、小轿车等原适用较高产品税率的产品以及高档、奢侈的消费品进行特殊调节，在征收增值税的基础上再征收消费税；对不实行增值税的非商品经营，如交通运输、金融保险、邮电通信、建筑安装、文化娱乐等行业，继续征收营业税，并对税率作适当调整。

改革后的流转税制统一适用于内外资企业，取消原对外商投资企业征收的工商统一税。由于新税制不可避免地造成外资企业税负的上升或下降，为了实现新旧涉外税制的平稳过渡，1994年税制改革规定所有外资企业实行新的增值税制度时，因实施新增值税而增加的税负可以在五年内享受"超税负返还"退税政策。

（2）统一内资企业所得税。对国有企业、集体企业、私营企业以及股份制和各种形式的联营企业，均实行统一的企业所得税制，相应取消原只对国有大中型企业征收的调节税。内资企业所得税实行33%的比例税率，同时对一部分赢利水平较低的企业，增设27%和18%两档照顾税率，并统一规范税前列支项目和标准。取消了国家交通能源重点建设基金和国家预算调节基金。统一的内资企业所得税出台后，不再执行承包企业所得税的做法。

（3）建立统一的个人所得税制。将原来分别征收的个人所得税、个人收入调节税、城乡个体工商户所得税合并为统一的个人所得税。统一的个人所得税采用超额累进税率，按11种所得分类征收。

（4）扩大资源税征收范围、开征土地增值税。对所有金属矿产品和非金属矿产品等资源开征资源税，同时，减并税率，适当调整资源税税负水平，完善征收办法。

在房产和地产的交易环节，对开发经营房地产的增值部分开征土地增值税，并实行超额累进税率。

（5）结合税制改革，确立适应社会主义市场经济需要的税收基本规范。纳入这些基本规范的主要内容，包括：严格控制减免税，除税法规定的减免税以外，各级政府和任何部门都不能开减免税的口子；应从价计征的税收坚持从价计征，取消原对某些行业提价收入不征税的政策；税务机关依法征税，任何地方、部门、企业都不能"包税"或者任意改变税率；采取有效措施，最大限度地减少偷税、漏税、避税、骗税、欠税、压税等现象；加强出口退税的管理，通过实行专用税票以及采用电子计算机管理等措施，堵塞出口退税的漏洞；积极推行纳税申报制度和税务代理制度，建立严格的税务稽核制度；等等。

（6）适应分税制的需要，组建了中央和地方两套税务机构。

二、1994年税制改革的成就及其局限

（一）税制改革取得的成就

1994年的税制改革是一次全方位、根本性的改革，在时间上也体现了"一揽子"推出的特点。其改革力度之大、利益调整之深、影响范围之广，新中国历史上从未有过。此次税制改革初步建立了与社会主义市场经济相适应的税制体系，其成就主要体现在以下几个方面：

1. 以增值税为主体的流转税制的建立，初步实现了不同行业间的公平竞争

在计划经济体制下，大多数产品的价格是由政府制定的计划价格。对不同产品流转税的设计原则是利用不同的税率去平衡各种产品价格的扭曲。如果一些产品的价格偏高，这些货物的产品税率就相应地高，以此减少超额利润从而平衡高价格；反之，价格偏低的货物间接税税率就低，以此增加利润降低价格。在这种价格体制下，不可能也没必要建立公平税负的机制。但是，截至1992年，经过多年的改革开放，中国当时由市场决定价格的比重已经扩大到80%左右，迫切需要建立体现税收"中性"原

则，促进不同行业公平竞争的流转税制。以增值税为主体，对大多数产品适用17%基本税率的税制设置，符合建立社会主义市场经济体制的要求，是中国第一次以贯彻公平原则为目的建立起的流转税体系，为不同行业在市场中的公平竞争奠定了税制基础。

2. 内资企业所得税的统一和内外资企业流转税的统一为各种所有制企业创造了一个公平竞争、同等纳税的外部环境，奠定了基础条件

按所有制性质分立税种，同一课税对象多税种并立，是改革开放以来经济转轨过程中税制设置的特点，这导致国有企业、集体企业、私营企业、外商投资企业分别适用不同的税种和税率，这种以所有制性质为基础区别对待的税制体系不符合社会主义市场经济体制的要求。因此，1994年税制改革统一了不同所有制性质的内资企业的所得税，并对内外资企业实施统一的流转税制。尽管处于种种考虑，当时并未统一内外资企业所得税，但内资企业所得税的统一和内外资企业流转税的统一在为各种所有制企业创造公平竞争、同等纳税的外部环境方面奠定了重要的基础条件。

3. 实现了税制的简化，推出了较为规范的新税种，初步建立了适应社会主义市场体制要求、较为完备的税制体系

税制改革前的工商税制共有32个税种，1994年的税制改革将工商统一税和特别消费税纳入新的增值税和消费税；国营企业所得税、集体企业所得税、私营企业所得税和国营企业调节税合并为新的内资企业所得税；盐税并入了新的资源税；将个人所得税、个人收入调节税、城乡个体工商户所得税合并为统一的个人所得税；取消了国营企业奖金税、集体企业奖金税、事业单位奖金税、国营企业工资调节税、烧油特别税、市场交易税和牲畜交易税等税种。另外，新开征了土地增值税。改革后，工商税制中的税种数量减少为18个，初步实现了税制的高效和简化。

4. 初步建立了与社会主义市场经济体制和分税制财政管理体制相适应的税收征管体系

通过分设中央地方两套税务机构，建立了与分税制财政管理体制相配套的税收征管机构。并且，明确规定中央税和全国统一实行的地方税的立法权集中在中央，并特别强调除税法规定的减免税以外，各级政府和任何部门都不能开减免税的口子。同时，要求普遍建立纳税申报制度、积极推

行税务代理制度、加速推进税收征管计算机化的进程、建立严格的税务稽查制度等。通过上述措施，改变了税制不合理、税政不统一、税权划分不清和缺乏严密的控制机制的局面，初步建立了与社会主义市场经济体制和分税制财政管理体制相适应的税收征管体系。

（二）1994年税制改革的局限

然而，在当时所面临的若干因素的制约下，这次税制改革也有不少不尽如人意的地方，主要体现在生产型增值税、保持原税负等方面。

1. 生产型增值税留下的难题

1994年税制改革实施时，宏观经济运行中存在着投资需求增长过快、通货膨胀严重等问题，因此在具体税制设计时，希望税收能够起到控制投资需求、抑制经济过热的作用。在这种背景下出台的增值税被设定为生产型增值税，即固定资产投资不能作为进项税额抵扣税款。这种设计无疑有利于控制投资过热的局面，但从长期来看，生产型增值税存在着重复征税的问题，不利于有机构成高的资本密集和技术密集型行业的发展，无法起到鼓励企业技术改造和设备更新的作用。因此，随着中国经济增长方式的转变，生产型增值税需要适时转型为消费型增值税。

另外，1994年确立的增值税制的征收范围主要是有形商品的生产销售和加工、修理修配劳务，建筑安装、交通运输、金融保险、邮电通信等行业则征收营业税，这些行业与产品生产的关系密切，不征收增值税使得增值税链条不够完整，不利于生产性劳务进项税款的合理抵扣，影响了增值税中性作用的发挥，还造成管理上的困难。为了弥补这种不足，税制规定交通运输业征收营业税，但增值税一般纳税人购进或销售应税货物支付的运输费用可以按一定的抵扣率抵扣税额。在实行增值税的成熟市场经济国家，增值税的征收范围既包括有形商品的生产销售，也包括无形商品，其抵扣链条是完整的。

因此，增值税制需要适时进行"转型"和"扩围"改革。"转型"即由生产型增值税转变为消费型增值税，允许固定资产抵扣；"扩围"即扩大增值税的征收范围，将货物运输业、建筑业、代理业、仓储业、租赁业、广告业等与商品生产、销售密切相关的劳务纳入增值税征收范围，完善增值税抵扣链条。这样可以提高税收征管效率，更好地发挥增值税的中性作用。

2. 保持原税负不变的税制改革原则

保持原税负不变是1994年税制改革的基本指导思想，这一原则体现了对既得利益的照顾，因此在许多方面采取了带有过渡性或变通性色彩的变法。如在这一原则指导下，对外资企业实行增值税后超过原税负的部分实行了为期五年的"超税负返还"的过渡性措施；对省以上批准的税收减免政策可执行到1995年（采取先征后返的措施）；对国有企业新老贷款实施区别对待的税前还贷政策等。这些照顾既得利益的措施有利于减少改革的阻力，但也使许多改革内容没有一次到位，在一定程度上影响了税制改革的效果。

3. 许多税制改革设想迟迟未能实现

1994年税制改革实现了内外资企业流转税制的统一和内资企业所得税的统一，同时明确指出，1994年1月1日起统一内资企业所得税，下一步再统一内外资企业所得税。实际上，由于种种原因，直到14年后的2008年内外资企业所得税才最终实现了统一。

《国务院批转国家税务总局工商税制改革实施方案的通知》中也明确规定："把现在对股票交易征收印花税的办法，改为征收证券交易税。由于当时全国人大常委会正在审议《中华人民共和国证券法》，为了便于衔接，开征证券交易税拟缓一步出台。"但迄今为止，对股票交易由征收证券交易印花税改为征收证券交易税的税改设想一直没有实现。

另外，1994年税改方案明确提出开征遗产税，而由于各种条件的限制，遗产税也一直没有开征。

第三节 分税制财政体制建立：规范中央与地方分配关系

一、分税制财政体制改革的历程

针对财政承包制出现的种种问题，早在1985年，在《中共中央关于制定国民经济和社会发展第七个五年计划的建议》中就提出："要按税种划分中央税、地方税、中央地方共享税，同时明确划分中央、地方的财政支出范围，做好财政的分级管理。"

1990年12月30日，中国共产党十三届七中全会通过的《中共中央关于制定国民经济和社会发展十年规划和"八五"计划的建议》则针对财政承包制的弊端以及"两个比重"（即财政收入占国民收入的比重和中央财政收入占财政收入的比重）过低的严峻局面，明确提出："现行的财政包干体制调动了各地方当家理财的积极性，但也存在一些弊端，改革的方向是在划清中央和地方事权范围的前提下实行分税制"，并且"为了兴办一些地方难以办而必须由国家办的关系国民经济全局利益的大事，需要适当集中财力。适当提高财政收入占国民收入的比重和中央财政收入占整个财政收入的比重"。

但是，党的十三届七中全会并没要求"八五"期间全面推行分税制改革，而只是提出"八五"期间，继续稳定和完善包干体制，同时进行分税制的试点。在1991年4月9日，七届全国人大四次会议审议通过的《中华人民共和国国民经济和社会发展十年规划和第八个五年计划纲要》延续了这种改革思路，也要求"八五"期间，继续稳定和完善财政包干体制。同时，在有条件的城市和地区，积极进行分税制的改革试点。

1992年10月12日，党的十四大报告在明确提出中国经济体制改革的目标是建立社会主义市场经济体制的同时，明确指出：围绕社会主义市场经济体制的建立，加快经济改革步伐。并将"统筹兼顾国家、集体、个人三者利益，理顺国家与企业、中央与地方的分配关系，逐步实行利税分流和分税制"作为加快经济改革步伐的重要内容。

1993年11月14日，党的十四届三中全会通过的《中共中央关于建立社会主义市场经济体制若干问题的决定》中则进一步明确"把现行地方财政包干制改为在合理划分中央与地方事权基础上的分税制，建立中央税收和地方税收体系"是"近期改革的重点"。

1993年12月15日，国务院颁布《关于实行分税制财政管理体制的决定》，规定"从一九九四年一月一日起改革现行地方财政包干体制，对各省、自治区、直辖市以及计划单列市实行分税制财政管理体制"。

二、分税制财政体制改革的主要内容

（一）分税制财政体制改革的原则与主要内容

国务院颁布的《关于实行分税制财政管理体制的决定》中指出：根据建立社会主义市场经济体制的基本要求，并借鉴国外的成功做法，要理顺中央与地方的分配关系，必须进行分税制改革。

分税制改革的原则和主要内容是：按照中央与地方政府的事权划分，合理确定各级财政的支出范围；根据事权与财权相结合原则，将税种统一划分为中央税、地方税和中央地方共享税，并建立中央税收和地方税收体系，分设中央与地方两套税务机构分别征管；科学核定地方收支数额，逐步实行比较规范的中央财政对地方的税收返还和转移支付制度；建立和健全分级预算制度，硬化各级预算约束。

（二）分税制财政体制改革的指导思想

（1）正确处理中央与地方的分配关系，调动两个积极性，促进国家财政收入合理增长。既要考虑地方利益，调动地方发展经济、增收节支的积极性，又要逐步提高中央财政收入的比重，适当增加中央财力，增强中央政府的宏观调控能力。为此，中央要从今后财政收入的增量中适当多得一些，以保证中央财政收入的稳定增长。

（2）合理调节地区之间财力分配。既要有利于经济发达地区继续保持较快的发展势头，又要通过中央财政对地方的税收返还和转移支付，扶持经济不发达地区的发展和老工业基地的改造。同时，促使地方加强对财政支出的约束。

（3）坚持统一政策与分级管理相结合的原则。划分税种不仅要考虑中央与地方的收入分配，还必须考虑税收对经济发展和社会分配的调节作用。中央税、共享税以及地方税的立法权都要集中在中央，以保证中央政令统一，维护全国统一市场和企业平等竞争。税收实行分级征管，中央税和共享税由中央税务机构负责征收，共享税中地方分享的部分，由中央税务机构直接划入地方金库，地方税由地方税务机构负责征收。

（4）坚持整体设计与逐步推进相结合的原则。分税制改革既要借鉴国外经验，又要从我国的实际出发。在明确改革目标的基础上，办法力求规范化，但必须抓住重点，分步实施，逐步完善。当前，要针对收入流失比较严重的状况，通过划分税种和分别征管堵塞漏洞，保证财政收入的合理增长；要先把主要税种划分好，其他收入的划分逐步规范；作为过渡办法，现行的补助、上解和有些结算事项继续按原体制运转；中央财政收入占全部财政收入的比例要逐步提高，对地方利益格局的调整也宜逐步进行。总之，通过渐进式改革先把分税制的基本框架建立起来，在实施中逐步完善。

（三）分税制财政体制改革的具体内容[①]

根据上述指导思想，分税制改革首先要建立社会主义市场经济条件下分税制财政体制的主体框架，分别建立中央财政和地方财政的收支体系，尽可能明确划分中央和地方的收支范围；其次，与中央和地方收支体系相配套，分别建立中央和地方收入征管机构，调动两级政府组织收入的积极性；再次，尽量减少分税制体制对各方面造成的"震动"，妥善处理新旧体制的衔接问题。具体而言，分税制财政体制改革的内容主要有：

1. 在划分事权的基础上，划分中央与地方的财政支出范围

中央财政主要承担国家安全、外交和中央国家机关运转所需经费，调整国民经济结构、协调地区发展、实施宏观调控所必需的支出以及由中央直接管理的事业发展支出。地方财政主要承担本地区政权机关运转所需支出以及本地区经济、事业发展所需支出。

中央财政支出具体包括：国防费，武警经费，外交和援外支出，中央级行政管理费，中央统管的基本建设投资，中央直属企业的技术改造和新产品试制费，地质勘探费，由中央财政安排的支农支出，由中央负担的国内外债务的还本付息支出，以及中央本级负担的公检法支出和文化、教育、卫生、科学等各项事业费支出。

地方财政支出具体包括：地方行政管理费，公检法支出，部分武警经费，民兵事业费，地方统筹的基本建设投资，地方企业的技术改造和新产品试制经费，支农支出，城市维护和建设经费，地方文化、教育、卫生等

---

① 财政部地方司：《中国分税制财政管理体制》，中国财政经济出版社1998年版。

各项事业费，价格补贴支出以及其他支出。

2. 按税种划分收入，明确中央与地方的收入范围

根据事权与财权相结合的原则，按税种划分中央与地方的收入。将维护国家权益、实施宏观调控所必需的税种划为中央税；将同经济发展直接相关的主要税种划为中央与地方共享税；将适合地方征管的税种划为地方税，并充实地方税税种，增加地方税收入。具体情况如下：

中央固定收入包括：关税，海关代征消费税和增值税，消费税，中央企业所得税，地方银行和外资银行及非银行金融企业所得税，铁道部门、各银行总行、各保险总公司等集中缴纳的收入（包括营业税、所得税、利润和城市维护建设税），中央企业上缴的利润等。外贸企业出口退税，除1993年地方已经负担的20%部分列入地方上缴中央基数外，以后发生的出口退税全部由中央财政负担。

地方固定收入包括：营业税（不含铁道部门、各银行总行、各保险总公司集中缴纳的营业税），地方企业所得税（不含上述地方银行和外资银行及非银行金融企业所得税），地方企业上缴利润，个人所得税，城镇土地使用税，固定资产投资方向调节税，城市维护建设税（不含铁道部门、各银行总行、各保险总公司集中缴纳的部分），房产税，车船使用税，印花税，屠宰税，农牧业税，对农业特产收入征收的农业税（简称农业特产税），耕地占用税，契税，遗产和赠与税，土地增值税，国有土地有偿使用收入等。

中央与地方共享收入包括：增值税、资源税、证券交易税。增值税中央分享75%，地方分享25%。资源税按不同的资源品种划分，大部分资源税作为地方收入，海洋石油资源税作为中央收入。证券交易税，中央与地方各分享50%（证券交易税未开征，仍沿用证券交易印花税，从1997年开始，该分成比例调整为中央80%，地方20%）。

关税、海关代征消费税和增值税、消费税作为中央财政固定收入，主要是因为：第一，上述税种属国家宏观调控税种，这些税种收入如果划归地方，受地方利益机制的影响，可能会不利于国家宏观调控政策的实施。第二，国家宏观经济政策的变动，会造成上述收入的波动，如果将上述收入作为地方收入，不利于地方收入的稳定，也容易形成国家政策对地方预

算平衡的冲击。

出口退税增量改为全部由中央财政负担，主要是因为实行新的收入划分办法后，消费税全部作为中央收入，增值税也大部分作为中央收入，改变了改革前那种征税在地方、退税在中央的状况，同时，由于海关代征进口产品消费税和增值税作为中央财政收入，因此，与此相对应的出口退税也由中央财政承担。资源税，按照资源国有的原则，应当划归中央，但目前我国的实际情况是资源大部分集中在中西部地区，资源大省一般都是财政不富裕省，因此将资源税划为共享税，除海洋石油资源税划归中央外，其他资源税全部划给地方，以体现对中西部地区的政策照顾。

证券交易税（证券交易印花税）主要集中在上海、深圳两个城市，这部分税收是按交易额分别对证券交易双方征收千分之三实现的。尽管证券交易所设在个别城市，但税源来自全国各地，所以这个税种的收入不能全部留在当地，把它列为中央和地方共享税比较适当。

按照上述划分办法，按1993年数字计算，中央财政收入占全国财政收入的比重提高到57.5%。

3. 分设中央和地方两套税务机构，分别征税

1993年以前我国只有一套税务征收机构，中央税收主要依靠地方税务机构代为征收。这种办法容易造成收入征管职责和权限划分不清，既不利于保障中央财政收入，也不利于调动地方组织收入的积极性。分税制财政体制规定，与收入划分办法相配套，建立中央和地方两套税务机构分别征税，国家税务局和海关系统负责征收中央级固定收入和中央地方共享收入，包括消费税、铁道营业税、各银行总行和保险总公司营业税、海洋石油资源税、关税、海关代征消费税和增值税、地方和外资银行及非银行金融企业所得税、中央企业利润、增值税、证券交易税、中央企业所得税等其他各项中央预算固定收入；地方税务局负责征收地方级固定收入，包括营业税（除中央的营业税外）、资源税（除海洋石油资源税外）、地方企业所得税、地方企业利润、地方其他各项税收等其他地方固定收入。

4. 实行中央对地方的税收返还

为了使财政体制改革顺利运行，分税制财政体制办法实行保证地方1993年既得利益的政策。实行按税种划分收入的办法后，原属地方支柱财

源的"两税"收入（消费税和增值税收入的75%）上划到中央，成为中央级收入，如果中央不采取相应补偿措施，必然影响地方的既得利益。为此，分税制体制制定了税收返还的办法，即以1993年为基期年，按分税后地方净上划中央的收入数额，作为中央对地方的税收返还基数，基数部分全额返还地方。为了尽量减少对地方财力的影响，国务院还决定，不仅税收返还基数全额返还地方，1994年以后还要给予一定的增长。增长办法是：从1994年开始，税收返还与消费税和增值税（75%）的增长率挂钩，每年递增返还。关于税收返还的递增率，国务院文件规定，按当年全国增值税和消费税平均增长率的1∶0.3系数确定。1994年8月，根据各方面的意见和要求，为了更充分地调动各地区组织中央收入的积极性，将税收返还的递增率改为按各地区分别缴入中央金库的"两税"增长率的1∶0.3系数确定。即各地区"两税"每增长1%，中央财政对该地区的税收返还增长0.3%。

5. 妥善解决原体制遗留问题

1994年实行分税制后，原包干体制的地方上解和补助办法基本不变。即：原实行递增上解的地区，仍按原规定办法继续递增上解；原实行定额上解的地区，仍按原确定数额继续定额上解；原实行总额分成的地区和原分税制试点地区，改为一律实行递增上解，即以1993年实际上解数为基数，从1994年起按4%的递增率递增上解。

为了进一步规范分税制体制，1995年对上述办法进行了调整，规定：从1995年起，凡实行递增上解的地区，一律取消递增上解，改为按各地区1994年实际上解额实行定额上解。

6. 开始建立规范的转移支付制度

分税制改革前，我国财政体制中存在着中央对地方的体制补助、专项补助以及结算补助等形式，从严格意义上讲，这些都属于转移支付的范畴，但是当时在财政体制中没有明确地提出转移支付的概念。同时，这些补助的确定在技术上也一直沿袭着行政性分配的方法，还不够规范和科学。

1994年分税制建立之初，由于中央财政集中的财力很有限，困难较大，没有能力建立转移支付制度，只能先行建立税收返还制度。经过一年的运行后,在中央财政集中收入的目的基本达到的基础上,从 1995 年起,中央财政开始建立转移支付制度。但是,由于中央财政财力仍然非常紧张加上数据资料不全,因此,规范化财政转移支付制度的建立只能采取渐进的办法,首先实行"过渡期转移支付办法",待各方面条件成熟后再逐步过渡到规范的转移支付制度。

1995 年,中央财政从收入增量中共拿出 21 亿元用于对地方的转移支付,在 30 个省区中,有 18 个获得了中央的转移支付。这一结果基本反映了现实各地区的发展情况,实现了缩小地区间差异的政策目标。1996 年,中央财政对转移支付方案又进行了较大的调整,使之更为科学、合理。当年中央财政共从收入增量中拿出 35 亿元用于对地方的转移支付,获得补助的地区增加到 20 个。[1]

(四)省以下分税制财政体制的建立

在中央与省级分税制财政体制框架确立之后,各地按照中央实行分税制财政体制的要求,根据本地区的情况,制定了切实可行的省对下分税制体制办法,并在因素法、地区间利益调整等方面做了有益的尝试。1994 年底各地基本上都已制定了对下分税制体制,使得分税制在全国范围内迅速确立并顺利运行。综合各地体制情况,大致呈现以下特点:

1. 收入划分方面

从各地区通行做法看,除了分税制改革上下划的税种外,其他原有的地方税收基本上仍按原收入级次划分,个别地区调整了营业税的划分办法。增值税上划中央 75% 以后,大部分地区将地方 25% 部分留归了市、县,少部分地区省与市、县共享。中央下划的税种及新开征的税收大部分地区都实行了省与市、县共享的办法。

2. 税收返还增量的分配

多数地区按 1∶0.3 系数将中央返还的增量如数返还给市、县,也有相当一部分地区为了达到省级集中财力的目的,集中了部分增量。集中办法主要有三种:一是对各市、县统一调整返还系数,如将递增返还系数调整为 1∶0.15;二是对市、县区别不同情况规定不同的返还系数;三是对中央

---

[1] 财政部地方司:《中国分税制财政管理体制》,中国财政经济出版社 1998 年版。

的增量返还在省级与地市间实行总额分成。

3. 原体制上解补助的处理

多数地区比照中央对省的办法将原体制的上解和补助在税收返还之外单独处理，体制上解继续递增，体制补助定额结算，也有一些地区做了适当调整。调整的办法主要有两种：一是重新计算财政体制收支基数，核定上解、补助或税收返还数；二是将原体制上解或体制补助与税收返还相抵，核定税收返还数。

4. 对地区间财力差异的调整

不少地区在制定对下体制时，对现存的不合理的财力分配格局进行了适当的调整。除了吸取中央分税制改革的思路外，在保证地方1993年既得利益的前提下，通过增量分配集中部分财力调节外，有些地区还打破了保证地方1993年既得利益的原则，对存量也进行了调整。实行这种办法的主要有广东、江苏、广西等省、自治区。它们集中财力后，一般都补助给了财力较低的县、市，在一定程度上扭转了原体制下不合理的分配格局。

三、分税制财政体制改革的成就与存在的主要问题

（一）1994年分税制财政体制改革的成就

以明确划分中央和地方的利益边界、规范政府间财政分配关系为主旨的分税制改革，是对财政包干体制的彻底否定，在克服或弱化包干体制的种种弊端上取得了实质性进展。作为一项难度大、涉及范围广的重要经济体制改革，从1994年以来的运行实践看，分税制财政体制改革实现了新旧财政体制的平稳过渡，没有造成对宏观经济的冲击和消极影响，市场物价稳定，国民经济继续保持高速稳定的增长势头，而且有力地推动了整个社会主义市场经济体制改革的进程。从财政领域看，各项财政工作顺利进行，财政收入连年大幅度增长，财政支出管理得到有效加强，新形势下的财源建设工作蓬勃开展，财政职能得以强化，中央宏观调控能力大大增强。具体来说，分税制财政体制改革的成就可以概括为以下几点。

1. 初步建立了与市场经济体制相适应、相对规范稳定的财政体制

分税制财政体制改革结束了财政包干制下中央与地方之间复杂而不稳

定的财政分配关系,建立了统一的中央与地方之间的财政关系,有利于我国财政体制的长期稳定,为实行规范的转移支付制度创造了条件。

在原体制下,中央与地方之间的财政体制关系是非常复杂的:一是体制分配形式多样,既有总额分成、定额补助,也有收入递增包干、上解额递增干等;二是财政资金双向运动,对一个地区而言,既有中央对其的体制补助或结算补助,又有对中央的各项上解、贡献。实行分税制后,体制形式得以统一,各地区都将增值税的75%和消费税等收入上划中央,同时,中央对地方实行税收返还,取消了长期使用的体制上解、补助等形式。

2. 建立了有效保障中央收入的机制

在税种划分方面,将实施宏观调控所必需的税种划为中央税;同经济发展直接相关的主要税种划为中央与地方共享税。同时,中央与地方分设税收机构,分别征税,彻底打破了包干制下中央与地方在收入征管方面的"委托—代理"关系。这些措施使中央在财政收入的分配中占据了主导地位,摆脱了包干制下中央收入主要依靠地方上解、缓慢增长的窘境,改变了财力与财权过于分散的局面,增强了中央财政的宏观调控能力,改变了中央财政收入占财政收入比重过低的局面。分税制财政体制改革实施前的1992年、1993年,中央财政收入占财政收入的比重仅为28.1%、22%,分税制改革实施的当年,即1994年该比重就上升到55.7%,尽管以后年度有所下降,但1999年后都保持在50%以上。

3. 调动了中央地方两个积极性,财政收入大幅增长

分税制财政体制界定了各级政府的财权事权,在体制机制上保障中央财政收入,由于分税体制的规范和稳定,充分调动了地方政府组织收入的积极性,地方财政收入并没有因为主体税种上划到中央而大幅减少,反而在实行了分税制后的几年中,保持了高于中央财政的增长幅度。分税制改革后的1994年,地方财政收入占财政收入的比重为44.3%,1995年、1996年、1997年三年中地方财政收入的比重逐步上升为47.8%、50.6%和51.1%。[①]中央和地方财政收入的同时增长,使分税制改革后财政收入

[①] 中华人民共和国国家统计局编:《中国统计年鉴(2007)》,中国统计年鉴出版社2007年版。

的增长速度始终保持了高于 GDP 的增幅，财政收入占 GDP 的比重稳步提高。

4. 促进了资源的优化配置和产业结构的合理调整

分税制财政体制改革后，除企业所得税外，基本改变了过去按企业隶属关系划分收入的做法，在一定程度上减轻了政府对企业的控制，有利于实现政企分离，更好地发挥市场机制在资源配置中发挥基础性作用。将增值税的大部分和全部消费税划为中央税，对于抑制地方政府的投资冲动，在全国范围内实现产业结构的合理调整起到了积极的作用；而将营业税设置为地方税，有利于调动各地区发展第三产业的积极性。

5. 有利于缩小地区间财力差距，逐步实现公共服务均等化

分税制财政体制改革实施后，中央财政收入占财政收入的比重维持在 50% 左右，而中央本级财政支出则在 30% 左右，中央对地方各种形式的转移支付占到财政收入的 20% 左右，这为中央通过不断完善转移支付制度，缩小地区间财力差距，逐步实现公共服务均等化奠定了体制基础。

（二）1994 年分税制财政体制改革存在的主要问题

分税制改革是一项复杂的综合性工程，它不仅涉及财政工作的各个方面，而且涉及有关的社会经济领域。因此，为了顺利推进分税制改革，中央采取了循序渐进的方式，将一些不易解决的问题暂时搁置起来，随着体制的运行和各项条件的不断成熟，逐步加以解决。因此，分税制改革就不可能将现实财政工作中存在的问题在很短的时间内全部解决，而需要逐步采取措施加以完善。具体而言，1994 年实施的分税制财政体制改革所存在的问题，大致可归结为如下几个方面：

1. 政府间事权划分尚不明晰

1994 年分税制财政体制改革的重点是财政收入的划分，而对不同级次政府间事权和支出范围的划分尚不清晰，这与社会主义市场经济体制建立初期政府与市场的界限划分本身就不明晰有着直接的关系。但是，随着社会主义市场经济体制的逐步完善，不同级次间政府职能的合理划分具有越来越重要的意义。

2. 为照顾既得利益采取的措施影响了改革效果

为了减少分税制财政体制推行的阻力，照顾地方的既得利益，1994 年

的分税制改革规定以 1993 年为基期年，有些地区为了扩大既得财力，采取了许多手段人为增加收入，从而造成虚增收入基数的情况。1992 年地方财政收入增长率仅为 13.23%，而 1993 年则一下子达到了 35.45%。

分税制改革所采取的"不触动地方既得利益"原则和"保存量，调增量"的渐进改革模式方式在促进改革的顺利推行、减少社会震荡方面发挥了积极作用，但是这也同时削弱了它在调整地区间财力差异方面的力度。如按照"两税"增长率实行 1∶0.3 税收返还的政策也在很大程度上照顾了经济发达地方的利益，不利于缩小地区间的财力差距。

3. 按隶属关系划分企业所得税收入的方法有待改进

1994 年分税制财政体制改革中对企业所得税保留了按隶属关系划分收入的做法，将中央企业所得税划分为中央收入，地方企业所得税划分为地方收入。随着经济体制改革的深入，这种划分办法越来越不适应社会主义市场经济的要求。[①]

4. 省以下分税制财政体制有待进一步明确和完善

1994 年分税制财政体制改革只是在中央和省级政府之间建立了统一的分税制财政体制，并没有规定统一的省以下各级政府间的财政体制，而是由各地根据自身情况分别确定。这种做法有利于因地制宜建立符合地方实际的多样化的省以下财政体制，但也带来了省以下财政体制变动频繁，难以遏制级次较高的政府通过财权上移、事权下移层层集中财力的问题，这在一定程度上加剧了基层财政的困难。因此，建立规范稳定的省以下分税制财政体制是未来进一步完善分税制的重要方向。

5. 转移支付制度有待进一步完善

分税制财政体制作为一种严谨的规范的现代财政制度，主要由两个方面组成：一方面是要从地方适当集中财力于中央，使中央在财力分配中居于主导地位；另一方面就是要建立中央财政对地方的转移支付制度，以此调整各地区的利益分配，实现公共服务均等化的目标。这两个部分是有机地结合在一起的，缺一不可。

1994 年分税制财政体制改革在建立规范、科学的转移支付制度方面有

---

① 2001 年所得税分享体制改革解决了这一问题。

待进一步完善，在改革后相当长的时间内，税收返还和各项专项转移支付的比重较大，而以公共服务均等化为目标的财力性转移支付的比重较低，中央财政调解地区间财力差距的力度需要加强。

第四节 1994年财税体制改革的配套措施

一、在"两则"基础上规范国有企业利润分配

在计划经济体制下，国有企业利润上缴是财政收入的重要组成部分。改革开放以来，随着外资企业、集体企业、私营与个体经济的发展，多种所有制并存的局面逐步得以确立。在这种情况下，如果处理国家与国有企业的利润分配关系不仅关系到国有企业自身的改革，也是建立符合社会主义市场经济要求的财税体制面临的重大问题。

1994年的税制改革，在《企业财务通则》和《企业会计准则》（简称"两则"）基础上，推出了规范、稳定的国有企业利润分配制度，对国有企业实行了利润分流，即国家分别作为社会管理者和资产所有者向国有企业征收所得税和收取投资收益。而此次改革中内资企业所得税的统一，合理规范了所得税税基（如取消税前还贷、固定资产投资借款利息进成本等），免除了原对国有企业征收的利润调节税和国家能源交通重点建设基金、国家预算调节基金，为各种所有制成分的内资企业创造了公平竞争的外部环境，对于政企分开和转换国有企业经营机制奠定了税制基础。

二、规范财政与中央银行的关系

1994年财税体制改革还包括明确规定禁止财政向中央银行透支，财政赤字只能通过发行国债的办法加以弥补。在此之前，我国的财政赤字既可以通过向中央银行透支或借款的方式弥补，也可以通过发行国债的方式弥补，而且往往以前一种方式为主。采用向中央银行透支或借款的方式弥补财政赤字，容易引发通货膨胀，难以体现中央银行货币政策的独立性。禁

止财政向中央银行透支,规范了财政与中央银行的关系,有利于财政政策与货币政策更好地发挥作用,对于建立与社会主义市场经济体制相适应的财政运行机制具有特别重要的意义。

第五节 小结

1994年的财税体制改革,是在中国改革开放进入新的历史时期时,以建立社会主义市场经济体制为背景进行的一次全方位、根本性的改革,其改革力度之大、利益调整之深、影响范围之广,在新中国历史上从未有过。此次改革,在充分借鉴国际经验的基础上,奠定了社会主义市场经济体制下税收制度的基本框架,为各种经济成分创造了较为公平的竞争环境;分税制财政体制改革规范了中央与地方的财政关系,彻底扭转了"两个比重"过低的局面,对于加强中央的宏观调控能力、实现社会的持续稳定发展具有十分重要的意义。

我们总结1994年财税体制改革,其成功经验大体可以归结为以下几个方面:

第一,财税体制作为经济体制的重要组成部分,要从根本上进行"制度创新",离不开更为基础的经济体制改革的支撑。此次财税体制的根本性变革,尽管与中央财政面临困难有直接的关系,但改革并没有沿袭计划经济时期"一放就乱""一统就死"的恶性循环,而是通过"制度创新"奠定了符合社会主义市场经济要求的财税体制基本框架。究其原因,改革目标的明确和改革思路的转变至关重要,这在很大程度上要归功于经济理论界长期以来对市场经济体制运行规律的不懈探索,从有计划的商品经济到社会主义市场经济,理论界对市场经济规律的认识和把握为财税体制改革奠定了较为清晰、明确的原则和框架。

第二,具体改革方案的设计充分吸收了发达市场经济国家税收制度和分税制的经验。这突出体现在选择具有"中性"特征的增值税作为流转税的主体税种,建立较为规范的所得税制度,按分税制的要求设立中央税、地方税、共享税等方面。对发达市场经济国家经验的借鉴所产生的制度变迁的"后发优势"对于改革的成功具有重要作用。

第三，1994年财税体制改革是在建立社会主义市场经济的总体改革框架下进行的，此次改革的成功离不开改革设计者对各项改革措施的统筹把握，改革的魄力和决心以及对改革方案的周密部署，也离不开财税部门等改革执行者对改革措施的有效实施。

但是，我们也应当看到，在当时的环境下，与其他领域的改革相似的是，为了减少改革的阻力，照顾既得利益，更多地采取了"保存量、调增量"的渐进式改革模式，这种循序渐进的方式有利于更好地推进改革，但也容易积累问题。例如，分税制财政体制改革在收入划分方面取得了显著的效果，基本达到了改革目标，但在事权划分、省以下分税体制和转移支付方面则有待进一步完善。

目标定位：构建公共财政框架

1994年的财税改革，虽然使中国财税体制走上了制度创新之路，但并没有解决全部的问题。因为说到底，一方面，1994年财税改革所覆盖的只是体制内的政府收支，而游离于体制之外的政府收支，则没有进入视野；另一方面，1994年财税改革所着眼的主要是以税制为代表的财政收入方面的制度变革，财政支出方面的调整，虽有牵涉，但并未作为重点同步进行。

随着1994年财税改革成果的逐步释放，蕴涵在游离于体制之外的政府收支以及财政支出方面的各种矛盾，便日益充分地显露出来并演化为困扰国民收入分配和政府收支运行过程的"瓶颈"。于是，在20世纪90年代后期，以规范政府收支行为及其机制为主旨的税费改革以及财政支出管理制度的改革，先后成为中国财税体制改革的重点，并由此将改革带上了整体框架的重新构造之路——构建公共财政体制框架。

第一节 规范政府收支行为：1998年开始的"税费改革"

作为1994年财税改革的一个重要成果，税收运行体制机制理顺了，税收收入迈上了持续高速增长的轨道。从1994年到1997年，税收收入的年增长额分别为953亿元、903亿元、1077亿元和1175亿元。不仅实现了与GDP的同步增长，而且，还略大于GDP的增长速度。然而，与此同时，关于税负重的抱怨声出现了。有人甚至将国有企业在那一时期的经营困难同税负问题联系起来，并由此引发了对1994年后所实行的新税制的质疑。这种矛盾的现象，很快使人们从1994年财税改革的欣喜中冷静下来。

一、财政收入不等于政府收入

一旦冷静下来并透过数字表象而深入到税负问题的实质层面，一个基本事实立刻进入了人们的视野：在中国，财政收入（预算收入）不等于政府收入。

一般而言，在各国的经济文献中，财政收入与政府收入是一回事。因为，各国的政府收入都是要纳入预算的，也都是要拿到立法机关——国会或议会一起讨论审批的。列入预算并交由立法机关审议、批准的政府收入，就是我们通常所说的财政收入或预算收入。

中国所使用的财政收入概念，则只是各国所使用的政府收入概念的一部分。除了以税收为主体并且纳入预算的财政收入之外，各级政府还使用别的形式、通过别的渠道取得收入。其中，未纳入预算但可比较精确地统计的收入有：预算外收入、政府性基金收入、社会保障基金收入等；纯系制度外且无法加以精确统计的收入，则是由各部门、各地区"自立规章，自收自支"的各种收费、罚款、集资、摊派收入等。如果将上述几个层次的这些收入统统相加，中国政府收入的总量，起码要以财政收入的倍数计算。

如果以是否纳入预算作为判定规范性与否的标准，那么前一个层次的政府收入便是规范性的，后两个层次的政府收入则是非规范性的。正是由于规范性的政府收入和非规范性的政府收入同时并存，而且，相比之下，在数额上后者又大于前者，这种政府收入格局被时任国务院总理的朱镕基同志形象地称之为"费大于税"。

二、"费大于税"格局的形成

那么，"费大于税"的政府收入格局是怎样形成的呢？

计划经济体制下，我国的财政收入结构具有两大特征：一是税利并存，以利为主；二是来自国有经济单位的缴款占较大比例。在这样一种特

第七章
目标定位：构建公共财政框架

殊的财政收入结构的背后，是以农副产品统购统销、国家统管城市职工工资制度和财政统收统支体制为基本前提、以"先扣后分"为基本特征的国民收入分配机制。

改革以后，伴随着市场化的进程，农副产品统购统销制度、国家统管城市职工工资制度和财政统收统支体制的格局相继被打破。原有的财政收入渠道基本上不复存在了，所有制成分也发生了很大的变化。在新的体制下，政府履行职能所需的资金显然只能通过规范化的税收渠道去获取。进入 20 世纪 80 年代以来，我国税制建设的力度明显加大，个人所得税、中外合资经营企业所得税、外国企业所得税、国营企业所得税、集体企业所得税、城乡个体工商业户所得税、私营企业所得税等一系列新的税种陆续出台。其间一些税种也作了调整，如将外资企业所缴纳的企业所得税统一为外商投资企业和我国企业所得税，到 1994 年税制改革之时，税种的总数达到 34 个，正是政府为此而采取的积极行动。

然而，长期"无（明）税"的惯性作用，加上种种因素的制约，给税收制度的正常运行带来了严峻挑战：普通百姓，多年生活在"无（明）税"的环境之中，一旦需要拿出本已装入兜中的一部分钱缴税时，出于心理和行为上的不适应，一个本能的反应便是"躲"。能躲就躲，能躲多少躲多少。在税收严管重罚的力度未能相应跟上、依法治税的社会环境远未确立的条件下，各种偷漏税的行为犹如"病毒"，附着于"明税"的肌体上繁衍而生，致使大量该征的税不能如数征收上来。而政府部门，多年习惯于以行政命令的办法、非税的方式组织收入，在各方面的政府支出增势迅猛、规范化的税收渠道不畅、财政部门所能提供的资金存在较大缺口的情况下，一个自然的反应，就是转而操用非规范性的行政命令，去另外找钱。于是，在"创收"的旗号下，各个政府职能部门开始自立收费项目，介入财政性分配。以收费形式取得的收入，既然被视为非规范性的"创收"范畴，由各个部门自收自支，游离于预算之外，也就变为顺理成章的事情。

问题还有复杂之处。收费之门的打开，非但没有缓解税收运行中的困难，反而把人们的注意力转到了收费上。甚至于，在尝到了收费甜头、有了规范性和非规范性两种收入来源可以依赖之后，为数不少的政府部门对"费"的偏爱超过了"税"。于是，"费挤税"的事情——以收费项目的扩大及其规模的增加冲击税基，以擅定减免税条款、鼓励企业偷逃税款的手段截留中央税收——发生了。"重费轻税"加上"费挤税"，事情演化下来，便是"费大于税"的政府收入格局的形成。

更富有挑战意义的一个问题，出在非规范性收费规模的判断上。事实上，非规范性收费大多是游离于既有制度之外的。故而，关于收费的种类和数量，全国尚无统一数据，只能通过典型调查或其他方面的办法迂回地取得。

由国家计委、国家经贸委、财政部、监察部、审计署、国务院纠风办等单位联合通知取消的行政事业性收费（基金）项目数推算，收费种类繁杂，数额相当可观。从1997年7月至1998年3月，中央各部门、省、地三级共取消不合理收费20516项，共计363.5亿元，几乎相当于1996年全国国有企业实现利润的总和。根据1998年6月10日《经济日报》的报道，在湖北省利川市，从上到下行政事业收费竟达2200多项，而且，这2200个收费项目，都有红头文件支持。其中，中央部委办33项，省665项，涉及工商、公安、建委、教育、文化等19个部门，最多的是城建部门，收费项目达198个。另据该市物价局调查，个体经营户所交的税款平均只占到所交费款的1/6，企业单位所交税款也只占到所交费的1/3。

曾有学者对制度外收入的规模做过总体估算。其办法是，通过国民收入账户分析法，推算出政府实际支出的总规模，再扣减预算内和预算外财政收入，进而估算政府的制度外收入规模（见表7-1）。

表7-1　　　1988～1996年中国制度外收入规模及增长速度

年份	制度外收入（亿元）	增长速度（%）	预算内收入增长速度（%）
1988	831.70	24.6	7.2
1989	860.92	3.5	13.1
1990	1051.02	22.1	10.2
1991	1490.81	41.8	7.2
1992	2186.87	46.6	10.6
1993	3141.36	43.6	24.8
1994	4971.30	58.2	20.0
1995	5365.57	7.9	19.6
1996	5979.71	10.3	18.7

资料来源：杨斌、胡学勤，《政府税外收费的理论研究与实证分析》，引自高培勇主编，《费改税：经济学界如是说》，经济科学出版社1999年版。

三、税费关系混乱对财政运行机制的冲击

在这样的条件下，众多的公共权力机构插手分配领域，收费种类繁多，数额巨大、管理失控，对财税体制及其运行机制构成了异常严重的冲击：

（一）侵蚀税基、转移利润，损害国家财政收入稳定增长

有权收费的机构，都是政府权力部门，或其授权垄断经营的事业单位。企业和居民等市场主体，如不交费，就难以完成所需的市场交易。有时明知收费不合理，也是敢怒不敢言，更谈不上抵制、拒交。收费力度实际比征税更强，税可欠，费不能不交。而对企业的收费或者打入企业当期成本费用，或者减少税后留利。在前者情况下，各种收费挤入当期成本费用，减少了计税依据，缩小了税基，直接影响国家税收收入。在后者情况下，减少企业利润，影响国有资产收入，削弱其扩大生产经营规模的能力，从长远看，也减少了国家税源。因此，在1994年以后最初的几年，税收收入的绝对数，尽管每年以800亿~1000亿元的增长额在增长，但税收占GDP的比重却徘徊不前，1997年为11%。这样大量资金游离于财政预算之外，形成所谓体外循环，使家集中性财政收入相对萎缩，预算内财政收入占GDP的比重，1978~1995年一直是下降趋势，1997年为11.5%，仅比上年增长0.6个百分点。国家财力明显不足，财税运行十分艰难。

（二）削弱政府宏观调控能力

财政的集中性资金是实现政府政策目标的保障。大量资金脱离财政控制和人大监督，进行体外循环；众多权力机构参与收入分配、自收自支，造成国家财力过度分散，政府没有足够的财力，调节国民经济运行，及时解决改革开放、经济社会发展所面临的种种难题。例如，当时收入仅几百亿元的个人所得税，很难调节收入差距，体现社会公平；占财政支出仅1.5%的抚恤和社会福利救济支出，不可能建立完善的社会保障体制；对农业、科技、教育等战略重点投资，国家财力捉襟见肘，力不从心，1997年对教育投入没有达到《中国教育改革和发展纲要》的要求，有的省、自治区已连续几年没有完成任务；收入仅占全国财政收入48.9%的中央财政，增加转移支付，缩小地区差距的回旋余地很小，等等。

(三) 扰乱市场运行机制

供求、价格、竞争等市场机制的健康运行，需要规范、统一的市场规则。在税收之外，大量存在不规范、不统一、征收带有很大随意性的收费行为，严重扰乱了市场机制运行，扭曲了价格形成机制，使企业、个人在生产经营业中，很难合理预期成本、利润，进行科学决策，适应市场供求关系，积极参与市场竞争，取得最大经济效益。在费挤税、费大于税的情况下，还有可能产生对企业和居民行为的误导，使其生产经营活动偏离国家产业政策的导向，加剧市场供求关系的失衡，以及市场经济运行秩序的紊乱，影响经济持续、快速、健康的增长。在经济全球化，我国进一步深化改革、扩大开放的背景下，乱收费对市场运行机制的干扰，必然对我国引进外资，积极参与国际市场竞争，产生消极影响，易使外商对我国投资环境产生怀疑、误解，造成不良的国际影响。因而乱收费对市场机制的干扰，通过企业和个人行为，最终反映到财政收支，会对财政运行产生冲击。

(四) 加重企业和农民负担

众多公共权力机构介入收入分配，行政事业性收费缺乏明确的法律依据，相当部分收费处于失控状态，财政部门难以把握收费的总量、结构。受部门、地区、单位利益驱动，收费的规模、种类呈不断膨胀之势，企业、农民负担沉重，已到难以为继的地步。据当时国家经贸委调查，国有企业的各种不合理负担，大体占到当年实现利润与税收之和的20%，有的甚至超过了当年实现的利润。在农村，乱收费、乱摊派、乱罚款屡禁不止，各种达标升级活动不断，县、乡、村干部上门向农民催粮要钱，加重了农民负担，造成基层干群关系紧张，构成农村改革、稳定与发展的隐患。企业、农民负担加重，直接危及我国经济增长的基础，以及社会生产力的发展，经济是财政之源，经济基础遭到损坏，则很难有平衡、稳健运行的国家财政。

(五) 助长各种消极腐败行为

大量缺乏约束的行政事业性收费，在制度上为贪污受贿、敲诈勒索、公款吃喝玩乐、以权谋私等消极腐败行为提供了漏洞，在经济上为之提供了可能。因而，乱收费也是一个关系党风廉政建设的政治问题。

第七章

目标定位：构建公共财政框架

四、"费改税"与"税费改革"的启动

面对上述种种税费关系的混乱状况，在我国，从 1995 年起即开始了旨在治理政府部门乱收费的所谓"费改税"改革的尝试。其中，取得明显成效的当属湖南省的武冈市。① 1998 年 3 月，随着新一届政府的组建，作为新一届政府的施政纲领之一，"费改税"又正式纳入了政府议事日程。由此，"费改税"以及后来其内涵与外延加以拓展的"税费改革"在全国正式拉开了帷幕。

针对向企业乱收费的问题，中共中央、国务院出台文件《中共中央、国务院关于治理向企业乱收费、乱罚款和各种摊派等问题的决定》（以下简称《决定》）要求，坚决取消不符合规定的向企业的行政事业性收费、罚款、集资、基金项目和各种摊派。全面清理按规定未被取消的向企业的行政事业性收费、罚款、集资、基金项目。对不合理的项目要坚决取消并向社会公布；合理的保留，但标准过高的要把标准降下来；重复收取的要予以合并。凡需保留的包括降低标准和合并的项目，要按照管理权限从严重新审批。建立健全向企业的行政事业性收费、罚款、集资、基金项目的审批管理制度。加强对行政事业性收费、罚款、集资、基金的收缴和使用管理的监督，防止截留、挤占和挪作他用。加强监督检查，加大执法力度。要组织力量对重点地区、部门和单位进行重点检查和审计。充分发挥新闻舆论的监督作用。

根据上述《决定》，财政部和国家计委分三批取消了部分不合理的事业性收费。1997 年 12 月 23 日财政部会同国家计委在国务院有关部门自查自纠的基础上，对国务院有关部门直接收取或归口管理的行政事业性收费项目进行了清理，经国务院减轻企业负担部际联席会议批准，决定取消第一批行政事业性收费项目，共计 29 项，分别涉及工商、建设、外贸、交通、外交、公安、税务、保密 8 个部门。1998 年 10 月 14 日财政部、国家发展计划委员会公布取消第二批行政事业性收费项目，共计 20 项，分别涉及文化、公安、建设、旅游、广播电视、林业、口岸 7 个部门，自 1998

---

① 基本做法就是将原村级对农民收取的三项提留和乡镇的五项统筹收费等改为统一征收"农村公益事业建设税"，其税负不得超过农民上年收入的 5%。

年11月1日起执行。1999年12月30日公布取消的第三批收费项目共计20项，分别涉及经贸、交通、劳动和社会保障、新闻出版、海关、环保、外汇、司法部门，自2000年1月1日起执行。

与此同时，根据农村乱收费、乱集资、乱摊派现象屡禁不止，农民税外负担沉重，干群关系紧张，群体性事件时有发生，农民、农业和农村问题成为影响中国城镇化、现代化进程大等重大政治问题的状况，1998年，国务院农村税费改革工作小组成立，开始对农村税费改革工作进行先期调查研究，其办公室设在财政部。

2000年3月2日，中共中央、国务院下发《关于进行农村税费改革试点工作的通知》，决定率先在安徽全省进行农村税费改革试点。2002年3月27日国务院办公厅发布文件《关于做好2002年扩大农村税费改革试点工作的通知》中将这项改革进一步推广到全国20个省份，试点省份分为两类：一类是河北、内蒙古、黑龙江、吉林、江西、山东、河南、湖北、湖南、重庆、四川、贵州、陕西、甘肃、青海、宁夏等16个省、自治区、直辖市，中央财政将向其分配专用于税费改革转移支付资金；另一类是上海、浙江、广东等沿海经济发达省市，它们不享受中央转移支付资金，可以自费扩大改革试点。改革的措施被高度概括为"三个取消，一个逐步取消，两个调整和一项改革"：即取消屠宰税，取消乡镇统筹款，取消教育集资等专门面向农民征收的行政事业性收费和政府性基金；用三年时间逐步减少直至全部取消统一规定的劳动积累工和义务工；调整农业税政策、调整农业特产税征收办法，规定新农业税税率上限为7%；改革村提留征收和使用办法，以农业税额的20%为上限征收农业附加税，替代原来的村提留。

第二节 由"适度从紧"转向"积极"：财政政策担负宏观调控"主角"

一、东南亚金融危机的爆发

（一）东南亚金融危机

1997年7月2日，泰国首先爆发了金融危机，迅速波及马来西亚、新加坡、印度尼西亚、菲律宾、中国香港等国家和地区，使欧洲、拉丁美洲和美国都受到不同程度的影响。这场金融危机的危害之大，超出了人们最初的估计。

东南亚金融危机使我国经济深受影响。一方面，出口需求锐减。亚洲金融危机爆发后，许多亚洲国家和地区的货币大幅度贬值，对我国的产品出口造成很大的压力，1998年后影响加深，出口增幅逐月递减。1998年上半年的外贸出口额为869.8亿美元，同比增长了7.6%，与1997年同期的26.2%和1997年全年的20.9%形成鲜明的对比。其中5月出口下降了1.5%，为22个月以来的首次负增长，1998年全年外贸出口增长0.6%，几乎是零增长。另一方面，外商投资下滑。由于亚洲地区是金融危机的重灾区，1997年亚洲国家对我国直接投资占我国实际吸收外资总量的比例由以往的80%以上降为75.6%，1998年继续下降为68.7%。因此对我国经济运行产生了重大影响，成为影响市场需求不足的重要原因。

（二）从"适度从紧"到"积极"

面对东南亚金融危机所带来的国内市场疲软、社会有效需求不足和经济增长乏力的情况，我国政府决定及时调整宏观经济政策，由"适度从紧的财政政策"转向"积极的财政政策"。

1998年6月16日，《人民日报》发表《财政宏观调控与启动经济增长》的署名文章，提出转变适度从紧的财政政策，转向扩大财政举债规模和财政支出，增加投资，刺激消费，扩大出口，以此促进国民经济增长。1998年7月，国家发展计划委员会发布《关于今年上半年经济运行情况和下半年工作建议》，正式决定实施旨在扩大需求的积极财政政策。1998年8月，全国人大常委会第四次会议审议通过了财政部中央预算调整方案，决定增发1000亿元国债，同时配套增加1000亿元银行贷款，全部用于基础设施专项建设资金，正式启动了积极的财政政策。

在当时，积极财政政策还是一个新生概念，不仅在经济学教科书中没有系统的阐述，而且在各种经济词典或工具书中也找不到有关它的相应解释。然而，事实上，所谓积极财政政策，不过是根据中国人的语言风格所给出的关于扩张性财政政策的富有中国特色的表述。其基本含义，就是指通过扩大财政支出，调整收入分配，使财政政策在启动经济增长、优化经济结构中发挥更直接、更有效的作用。在需求不旺、经济增长乏力阶段，实施积极的财政政策，不需要中间传导过程，时滞短，对经济的拉动作用明显。由于1998年前后我国经济运行及政府财政的实际状况，我国这次积极财政政策主要是通过大量发行国债，扩大公共支出，推动经济增长。而没有采用减免税收，扩大社会需求的方法。1998～2004年国债发行情况可见表7-2。

表7-2　实施积极财政政策期间的国债发行情况（1998～2004年）

项目	1998年	1999年	2000年	2001年	2002年	2003年	2004年
实际发行总额（亿元）	3808.77	4013.30	4153.59	4483.53	5934.30	6153.53	6726.28
其中长期国债发行额（亿元）	1000.00	953.50	1120.00	1320.00	1273.30	1400.00	
还本付息额（亿元）	2245.79	1792.33	1552.21	1923.42	2467.10	2952.23	3542.42
还本付息额占财政收入的比例（%）	22.70	15.70	11.60	11.70	13.10	13.60	13.40
债务余额（亿元）	7765.70	10606.85	13674.00	15618.00	19366.10	23935.10	25777.60
债务余额占GDP的比重（%）	9.90	12.90	15.30	16.00	18.50	20.50	18.80

注：（1）还本付息额2000年以后为还本额。（2）财政收入不包含债务收入。（3）未包括1998年、1999年分别发行的2700亿元特别国债。

资料来源：《中国统计年鉴（2005）》；财政部综合司（打印稿），《1991～2003国家债务变化情况》。

二、积极财政政策：若干评价

从1998年到2004年，在我国积极的财政政策实施了长达7年之久。这次财政政策的制定、实施以及最后结果，都可说是一次有关财政政策介入宏观经济调控并在其中担负主要角色的成功演练。这次实践，在事实上为中国公共财政框架的形成以及进程的加快奠定了很好的基础。

首先，东南亚金融危机波及范围和影响，远远超出了人们的预料，对我国经济运行产生了严重冲击。并且，国内出现了新中国成立后从未见过的供给过剩、市场需求不足的问题。面对内外交困的局面,中央审时度势,及时停止了"九五"计划中制定的"适度从紧的财政政策",从1998年下半年开始,增发国债,扩大政府投资,实施"积极财政政策",抓住了宏观调控的有利时机,为保持经济稳定增长,维护经济社会运行秩序,继续推进经济社会体制改革创造了良好的条件。

其次,在这次积极财政政策实施中,一方面,中央政府主要采取了增发中长期公债,扩大政府公共投资,带动银行信贷和民间投资增长,促进经济增长的措施。公债发行的数量、时机和公债项目的安排,都满足了国家宏观调控的需要。另一方面,政府没有采取减免税收,减轻企业和个人负担,增加社会有效需求,促进经济增长的措施。这是常规扩张性财政政策的主张之一。现在回过头来看,这种选择是正确的。因为,在当时的情况下,减免税措施实施效果存在很大的不确定性,且直接削弱政府宏观调控的能力。这表明我国政府对社会主义市场经济条件下的宏观艺术趋于成熟。

再次,从这次积极财政政策的实施效果分析,既实现了宏观调控的目标,也促进了公共财政建设。比如,国家统计局提供的分析数据表明,1998年、1999年通过增发国债、扩大政府投资规模,拉动经济增长分别达到1.5%和2%,2000年积极财政政策对GDP增长的贡献约为1.7%。再如,政府运用公债资金建成一大批重大基础设施项目,促进了产业结构优化升级,巩固了农业发展的基础地位,推动了区域生产力布局的合理调整。还如,政府利用公债资金用于低收入群体补助等支出,通过直接投入和增加财政转移支付等方式,提高国有企业下岗职工基本生活费和离退休人员基本养老金。并且,建立起了社会统筹和个人账户相结合的城镇居民职工基本养老制度,健全了失业保险制度和城镇居民最低生活保障制度等。

最后,积极财政政策的成功实施,表明财政政策作为政府宏观调控重要手段的地位得到复归和运用,有力地推动了公共财政建设。积极财政政策的成功运用,用事实证明财政政策与货币政策是市场经济条件下同等重要的政策工具,在经济社会发展和政府宏观管理中各有其活动领域,只能相互配合而不能相互替代,更不能相互贬低。拉美等国的经验教训表明,财政危机对国家经济社会发展的危害并不比金融危机来得轻。

中国财政 70 年

第三节　划时代的事件：1998 年全国财政工作会议

在积极财政政策的实施效果日渐显露的同时，财税体制改革也在稳步推进中。1998 年末，每年一度的全国财政工作会议召开。在这一次会议上，收获了一个非同小可、具有划时代意义的重要成果"构建公共财政基本框架"的目标得以正式确立，并由此开启了全力和全面建设公共财政的时代。

一、关于财政改革目标的讨论

构建公共财政基本框架目标的确立，是理论与实践共同推动的结果。改革开放以来，中国学术界从来没有停止过对财税体制改革目标的讨论。1992 年之后，实行"公共财政"的呼声越来越高。这与财税公共化的趋势相结合，对中国财税体制改革产生了积极而深远的影响。

20 世纪 80 年代，在社会主义有计划商品经济改革目标提出之后，对整体改革目标的解读曾有过一段模糊且差异颇大的经历，如有人强调计划经济为主、市场调节为辅；有人则持市场调节为主的看法。反映在财税体制改革目标上，也就有了不同的理解。

陈秉元、徐世友（1985）认为，具有中国特色的新财政模式应当是，在国家统一政策法令下"分灶吃饭"、开放式、经营管理型财政。何振一（1987）在讨论新时期财政分配模式时，指出需要变革财政分配模式。他认为，放权让利没有触动旧的财政分配格局。全方位服务是财政分配模式变革的方向。历史上由于过分强调财政生产性造成的消极后果至今没有完全消除，这一教训是不应忘记的。因此，在新的时期，财政分配既不能以吃饭型为模式，更不能坚持旧的生产型模式，而应当以纠正财政分配职能上的偏颇和残缺不全为改革重点，向按比例的全面满足社会共同需要的全方位服务型模式转化。与此同时，市镇财政应向公共财政转变。

张振斌、解学智（1986）对有计划的商品经济下的财政转轨问题进行了研究。在他们看来，经济体制模式从产品经济转向有计划的商品经济，

第七章
目标定位：构建公共财政框架

要求财政从传统的"大财政"转到适应社会化商品经济的"小财政"上来，要求财政实现从"生产性财政"到以公共需要为主的"公共需求财政"的转变。张振斌（1989）在回顾十年财政体制改革的基础之上，适应"国家调节市场、市场引导企业"的新要求，提出要确立公共需求型和经济建设型相统一的财政类型。王绍飞（1991）认为，有中国特色的社会主义财政新模式，应该是以公有制为主导，适应商品经济发展的客观需要，具有调节功能，使中央和地方都有相应财力，能促进国民经济持续、稳定、协调发展的模式。

一些学者在讨论经济体制改革和财政体制改革问题时，提出中国财政应转向"公共财政"。高文舍、高拴平（1987）认为，要搞活（国有）企业，财政应退出直接生产领域，要实现收支范围的调整和功能的转换，要向"公共财政"方面转变。蒋一苇（1989）在讨论社会主义社会"投资饥渴症"的治理之策时，提出政府的财政应实行"公共财政"，把税收用于公共开支和对公共设施的投资，不用于对营利性企业的投资。晋自力（1989）将（国有）企业财务约束软化的原因归结为国家作为所有者的行为同政府行为（主要指公共财政行为）交错，提出将国家作为所有者的行为同公共财政行为分离开来的改革思路。《中心城市的综合改革研究》课题组（1989）提出，在企业内部举办的社会福利事业广泛推行独立核算、自负盈亏的改革，同时中心城市政府要积极准备实行公共财政体制。争取在第二阶段，使企业举办的社会事业从企业中独立出来，纳入中心城市政府的公共财政，转由中心城市政府举办。杨斌（1989）认为，在国家层次上"两权分离"的前提下，生产财政就转变为公共财政。王雍君、吴强（1990）在研究中国财政困境对策时，指出增收节支并非治本之策。在他们看来，造成中国财政困境的根本原因在于财政包揽一般工商经济，因此财政应从工商经济领域退出，只承担那些市场不愿提供或市场不宜提供或市场无力提供的社会公共产品和公共服务，走公共财政的道路。

陈喜强（1991）认为，中国有计划商品经济下的国家财政不仅仅是公共财政，而且还作为生产资料全民所有制的代表参与社会生产活动。邵红烈（1991）从国家职能与财政职能的关系出发，论证了初级阶段财政既是消费性财政或公共财政，又是生产性财政、建设性财政的观点。

但也有学者不赞同中国实行公共财政。梁尚敏（1985）区分了多种形式的财政模式，认为应立足中国国情，建设有中国特色的社会主义财政。马国贤、郭代模（1986）在讨论财政宏观调控问题时，指出财政对一般企业的直接投资的减少，只是一种政策调整，中国财政不应该转向公共财政。赵赴越、黄瑞新（1991）认为，"公共财政论"是与计划的深入和强化不相适应的，其影响导致财政状况不断恶化。于中一（1991）认为，中国财政不是"公共财政"，更不是"吃饭财政"，社会主义生产和流通是财政分配的主要服务对象。

然而，在邓小平南方谈话和党的十四届三中全会的影响下，社会主义市场经济观念迅速对财政界产生了影响。

1992 年 7 月 29 日 ~ 8 月 3 日，中国财政学会在辽宁抚顺召开"全国第六届财政基础理论讨论会"。此次会议受到邓小平南方谈话的影响，对财政改革的目标模式进行了讨论。《中央财政金融学院学报》1992 年第 5 期发表齐力、岳福斌整理的《全国第六届财政基础理论讨论会综述》。根据该综述，此次讨论会上有一种观点认为，在运行模式上，财政应该从"生产建设型"转到"公共财政型"模式上来。

邓子基（1992）认为，在运行模式上，财政应该从"生产建设型"转到"生产建设型"同"公共财政型"相结合上来。他认为，公共财政（public finance）的基本内涵，是指由政府出面，向全社会提供那些难以受市场力引导的，具有消费上的非排他性特征的公共产品和服务。他认为，当时中国特区财政基本上就属于公共财政型，但从全国范围来说，是不可能像西方国家那样搞纯"公共财政"的，其原因是中国是社会主义公有制国家，政府必须要以一定的方式管理国有经济，必然要凭借财产权利参与国有企业利润的分配并关心国有财产的保值和增值。由"生产建设型财政"转向"生产建设型财政"与"公共财政"相结合，就意味着国家财政要减少对营利性项目的投入，而主要参与那些无利、微利但又关系到国民经济全局的项目；同时，国家财政中的"公共"型成分应该适当增加，财政在为全社会提供公共产品和服务方面可以扮演更重要的角色。实际上，这也是与深化经济改革和转变政府职能的基本要求相一致的。

安体富和高培勇（1993）直接从社会主义市场经济改革目标出发，讨论了国家财政的职能范围，认为计划经济体制下的财政可以称为"生产建设财政"，而在市场经济条件下，由于社会资源的主要配置者是市场，不是政府，财政的职能范围相对于计划经济条件的财政职能范围来说是小而窄的，此时的财政可称为"公共财政"。

叶振鹏和张馨（1993）在借鉴西方财政学的基础之上，提出"双元（结构）财政论"，即适应社会主义市场经济条件的财政模式是由"公共财政"和"国有资产财政"所组成的财政模式。前者是指在市场失效范围内活动的财政，而后者是在市场有效范围内活动并以营利为目的的财政。叶振鹏和张馨（1995）对"公共财政"作了一些基本分析。张馨（1997a）对"公共财政"进行了系统的分析。张馨（1997a）认为，"公共财政"是与市场经济相适应的财政；它重在提供"公共服务"；与之相对应的是"家计财政"（私人财政）。张馨（1997b）进一步对"公共财政"作了说明，指出"公共财政"与"国家财政"的区别和联系。在他看来，国家财政可以看做一种财政类型，当将它视为一种财政类型时，它是与公共财政并列的；国家财政也可以被视为对财政本质的一种表述，此时它可以涵盖公共财政、家计财政（私人财政）以及作为一种财政类型的"国家财政"。

二、改革目标终于定位于公共财政

同学术界围绕改革目标问题的讨论相伴，在财税实践领域，改革的日益深化也将人们的认识带上了新的高度。

无论是财政支出方面的调整，还是以"税费改革"为代表的收入方面的变动，所涉及的，终归只是财税体制及其运行机制的局部而非全局。局部的或在限于某方面上的改革固然重要，但毕竟属于零敲碎打型。若没有作为一个整体的财税体制及其运行机制的重新构造，并将局部的或限于某方面上的改革纳入到整体财税体制及其运行机制的框架之中，就不可能真正构建起适应社会主义市场经济的财税体制及其运行机制。于是，将包括收入、支出、管理以及体制在内的所有财税改革事项融入一个整体的框架之中，并且，作为一个系统工程加以推进，便被提上了议事日程。

这显然需要财税改革总体目标的定位。在当时，人们也发现，能够统领所有的财税改革线索、覆盖所有的财税改革事项的概念，除了公共财政之外，还找不到任何其他别的词汇担当此任。学术界围绕公共财政问题的讨论与实践层为改革总体目标定位的需要对接在一起，将公共财政作为财税体制改革的总体目标加以定位，也就成为一件自然之事。

其实，早在1994年前后，在一次财政改革的电视讲座中，时任财政部副部长的项怀诚便明确提出过"公共财政"概念。时隔4年之后，1998年上半年，当面临东南亚金融危机袭扰的时候，转任财政部部长的项怀诚又强调了这个概念（贾康，2001）。这些，对于公共财政走入改革实践层面，显然是一种极好的铺垫。

1998年12月15日，每年一度的全国财政工作会议在北京召开。有别于以往，除了经常性的工作之外，这次会议被赋予了一个特别重要的使命——为中国财税体制改革的总体目标定位。时任中共中央政治局常委、当时主管财政工作的国务院副总理李岚清到会，并且代表中共中央明确宣布，要"积极创造条件，逐步建立公共财政基本框架"。他在会上还指出，保证公共支出应当作为财政的首要任务，这是实行社会主义市场经济的基本要求。在财力有限和需求不断增长的条件下，应当合理确定公共支出的范围，并实施坚决而有效的管理。要通过财政立法，贯彻公平分配，依法理财，依法监督，以促进收入分配公平合理、社会保障能力增强、市场竞争有序进行。国家主要通过预算、税收政策、国债等，参与调节宏观经济，促进地区经济协调发展。各级财政对国有企业，要从直接管理向间接管理转变，对国有资产应实行国家统一所有、政府代表分级分类监督、企业依法自主经营的方法，促使国有资产保值、增值。同时继续有重点、有步骤地调整财政支出结构，逐步向公共财政的职能转变。[①]

时任财政部部长的项怀诚也在那次会议上提出，要转变财政职能，优化支出结构，初步建立公共财政的基本框架。他认为，从总体上讲，调整和优化支出结构，实现财政职能转变，建立公共财政的基本框架，必须符

---

① 孙杰、李建兴：《李岚清在全国财政工作会议上要求深化改革振兴财政确保明年财税目标实现》，载于《人民日报》1998年12月16日。

合市场经济的一般规则。财政预算的范围、结构和方法必须与政府职能的范围和方向相适应,要充分体现满足社会公共需要、服从政府职能转变以及与我国国情及财力水平相适应的原则。调整和优化支出结构要有紧迫感。财政资金要逐步退出生产性和竞争性领域,各级财政都要大幅度减少财政预算中的生产性基建投资和企业挖潜改造资金;调整下来的资金要用于保证国有企业下岗职工基本生活和再就业经费等目前急需安排的重点支出。[1]

1998 年全国财政工作会议正式确认公共财政建设目标,意味着有关社会主义市场经济条件下财政改革方向的争论告一段落,这是我国改革开放进程中具有里程碑意义的事件,表明国家对财政与市场经济关系,财政在经济和社会转型时期的功能,有了更高层次的认识。

正是从那个时候起,作为整个财税体制改革与发展目标的明确定位,带有整体改革布局性质的公共财政框架的构建,正式进入到财税体制改革的轨道和政府的议事日程之中。

三、构建公共财政体制框架的深远影响

"财政既是一个经济范畴,又是一个政治范畴,事关治国安邦、强国富民。因此,推进与社会主义市场经济发展相适应的公共财政改革,不仅是一项重要的经济体制改革,而且还是一项重要的政治体制改革,有利于规范政府行为,促进政治稳定和社会稳定"(李岚清,2002)。

构建公共财政体制框架,对经济、社会和政治发展都将产生巨大的保障和推动作用,对规范政府与企业和个人的分配关系,以及提高公共资金的管理效率,构建公共服务型政府,都将产生深远的影响。构建公共财政体制框架,不只是财政收支结构和范围的简单调整,更重要的是财政所代表的政府活动范围的调整。对财政活动范围的界定,代表了对政府活动空间的限定以及对市场作用的尊重。从这个意义上说,构建公共财政体制框

---

[1] 项怀诚:《项怀诚同志在全国财政工作会议上的讲话(1998 年 12 月 13 日)》,载于《中国财政年鉴1999》,第 707~713 页。

架，表明财税改革不仅仅是经济体制改革的一个组成部分，而且还构成了政治体制改革的重要内容，将为中国的长治久安和繁荣发展打下坚实的制度基础。

公共财政框架的构建，是继 1994 年财税体制改革之后，中国财税经济领域力度较大、范围甚广的一项根本变革，它已经并正在对中国的经济社会发展产生一系列积极而深远的影响：

（1）公共财政概念的提出以及公共财政柜架的构立，财税的公共化改革趋势将不会逆转。

改革开放以来，财税体制改革虽然表现出公共化的趋势，但对于财政改革的目标是什么，一直没有较为清晰的界定。在这种情况下，财税体制改革经常是与财力的不足联系在一起的。当国家财力面临困境的时候，财税体制改革的压力就更大一些。而内在的支撑着财税公共化改革的趋势则容易被忽略。1994 年的改革最直接的原因，是为了"振兴财政"，提高"两个比重"（财政收入占 GDP 的比重和中央财政收入占全国财政总收入的比重）。财税制度的设计考虑了财力因素。但与此同时，如何促进全国统一市场的形成，如何保证不同市场经济主体之间的公平竞争，已进入决策层的视野。统一内外资企业的流转税税制，实现内资企业所得税制的统一，统一个人所得税制，等等，都旨在为各种市场经济主体提供公平竞争的环境。分税制在税种的划分时，直面导致市场封锁的"诸侯经济"，在一定程度上纠正了财政包干制的一些弊病。但是，1994 年的财政改革没有涉及财政支出，没有对财政支出制度与财政支出结构的调整做出明确的规定。这样，一旦财政状况好转的目标实现，改革者一定程度上就面临逆转的危险。公共财政改革目标的确立，意味着市场与政府之间界限的确立，意味着政府财政收支活动边界的确立，也意味着多年来财税的公共化改革趋势得到认可并将得到保持。

（2）当公共财政框架作为中国财政改革与发展的目标得以明确下来之后，财税体制改革蓝图基本绘出；财税体制改革缺乏统一规划的局面终于被打破，财税制度的调整有了较为明确的依据。

不仅财政支出结构的调整被纳入整个财税体制及其运行机制的调整框架，过去的那种多少带有被迫性的选择也已逐步转变为有目标的自觉行动。所以，财政支出结构调整的步子加快了，力度也加大了。比如，基本建设支出，过去一向占整个财政支出的较大比重。现在，这个比重数字，已经从 1979 年的 38.70% 一路下滑到 2005 年的 12.77%；2006 年更下滑至 11.33%。再如，科教文卫事业支出，过去在整个财政支出中的占比并不高。1979 年的时候，仅为 11.52%，大大低于基本建设支出的占比。到 2005 年，这个比重数字已经超过基本建设支出而增长至 19.29%；2006 年该比重达到 19.16%。诸如此类的例子还有很多。可以看出，中国的财政支出结构的确在朝着公共财政的方向迈进。财政与企业和个人之间的关系，也逐步得到明确，财政收入制度与分税制财政体制的进一步完善摆上议程，财政的宏观调控空间也非常清晰。从此，财政改革从分散的零敲碎打的改革，走向整体系统；财政的公共化改革由自发转向自觉，财政改革进一步加快。

（3）公共财政改革目标的确定，全面细致公开透明的部门预算改革与旨在改变"雁过拔毛"、提高财政资金效率的国库集中收付制度，以及其他财政改革，不仅仅在财政制度的规范化上具有历史意义，而且还进一步推动了中国的政治民主化进程，为中国的长治久安和繁荣发展打下了制度基础。

实行公共财政，构建公共财政框架，便意味着社会成员的切身利益同政府的收支行为直接挂钩。因此，社会成员对政府收支的监督意识已经萌发并在逐步增强。正是在这样的背景下，政府财政部门推出了一系列旨在规范政府收支行为及其机制的举措。

如编制部门预算，初看起来，只不过是以各个政府部门为单位，将其所有收支（包括预算内收支、预算外收支，甚至包括某些制度外收支）纳入到一个统一的预算之中。但它实际上是一种过渡性办法，是在各种既得利益格局阻碍编制完整统一的政府预算的制约下而做出的暂时妥协。有了这个基础，今后再往前走一步，最终将形成一个覆盖所有政府收支、不存在任何游离于预算之外的政府收支项目的完整统一的公共预算。

再如，实行国库集中支付制度和政府采购制度，其初衷是通过统一管理财政资金，提高财政资金运作的透明度，从而避免以至杜绝财政资金的滥花、滥用，铲除各种腐败滋生的土壤。还如，实行税费改革，其目的并不在于将一部分政府收费改为收税。而是以此为契机，将政府取得收入的行为及其机制纳入规范化轨道。可以预期，沿着这个路子走下去，中国政府收支行为及其机制的规范化，是有可能得以实现的。

（4）构建公共财政框架，成为中国进一步改革的新动力。

在公共财政框架背景下，市场失效成为财政干预的前提条件。中国是一个从计划经济向市场经济转型的国家，市场经济能否建成，能否建好，在很大程度上取决于政府能否从竞争性领域退出，财政支出能否不再支持竞争性国有企业的发展。公共财政改革目标确定之后，政府退出竞争性领域有了制度性保障，这为中国市场经济的发展奠定了制度基础。政府的职能要转变，推动科学发展、实现社会和谐成为改革的应有目标。财政不能再大包大揽，而应将更多的资源用于提供公共物品和公共服务，重点加强科技、教育、卫生、文化、社会保障、环境保护等公共服务领域，克服市场失灵，解决市场机制失灵所产生的收入分配不公、区域发展不平衡、资源破坏环境恶化等问题，满足公共需要，化解社会矛盾，实现和谐发展、可持续发展。财政改革不再只是由财政压力推动，致力于公共财政制度建设成为财政改革的新动力。

（5）公共财政改革目标的明确，为促成传统观念的转变搭建了一个很好的平台。

按照公共财政框架的要求，政府只应着眼于满足公共需要，而不应从事营利性的投资活动。从发展方向看，财政无论如何要从竞争性领域退出去。这便在事实上向各级政府部门传递了一个明白无误的信息：今后政府所应着眼的促进经济发展的措施，主要是为整个经济的发展提供制度保证和必要的基础设施或公共设施。应当看到，由于"财政支出到位之处，才是政府履行职能之地"，公共财政框架的构建以及为此而推出的一系列配套措施，事实上形成一个转变传统观念和规范政府职能的强大推动力。

第四节　着眼自身改革：预算管理制度改革迈出关键步伐

以构建公共财政基本框架目标的确立为契机，我国在预算管理制度方面推出了一系列改革举措。

一、部门预算改革

预算是财政资金运行的总枢纽，从2000年开始的中央部门预算改革，从规范管理入手，使预算编制和执行更加公正、公平、公开，管理进一步"公共化"，这是构建公共财政框架的重要内容，也是1994年实行"分税制"财政管理体制以来，在财政支出管理体制方面所进行的又一项制度创新。

目前在中央及省级政府预算管理中，已基本实现了"一个部门一本预算"、提前编报和批复预算、细化预算、增加透明度、强化预算监督等阶段性工作目标，初步建立起一个统一、规范的部门预算框架。从编制范围看，部门预算涵盖了部门或单位的所有收入和支出，不仅包括财政预算内资金收支，还包括各项预算外收支、经营收支以及其他收支；从支出角度看，部门包括部门或单位所有按功能分类的不同用途的资金；从编制程序看，部门预算是汇总预算，它是由基层预算单位编制、逐级汇总形成的。从细化的程度看，部门预算既细化到了具体预算单位和项目，又细化到了按预算科目划分的各项支出功能。

二、预算管理技术改革

在推行部门预算的同时，我国在零基预算、政府采购预算、国有资本金预算、绩效预算等预算管理技术方面，也进行了探索。

（一）零基预算

零基预算（ZBB），是指不考虑过去预算项目和收支水平，以零为基点编制的预算。零基预算主要是作为计划工具，而不是控制或评估的工具。零基预算最早在美国试行。20世纪80年代末至90年代中期，我国在部分省级财政如安徽、河南、湖北、云南以及深圳等地区开始试行零基预算制度，并取得了一定成效。

(二) 国有资本金预算

实行国有资本经营预算,是国家以所有者身份取得企业国有资本收益,用于支持实施产业发展规划、国有经济布局和结构调整、企业技术进步,补偿国有企业改革成本以及补充社会保障。国有资本经营预算包括收入和支出两部分。收入包括企业的分红、国有独资公司上缴利润、国有产权处置收入等。支出包括补充重要国有企业资本金、新的战略投资、一些困难企业的退出成本等。2007年5月30日召开的国务院常务会议,决定从2007年开始在中央本级试行国有资本经营预算。2007年试行的国有资本经营预算将按照"适度、从低"的原则进行,"分红率也将大大低于证券市场的平均分红水平",从试行范围看,国资委监管的中央企业2007年试行,烟草企业2008年也开始实行,而铁道企业暂时不实行。

(三) 绩效预算

绩效预算最早在美国等国试行,在编制绩效预算的过程中,要求预算有众多规划项目所组成,每个项目需要以绩效目标为基础进行成本估计,择优列入预算。党的十六届三中全会提出"建立预算绩效评价体系"的要求后,我国在推进财政支出绩效考评方面做了一些探索性的工作,包括制定有关绩效考评管理办法,选择一些预算安排的重大支出项目进行绩效考评试点等。2005年制定了《中央部门预算支出绩效考评管理办法(试行)》,对绩效考评对象的选择、绩效考评指标的制定、绩效考评结果的运用等做出了原则性的规定。

在中央财政推进绩效考评工作的同时,一些地方财政部门也积极开展这项工作。如湖南省出台了《湖南省财政支出绩效评价管理办法(试行)》,并选择"贫困地区第二期义务教育工程"等项目进行绩效考评试点;广东省出台了《广东省财政支出绩效评价试行方案》,并选择"高校基本建设财政贴息贷款"等项目进行试点。这些试点工作在加强财政支出管理、提高财政资金使用效率和效益方面,都发挥了积极的作用。

从预算改革趋势分析,实施绩效预算是加强财政支出管理的必然要求。目前,由于各方面条件不够成熟,改革尚处于探索阶段。今后,我国将不断总结试点经验,完善有关制度,按照统一规划、分步实施的原则,逐步建立起与公共财政相适应、以提高政府管理效能和财政资金使用效益为核心，科学、规范的公共支出绩效考评制度体系，为远期引入绩效预算探索道路。同时，在条件成熟时，绩效考评结果要向社会公开，接受社会公众的监督。

三、国库集中收付制度

国库是政府预算的重要执行机构，国库管理也是政府宏观管理的重要政策工具。在传统国库制度下，机构设置不到位，在收入方面，多头设置账户，财政资金收入滞后，给财政收入带来了应缴未缴和此项目变为彼项目的问题。在支出方面，财政资金分层次、多重设置银行账户，资金层层转拨，财政资金支付迟缓，资金分散拨款环节多、周期长、资金挪用、浪费和违规使用现象普遍，且财政资金过早流出国库，减少了宏观调控的可用财力。同时，资金运行信息反馈不充分，不能满足政府宏观调控的需要。因而，国库宏观调控职能弱化制约了预算改革进程。

针对传统国库制度存在的问题，我国从2001年推行了国库集中收付制度改革。这次改革按照社会主义市场经济体制下公共财政的发展要求，借鉴国际通行的做法和成功经验，结合我国具体国情，建立和完善以国库单一账户体系为基础，资金缴拨以国库集中收付为主要形式的财政国库管理制度，进一步加强财政监督，提高资金使用效益，更好地发挥了财政在宏观调控中的作用。建立的国库单一账户体系包括：国库单一账户；零余额账户；预算外资金财政专户；小额现金账户和特设专户。改革规范了收入收缴程序，即直接缴库和集中汇缴两种。更为重要的是规范了支出拨付程序，即直接支付和授权支付。

第五节 加入世界贸易组织：为公共财政建设添加"驱动程序"

在经济全球化的大背景下，经过多年的艰苦努力，我国于2001年正式成为世界贸易组织（WTO）的成员方。这意味着，我国在加快融入世界经济一体化的同时，也为公共财政建设添加了一个重要的"驱动程序"。

一、世界贸易组织规则与财税改革

世界贸易组织（WTO）成立于1995年1月1日，其前身是关贸总协定，宗旨是执行多边贸易协定，作为多边贸易谈判的场所，设法解决贸易争端，监督各国贸易政策，与其他参与全球经济决策的国际组织合作。

（一）世界贸易组织规则

作为"经济联合国"的世界贸易组织，其遵循的规则主要有：

（1）非歧视性原则。非歧视原则的另一种表现形式被称为"国民待遇"，它要求一旦货物进入一国市场就必须得到与境内生产的同类货物同样的待遇，这就是关贸总协定的第3条。

（2）可预见和不断扩大的市场准入原则。各国政府建设多边贸易体制的目的，在于向投资者、消费者提供一个有益于鼓励贸易、投资和创造就业的环境，以及具有可选择性和低廉价格的市场。这样的市场必须是稳定和可预见的。

（3）促进竞争的原则。世界贸易组织是一套旨在保护公平、公开和公正竞争的规则体系。

（4）鼓励发展与经济改革的原则。3/4以上的世界贸易组织成员，都是发展中国家或是处在从非市场经济向市场经济改革过程中的国家，因而其规则中有对发展中国家，特别是"最不发达国家"的照顾性措施。①

（二）跟进的财税改革举措

政府财政管理体制和制度，是市场经济运行的重要规则。我国成为世界贸易组织成员方后，政府财政管理体制和制度也必须遵守上述规则，从而对政府财政管理体制和制度提出了严峻挑战，成为这一时期财政体制改革和公共财政建设的重要推动力。

（1）在认真清理财税法律、法规和规章制度的基础上，需继续修改财

---

① 杜厚文：《世界贸易组织规则与中国战略全书》，新华出版社1999年版，第747~754页。

税法律、法规、规章制度中与世界贸易组织规则及中国政府对外承诺不一致的内容，制定符合世界贸易组织规则的财税法律、法规和规章制度，不断提高财政管理的法制化水平。

（2）需进一步清理规范行政审批，对能够用市场机制动作代替行政审批的项目，通过市场机制来处理，加快转变政府对经济的管理方式。

（3）需按国际惯例进一步提高财政透明度，财政部门出台的政策和规章制度应通过《中华人民共和国财政部文告》等对外公开发布。

（4）对各类财税优惠政策和财政补贴政策进行全面清理，取消针对个别企业和地区的财税优惠政策，取消不符合中国政府对外承诺和世界贸易组织规则要求的财政补贴方式，并针对加入世界贸易组织可能给中国经济带来的影响，在世界贸易组织有关原则和协议允许的范围内，研究采取对国内重要产业的财税保障措施，以促进国内产业健康发展和维护社会稳定。

二、加入世界贸易组织过渡期的应对策略与成效

在我国加入世界贸易组织后，在规定的过渡时期内，我国政府采取了各项应对措施，兴利除弊，既逐步实现了我国经济运行与世界经济发展的对接，国内市场与国际市场的结合，又维护了国内经济社会发展正常秩序，特别是对农业、汽车、电信等行业给予了关注，保证了入世前期的平稳过渡。在政府财政方面，主要采取的措施有：

（1）按世界贸易组织规则要求逐步降低关税水平，同时积极调整关税的税率结构。根据我国政府入世承诺以及国家经济社会发展的需要，我国关税总水平从2001年年末至2005年，开始了连续4年大幅度、大范围的下调：2002年，关税总水平由入世前的15.3%大幅下降到12%；2003年，又下降一个百分点，降至11%；2004年，再次下降至10.4%；2005年，继续下调至9.9%。到2006年，虽然我国又进一步降低了部分国外产品的进口关税，但由于税率下降幅度和税目数都有明显的减少，对关税总水平影响不大。目前，我国关税总水平为9.9%，其中农产品平均税率15.2%，工业品平均税率9.0%，全部低于原先设定的2005年时关税总水平降至

10.1%，农产品平均税率降至15.5%，工业品平均税率降至9.3%的承诺。①

（2）按国民待遇原则或无歧视原则，规范我国的减免税政策。对于明显不符合世界贸易组织规则的税收优惠政策进行了清理，对2000年前后陆续到期的各项税收优惠政策，大部分停止执行，恢复征税。

（3）根据世界贸易组织规则，及时清理了各项财政税收制度、规章，废除了过时的制度、规章、修改了不符合世界贸易组织规则的制度、规章，并积极做好创造条件，统一内外资企业税收制度的工作。国务院于2006年12月颁布了《中华人民共和国车船税暂行条例》，从2007年1月1日起执行，统一了对内征收的车船使用税，以及对外征收的车船使用牌照税。2007年3月完成了统一内外资企业所得税的立法程序，由全国人大颁布了《中华人民共和国企业所得税法》（以下简称《企业所得税法》），从2008年1月1日起实施。

（4）研究、制定了扶持农业、汽车、信息、金融等易受冲击产业的财政政策。根据世界贸易组织规则和我国产业发展的实际状况，制定和实施了各项产业政策，提升产业国际竞争力，适应加入世界贸易组织后国内国际市场供求关系的变化。在农业方面，通过支持农业产业化经营、农业综合开发为重点的财政政策，提高农业产业竞争力，有效解决农业生产中的家庭生产模式与国内外大市场的矛盾。在汽车、信息产业等领域，通过制定和实施财税优惠政策，加快国有企业改革步伐，推进企业改革、改制和重组，提高产业在国内外市场的竞争力。在金融改革方面，利用发行特别国债的方式，提高了国有银行的自有资本金比率，还利用财政税收政策支持国有银行剥离不良资产、化解金融风险，推进现代企业制度改革，积极应对如实对我国金融企业的挑战。

（5）充分利用世界贸易组织规则中关于反倾销税、反补贴税等促进贸易自由公平的手段，保护我国民族产业，维护国家经济安全。入世后，一方面，我国政府履行入世承诺，遵守世界贸易组织规则，赢得了世界贸易组织成员方的好评；另一方面，充分利用世界贸易组织规则中关于反倾销税、反补贴税等促进贸易自由公平的手段，打击各种倾销、违反世界贸易

---

① 史晓龙：《中国入世5年以来税率不断下调 关税逐年增长》，载于《中国税务报》2006年12月12日。

组织规则的不正当竞争行为，维护国内市场秩序，保护我国民族产业不受损害，取得了较好效果。

（6）健全财政宏观调控职能，实行积极的财政政策，促进经济稳定增长。根据当时的国际经济环境和国内经济发展的要求，中国政府决定在1998～2004年实施积极的财政政策。发行长期建设国债，主要用于西部开发项目、重点企业技术改造，以及南水北调、京津水资源保护工程、农村基础设施、政法、教育部门所需基础设施等方面的建设继续适当提高机关事业单位职工基本工资，并相应增加机关事业单位离退休人员离退休金，进一步扩大居民消费。充分发挥国债、税收、收入分配、财政贴息等政策的组合效应，通过多种渠道扩大和培育内需，从而推动了国民经济的增长，政府财政收入增加，增强了应对加入世界贸易组织后对我国经济社会发展冲击的能力。

第六节 "两条保障线"：打造社会保障的营盘

市场经济离不开完善的社会保障制度。搞市场经济，就要建立完善的社会保障制度。所谓社会保障制度，是指公民在年老、失业、疾病等原因，暂时或永久丧失劳动能力时，从社会获得基本生活保障的制度。社会保障制度一般由政府按国家有关法律制度组织实施，主要包括社会保险、社会救济、社会福利和优抚安置等。列入社会保险的项目主要有：养老保险、失业保险和医疗保险等。

从20世纪80年代起，我国就根据经济体制改革及商品经济、市场经济发展的需要，着手社会保障制度的改革。1994年财税改革以后，改革的力度和步子明显加大。随着围绕公共财政建设而采取的若干重大改革举措的实施，我国的社会保障制度改革，也取得了重要进展。

一、社会保险体系中的财政职责

（一）养老保险

为适应市场经济发展，改变企业职工养老保险由国家、企业承担的办法，加快企业制度改革，培育劳动力市场，国家于 1982 年在四川自贡市进行了养老保险社会统筹的试点。1991 年 6 月，国务院颁布《国务院关于企业职工养老保险制度改革的决定》，要求改变养老保险完全由国家、企业包下来的办法，实行国家、企业、个人三方共同负担，职工个人也要缴纳一定的费用。

1997 年，国务院颁布的《国务院关于建立统一的企业职工基本养老保险制度的决定》规定，基本养老保险实行社会统筹与个人账户相结合的原则。企业缴费比例不得超过工资总额的 20%，个人缴费比例为 5% 左右（最终达到 8%）。个人账户按本人缴费工资的 11% 建立，个人缴费全部计入，其余从企业缴费中划入。

1998 年 6 月，国务院又决定，加快实行企业职工基本养老保险省级统筹，并将铁道部、交通部、信息产业部（原邮电部部分）、水利部、民航总局、煤炭局（原煤炭部）、有色金属局（原中国有色金属工业总公司）、国家电力公司（原电力部）、中国石油天然气集团公司和中国石油化工集团公司（原石油天然气总公司部分）、银行系统（工商银行、农业银行、中国银行、建设银行、交通银行、中保集团）、中国建筑工程总公司的基本养老保险行业统筹移交地方管理。按照国务院的要求，在 1998 年年底以前，各省、自治区、直辖市都要实行企业职工基本养老保险省级统筹，建立基本养老保险基金省级调剂机制。调剂金的比例，可以保证省、自治区、直辖市范围内企业离退休人员基本养老金的按时足额发放为原则。到 2000 年，在省、自治区、直辖市范围内，要基本实现统一企业缴纳基本养老保险费比例，统一管理和调度使用基本养老保险基金。对社会保险经办机构实行省级垂直管理。省级统筹的范围包括省、自治区、直辖市（含计划单列市、副省级城市、经济特区、开发区等）内的国有企业、集体企业、外商投资企业、私营企业等城镇各类企业及其职工。城镇个体经济组织及其从业人员也应参加基本养老保险并纳入省级统筹。从 1998 年 9 月 1 日起，实行基本养老保险基金差额缴拨的地区，要改变基金结算方式，对企业和职工个人全部征收基本养老保险费，对企业离退休人员全额支付基本养老金。各省、区、市要积极创造条件；加快实现企业离退休人员基本养老金的社会化发放，推进社会化管理进程。目前，养老保险基金已纳入财政预算管理。各级财政部门也普遍建立了相应的社会保障财务管理机构。

（二）医疗保险

在传统经济体制下，国有行政事业单位实行公费医疗制度，费用由财政拨付。国有企业职工的医疗费用虽由企业支付，但由于实行统收统支的管理办法，实际同公费医疗没有多大差别，最终仍是由国家财政负担。这种制度的弊病在于，管理漏洞多，浪费大，国家财政负担重，难以适应市场经济发展的需要。所以，从1984年起，国家在公费医疗单位实行定额包干、超定额部分按一定比例报销的办法，在部分城市的企业实行了大病医疗费用社会统筹的办法。

党的十四届三中全会确立了我国职工医疗保险制度改革的目标是，建立社会统筹与个人账户相结合的社会医疗保险制度。在此之后，医疗保险制度的改革迈上了一个新台阶。

1994年，国务院开始在镇江和九江进行医疗体制改革试点，取得了明显的成效。1996年年初，国务院在总结九江、镇江两市的医疗保险改革试点经验的基础上，扩大试点范围。在每个省、自治区选择两个大中城市进行医疗保险制度改革试点，加快医疗保险改革的步伐。以此为基础，1998年，国务院出台了《国务院关于建立城镇职工基本医疗保险制度的决定》。其原则是：基本医疗保险的水平和方式要与社会主义初级阶段生产力发展水平相适应，保障职工基本医疗；基本医疗费用由国家、用人单位、职工三方合理负担，单位缴费率为职工工资总额的6%左右，职工缴纳本人工资收入的2%；遏制医疗费用的不合理增长，减少浪费；基本医疗保险实行属地管理。机关、企业、事业单位及其职工和城镇个体劳动者都要参加基本医疗保险。

（三）失业保险

新中国成立以后，我国曾长期实行"低工资、高福利、高就业"的模式，政府包揽城镇职工就业。随着改革的深化，这一模式逐步被打破了。建立新的、同市场经济体制相适应的失业保险制度，便成为各级政府的重要议题。1986年，国务院颁布了《国营企业职工待业保险暂行规定》，实行职工待业保险制度。待业保险基金的主要来源是，企业按照其全部职工标准工资总额的 1% 缴纳待业保险基金，基金利息和地方财政补助是其辅助来源。1993 年，国务院颁布《国有企业职工待业保险规定》。待业职工由 1986 年规定的四种人扩大到七种人。1998 年，国务院又发布了新的《失业保险条例》，对失业保险的缴费比例进行了调整。企业缴费为工资总额的 2%，个人缴费为工资总额的 1%。职工失业后，可以按缴费年限享受 12~24 个月的失业救济。除失业保险外，中共中央和国务院还于 1998 年 6 月联合发布了《关于切实做好国有企业下岗职工基本生活保障和再就业工作的通知》，要求普遍建立再就业服务中心，保障国有企业下岗职工基本生活。到"十五"末期，国有企业下岗职工基本生活保障制度向失业保险制度并轨基本完成，社会保险覆盖面继续扩大，保障能力明显增强。

二、城镇居民最低生活保障线与财政职责

随着国有企业改革的不断深化，下岗分流职工增加，部分城镇职工家庭生活困难的问题日益突出。各城市陆续建立了最低生活保障制度，资金由国家财政拨付，民政部门负责实施。1993 年 6 月 1 日，上海市率先建立城市居民最低生活保障制度。在 1994 年召开的第 10 次全国民政工作会议上，民政部肯定了上海的经验，并提出了对城市社会救济对象逐步实行按当地最低生活保障线标准进行救济的改革目标。后来，在试点的基础上，许多城市相继建立了最低生活保障制度。

1997 年 9 月，国务院颁布了《国务院关于在全国建立城市居民最低生活保障制度的通知》（以下简称《通知》），对保障对象的范围、保障标准、保障资金的来源和有关政策措施做出了明确规定。根据《通知》的要求，在 1997 年年底以前，已建立这项制度的城市要逐步对其加以完善，尚未建立这项制度的则要抓紧做好准备工作；在 1998 年年底以前，地级以上城市要全部建立起这项制度。在 1999 年年底以前，县级市和县政府所在地的镇要全部建立起这项制度。而且，各地要根据当地实际情况逐步使非农业户口的居民得到最低生活保障。

三、财政支出与社会保障制度建设

社会保障是市场经济条件下政府公共服务的重要内容,属较典型的准公共物品。在我国经济体制转轨、社会转型的历史时期,近年来,社会保障支出成为政府财政支出的重点,构成公共财政建设的重要内容。2006 年中央财政社会保障支出 2010.02 亿元,增长 22.9%。在东北三省试点的基础上,增加 8 个省份开展做实企业职工基本养老保险个人账户试点,推动城市最低生活保障制度与就业再就业政策的合理衔接。大力支持中西部地区农村医疗救助制度建设、困难地区城市医疗救助试点和农村五保供养工作。特别是面对自然灾害比较严重的形势,中央财政安排并及时拨付各种抗灾救灾资金 112 亿元,地方财政也积极安排和拨付抗灾救灾资金,有力地支持了抗灾救灾。2007 年,中央财政安排社会保障和就业支出 2019.27 亿元,在 2006 年较大幅度增加的基础上又比 2006 年增加 246.99 亿元,增长了 13.9%,完善城市居民最低生活保障和企业职工基本养老保险制度,支持扩大做实基本养老保险个人账户试点工作。

如前所述,从改革开放初期起步,1998 年后进一步加速的社会保障制度改革,是我国公共财政建设的标志性工程,也是公共财政制度创新的重要内容。在市场经济条件下,社会保障承担着为社会成员提供基本生存保障的公共服务,政府财政在社会保障服务中扮演着最后拨款人的角色,不少发达国家社会保障支出已取代传统的军政费用支出,成为政府财政第一位的支出。我国政府适应体制转轨、社会转型的需要,及时调整财政支出结构,大幅度增加社会保障支出,使其成为近年来增长速度最快的支出项目之一,建立、健全社会保障制度,初步建立了养老保险、医疗保险和失业保险等基本社会保障制度,提高了社会公共福利水平,大大减轻了经济体制改革、社会转型带来的社会震荡。特别是城镇最低生活保障制度,以及专门针对国有企业下岗职工的社会保障措施,有效减轻了经济体制转轨成本,大大缓解了社会矛盾,维护了社会稳定,为国家经济社会的改革、稳定和发展做出了重要的历史贡献,构成了这一时期公共财政建设的重要内容。同时,各地区还开始探索建立农村最低生活保障制度、养老保险制度，逐步实现城乡统筹发展。

不过，在社会保障制度改革与发展方面，还有许多问题需要解决，成为公共财政建设的重点领域之一。如由于历史等多方面的原因，我国社会保障城乡差距巨大，缩小乃至统一城乡社会保障制度，还有漫长的道路；又如，我国社会保障制度设计，还需要在生产力水平与人口大国、老龄化等矛盾之间寻找平衡等等，改革任重而道远，是政府财政重点支持的公共服务项目之一。

第七节 小结

1994 年启动财税改革以来，一直到 20 世纪 90 年代后期，财税体制、政府收支行为及其机制、财政支出管理制度等，先后进入中国财税体制改革的重心地带。由此，历经 1998 年开始的"税费改革"，旨在规范政府收支行为；再到财政政策担负宏观调控"主角"，政策模式逐步由"适度从紧"转向"积极"；预算管理制度从自身改革开始，迈出关键步伐；财政对社会保障，养老保险等的积极参与，打造"两条保障线"；加入 WTO，也使我国的财政改革的目标更趋于明确。可以看到，在这一时期，贯穿于财税改革的一个主要线索及目标定位便是财政"公共化"，构建公共财政模式的基本框架。它为其后进一步深化财税改革奠定了重要基础，也使深化改革，进一步完善公共财政体制有了坚强的可靠的保障。

深化改革：进一步完善公共财政体制

在 2003 年，我国的人均 GDP 突破 1000 美元。按照国际经验，人均 GDP 在 1000～3000 美元之间时，一国既有可能进入经济和社会矛盾凸显期，也有可能进入发展的黄金时期。党的十六大报告指出，我国的经济和社会发展已经进入一个重要的战略机遇期。

重要战略机遇期的到来，标志着我国改革开放事业已经进入深水区，对于我国各项改革的速度和质量有了新的要求。在新的形势下如何稳步推进财税体制改革，尽快达到构建较为完善的公共财政框架的目标，是改革者所面临的主要任务。

第一节 改革步入深水区：完善公共财政体制的基本背景

一、完善市场经济体制：党的十六届三中全会

历届党的三中全会一般是讨论经济体制改革问题。1993 年，党的十四届三中全会通过《中共中央关于建立社会主义市场经济体制若干问题的决定》，确立了我国建立社会主义市场经济体制的基本框架；10 年之后，2003 年召开的党的十六届三中全会通过了《中共中央关于完善社会主义市场经济体制若干问题的决定》（以下简称《决定》）。由此，吹响了迈向完

善的市场经济体制的号角。完善的公共财政体制是完善的社会主义市场经济体制的重要组成部分之一。《决定》对于公共财政体制的改革也提出了六个方面的明确要求：

（1）进一步健全财政宏观调控职能。《决定》将财政政策、货币政策和国家计划视为相互配合的宏观调控体系，国家计划明确宏观调控目标和总体要求，是制定财政政策和货币政策的主要依据，财政政策要在促进经济增长、优化结构和调节收入方面发挥重要功能；同时要求应完善财政政策的有效实施方式。

（2）按照简税制、宽税基、低税率、严征管的原则，稳步推进税收制度改革。《决定》同时指出了当前一段时间具体的改革方向。

（3）在完善改革试点工作的基础上，逐步降低农业税率，切实减轻农民负担，稳步推进农村税费改革；同时应创造条件逐步实现城乡统一税制。

（4）继续完善分税制和转移支付制度，规范政府间的分配关系。进一步合理界定各级政府的事权范围，明确各级政府的财政支出责任，稳步提高对困难地区的财政转移支付力度，逐步实行规范的转移支付制度，进一步完善省以下财政体制。

（5）进一步调整和优化财政支出结构，逐步规范公共财政支出范围。国家财政将进一步加大对农业、科技、教育、公共卫生、公共安全、社会保障、基础设施建设、生态环境建设等社会公共需要的保障力度，加大对中西部地区的财政支持，促进经济社会协调发展、城乡协调发展、地区协调发展、人与自然协调发展。

（6）进一步完善和深化财政管理制度改革，努力提高财政资金使用的安全性、规范性和有效性。《决定》强调应当进一步强化已经出台的各项财政管理体制改革的措施，并重点提出要实行全口径预算管理和对或有负债的有效监控。

如果将《决定》与党的十四届三中全会的文件相比较，可以发现，在新的历史时期，对于财税体制改革有了新的定位。在党的十四届三中全会文件的表述中，是将财税体制的改革放在了"转变政府职能，建立健全宏观调控体系"部分，而在《决定》中，则是将财税体制改革与金融体制改革独立出来，成为与"继续改善宏观调控，加快转变政府职能"并列的一个部分。这反映出，随着改革的深入，对于财税体制改革的地位认识更为充分。而且，在党的十四届三中全会的文件中，对于财税体制改革的要求是"积极推进"；而在《决定》的表述中，是要求"完善财税体制"。这表明，《决定》充分肯定了对于过去一段时间以构建公共财政体制为取向的改革，未来的主要任务，是在改革方向已经明确的前提下，如何进一步完善公共财政体制。

二、科学发展观和构建和谐社会战略思想的提出

改革开放以来，我国经济社会发展取得了举世瞩目的巨大成就，但不可否认也存在一系列突出的矛盾和问题，如城乡差距拉大、区域差距扩大、社会收入差距比较突出、资源短缺和生态环境遭到破坏、社会事业发展明显滞后于经济的发展等等。这些矛盾和问题，有些是在中国发展的现阶段难以避免的，有些则是由于发展观的偏差所导致的或者所加剧的。针对发展中实际存在的问题，新一届中央领导提出科学发展观这一新的发展理念，其深刻内涵和基本要求是：

（1）坚持以人为本，就是要以实现人的全面发展为目标，从人民群众的根本利益出发谋发展、促发展，不断满足人民群众日益增长的物质文化需要，切实保障人民群众的经济、政治、文化权益，让发展成果惠及全体人民。

（2）全面发展，就是要以经济建设为中心，全面推进经济建设、政治建设、文化建设和社会建设，实现经济发展和社会全面进步。

（3）协调发展，就是要统筹城乡发展、统筹区域发展、统筹经济社会发展、统筹人与自然和谐发展、统筹国内发展和对外开放，推进生产力和生产关系、经济基础和上层建筑相协调，推进经济建设、政治建设、文化建设、社会建设的各个环节、各个方面相协调。

（4）可持续发展，就是要促进人与自然的和谐，实现经济发展和人口、资源、环境相协调，坚持走生产发展、生活富裕、生态良好的文明发展道路，保证一代接一代地永续发展。

作为科学发展观的进一步发展，党中央自党的十六大以来针对我国经济体制深刻变革，社会结构深刻变动，利益格局深刻调整，思想观念深刻变化的新形势，提出要构建社会主义和谐社会的战略构想。按照胡锦涛总书记的表述，社会主义和谐社会应该是民主法治、公平正义、诚信友爱、充满活力、安定有序、人与自然和谐相处的社会。应当说，科学发展观是统领我国经济社会发展全局的发展理念，和谐社会是科学发展观对我国社会发展的目标指向。两者在本质上是有机统一体。

作为党的十六大以来两个最为重要的战略思想，科学发展观和构建和谐社会重大战略构想的提出，一方面对于公共财政体制的改革提出了更高层次的、全方位的要求，另一方面也将对完善公共财政体制产生强有力的推动作用。

从前一个角度来看，科学发展观与构建和谐社会的战略思想提出，都是针对我国城乡和区域发展不平衡、社会收入差距问题比较突出、人与自然和谐关系受到挑战，以及各项社会事业发展不充分等现实问题。而要解决现实中这些不和谐因素，都需要充分发挥公共财政的再分配和资源配置职能，促进社会公平和人与自然的和谐关系。因此，构建和谐社会就需要按照科学发展观的指导，加快公共财政体系的建设，尤其是要进一步调整财政支出结构，完善政府间财政体制和财政管理体制。

从后一个角度看，公共财政体系的建设必然要与国家的发展战略和社会建设目标相适应。公共财政建设同作为和谐社会根基的公平正义理念，以及科学发展观的核心"以人为本"是一脉相承的（高培勇，2007）。因此，科学发展观的确立和构建和谐社会目标的提出，自然对加快财税体制改革、完善公共财政体制有极大的促进作用。

第二节 积极—稳健—积极：财政政策经历重大转向调整

作为完善公共财政体制建设的重要内容之一，《中共中央关于完善社会主义市场经济体制若干问题的决定》将"进一步健全财政宏观调控职能"放在了重要位置。在此背景下，伴随着宏观经济环境的周期性变换，从2003年起我国的财政政策已经经历了两次重大的转向调整：2004年年末，面对中国经济步入新一轮经济扩张期而带来的经济过热压力，政府适时做出了转行稳健财政政策的重大决策，持续实施了7年之久的积极财政政策落下帷幕。

2008年下半年，在全球性金融危机的拖累下，我国经济急转直下，政府又及时果断地决定转行积极财政政策，实施了不足4年的稳健财政政策落下帷幕。

一、实施稳健财政政策的背景

经过连续多年实施积极财政政策，中国经济逐步走出了通货紧缩的阴影，经济进入新一轮增长周期的上升阶段。主要表现在投资、消费和出口三大需求全面恢复增长，尤其是投资和出口明显加速，经济增速不断加快，物价总体保持稳定，对外贸易平稳较快增长，国际收支保持盈余，社会就业压力趋缓，各项宏观经济指标表现良好。而且市场机制的调节作用明显增强，经济自主增长机制初步形成。但从2003年下半年以后，在国民经济总体情况较好并呈现加速发展的态势下，也出现了部分地区和行业投资增长过快、通货膨胀压力加大等问题。

（一）经济处于快速增长周期的上升阶段

从经济景气状况分析，自2003年起中国经济处于增长周期上升阶段的趋势更为明朗，其重要标志是四大宏观经济指标表现出基本一致的景气动向。

一是经济增长接近潜在产出水平。从2002年下半年起，中国经济连续保持快速增长，2003年GDP增长9.5%，2004年继续增长9.5%。在经济快速增长的过程中，出现了粮食生产相对不足，煤炭、电力、石油、运输紧张等瓶颈约束或资源约束的现象，表明GDP增幅已接近潜在产出水平。

二是物价趋于上升。2003年全国居民消费价格指数和全国商品零售价格指数分别上涨1.2%和-0.1%，2004年则分别上涨3.9%和2.8%；价格先行指标上涨相对加快，2003年工业品出厂价格指数和原材料燃料动力购进价格指数分别上涨 2.3% 和 4.8%，2004 年进一步上涨 6.1% 和 11.4%。

三是失业率升势趋缓。2003 年全国城镇就业增加 859 万人，城镇登记失业率为 4.3%；2004 年城镇新增就业人员 980 万人，城镇登记失业率 4.2%，比上年下降 0.1 个百分点。

四是国际收支继续保持盈余。2003 年实现外贸顺差 255 亿美元，外汇储备达 4033 亿美元；2004 年实现外贸顺差 320 亿美元，外汇储备增加到 6099 亿美元。

（二）经济运行中的深层次问题凸显

一是结构性问题突出。一方面，房地产、钢铁、电解铝等部分行业投资增长过快；另一方面，农业和粮食生产、生态环境建设等行业和教育、社会保障等社会事业发展相对滞后。中国经济社会之间、城市与农村之间、东部地区与中西部地区之间、人与自然之间等方面的非均衡状态更为明显，结构性矛盾日益突出。

二是经济增长方式与资源、环境约束的矛盾更加尖锐。中国石油、天然气、煤炭、铁矿石、铜和铝等重要矿产资源人均储量分别仅相当于世界人均水平的 11%、4.5%、79%、42%、18% 和 7.3%，特别是 2003 年中国 GDP 占世界的 4%，但能源和资源消耗却占到世界的较高比重：石油为 74%，原煤为 31%，铁矿石为 30%，钢铁为 27%，氧化铝为 25%，水泥为 40%。

针对经济运行中出现的这些新情况和新问题，中国政府 2004 年就已经开始逐步调整财政政策的作用方向和力度，适时适度调整财政投资规模、结构和进度，加大对社会事业的投入，积极支持各项经济体制改革。

（三）由积极到稳健：转型之难

伴随着宏观经济形势的变化，尤其是经济运行中深层次问题的不断凸显，财政政策的取向自 2003 年下半年开始就成为学术界和决策部门讨论的焦点之一。1998 年的积极财政政策，主要是针对当时国际上的亚洲金融危机，以及国内的通货紧缩形势而实施的。按照高培勇（2004）的观点，积极财政政策的基本内容可以概括为通过增发长期建设国债来扩大财政支出，并以此来带动内需，实现经济的较快增长，即"增债+扩支"。应当说,积极财政政策在拉动经济增长方面是非常显著的。然而,积极财政政策的实施也有其相应的成本,如国债多年增发可能带来财政风险的增加,国债工程的投资效益也可能边际递减,政府投资的扩大可能会挤出民间投资等(高培勇,2003;安体富,2003)。

正是在这样的背景下,自2002年开始就有应逐步淡出积极财政政策的呼吁(项怀诚,2002;安体富,2003)。在2004年,随着经济过热形势的进一步显化,有关财政政策转型的呼声已经越来越强烈。然而,正如高培勇(2004)的分析所指出的那样,从决策者的角度看尚存在若干顾虑。首先,积极财政政策的快速退出,可能导致一大批重点建设工程成为烂尾工程;其次,多年的积极财政政策已经形成一种利益格局,使得积极财政政策的退出将冲击一部分地区、行业、部门和人群的利益;最后,以往的积极财政政策已被论证为对经济增长起到积极的拉动作用,那么其退出会不会影响到经济的正常增长也成为一个值得考虑的问题。

鉴于这些政策抉择中的复杂因素,我国的财政政策在2003~2004年间一直在渐进中调整。在2003年年底的中央经济工作会议以及2004年初的十届人大二次会议上,中央虽然做出实施积极财政政策的决策,但也指出要做降低扩张力度,调整支出投向的结构性微调。而在2004年5月的世界扶贫大会上,时任财政部部长金人庆就表示,为确保中国经济持续稳步发展,要实施"中性"的财政政策。其原因自然在于2004年第一季度之后急剧变化的经济形势。最终到2004年底的中央经济工作会议上,决定自2005年开始要实施稳健财政政策。自此,1998年以来连续实施了7年的积极财政政策开始告一段落,稳健财政政策破冰而出。

二、稳健财政政策的主要内容

稳健财政政策的主要内容可概括为以下四个方面:控制赤字、调整结构、推进改革、增收节支。

(一) 适当减少财政赤字

适当减少中央财政赤字,做到松紧适度,传递调控导向信号,防止通货膨胀苗头的继续扩大,体现进一步加强和改善宏观调控、巩固和发展宏观调控成果的要求,体现财政收支增量平衡取向。2004年中央财政赤字3191.8亿元,占GDP的2%;2005年2999.5亿元,占GDP的1.6%;2006年2749亿元,占GDP的1.3%;到2007年,财政赤字进一步减少为2000亿元,占GDP的比重下降到0.8%。2008年财政赤字进一步下降到1800亿元。

(二) 调整结构

政策调整应当与完善公共财政框架相适应。首先要做到的即是适当调整财政支出结构和国债项目资金投向结构,做到区别对待、有保有压、有促有控。对与投资增长过快有关的、直接用于一般竞争性领域等"越位"的投入,要退出来、压下来;对属于公共财政范畴的,涉及财政"缺位或不到位"的,如农业、就业和社会保障、环境和生态建设、公共卫生、教育、科技等经济社会发展的薄弱环节,要加大投入和支持的力度,体现落实"五个统筹"和调整经济结构的要求。

相关的政策调整包括:(1)调整粮食风险基金的使用方式。从2004年起,已开始调整粮食风险基金的使用方式,实行对种粮农民直接补贴,盘活补贴存量,提高财政补贴效率,直接增加种粮农民收入,有利于推进粮食流通体制市场化改革。(2)适当减少长期建设国债的发行规模调整使用方向。2004年长期建设国债1100亿元,2005年为800亿元,2006年为600亿元,2007年为500亿元。(3)进一步调整和优化国债项目资金及中央预算内投资的使用方向与结构,向经济社会发展薄弱环节倾斜,重点用于改善农村公共服务。

(三) 推进改革

稳健财政政策提出的一个要求是要"推进改革"。这即是说,既要加强财政自身的改革,又要通过财政收支安排推进整体改革。这包括将生产型增值税调整为消费型增值税。统一内外资企业所得税制度。继续深化农村税费改革,2006年已全面取消农业税。进一步完善出口退税机制改革,2005年,适当提高了中央财政对出口退税超基数部分的分担比例,进一步理顺了中央与地方的财政分配关系。继续完善收入分配、社会保障、教育和公共卫生四项制度。支持国有企业和金融体制等改革。

(四) 增收节支

依法组织财政收入，确保财政收入持续稳定增长。一是以有效的财税政策支持经济发展，培植和壮大财源，促进财政收入稳定快速增长。二是依法加强收入征管。规范税收优惠政策，减免到期的要及时恢复征税，坚决制止越权减免税或擅自出台"先征后返"等变相减免措施。三是进一步加强非税收入管理。

全面深化预算管理制度改革，充分利用现代化管理手段，加大监管力度，减少损失浪费，规范财经秩序，提高财政资金使用的规范性、安全性和有效性，促进财政节支。

三、稳健财政政策的成效

从积极财政政策转向稳健财政政策，其突出的成效，即是确保了经济的平稳快速增长。刘树成（2008）的分析就指出，如将我国与7个代表性国家（包含美国、印度、日本等）相比，在1996~2007年间我国的年平均经济增长率最高，同时经济增长率波动系数最小。2005年以来，经济运行更是向宏观调控预期目标发展，2005年GDP增长10.2%，2006年增长11.1%，2007年增长11.4%，也使得我国提前3年实现了21世纪第一个十年国内生产总值比2000年翻一番的目标，国内生产总值在国际上已上升到第四位。在结构上，产业发展协调性增强，社会需求全面增长，市场价格总体保持稳定，社会事业全面发展。在宏观经济增速加快的基础上，财政收入也快速增长。2003年全国财政收入突破2万亿元，2005年突破3万亿元，2007年达到51304.85亿元。财政收入占GDP的比重由2002年的15.7%提高到2007年的20.5%。

总体来看，稳健财政政策的实施，将短期的反周期调节与促进经济长期稳定增长相结合，保持宏观经济稳定与促进结构优化相结合，实施宏观调控与推动经济体制改革相结合，有力地促进了经济社会稳定协调发展。如果总结其主要经验，可以概括为两点：其一，在稳健财政政策的思路上，树立和落实了科学发展观的指导思想。稳健财政政策的实施，注重了推进"五个统筹"，注重了结构调整，而非"一刀切"式的调控思想。其二,本次稳健财政政策的实施注重与推动体制改革以及改善民生相结合,有利于完善公共财政体制。

四、由稳健到积极:面对全球金融危机之际财政政策的及时转向

2008年是国际国内经济形势错综复杂的一年。在国际上,虽然自2007年开始,美国的次贷危机已经浮出水面,但是影响还主要局限在金融部门,对实体经济的影响是到2008年才开始成为关注的焦点。在国内,2008年年初我国宏观经济形势的主要问题还是物价水平等过快上涨以及资产价格(尤其是房价)的膨胀;但是到2008年年中时,此轮国际金融危机继续恶化,已被认为是百年一遇的经济危机,危机通过外贸出口环节也对我国经济形成巨大冲击,成为社会关注的焦点。而2009年,按照温家宝总理的表述,应是改革开放以来我国经济形势最严峻的一年。

在这样的背景下,中国的宏观调控政策走向也经历了数次重大调整。在2008年年初,按照2007年年末的中央经济工作会议精神,宏观调控的主要任务是"防止经济增长由偏快转为过热、防止价格由结构性上涨演变为明显通货膨胀",继续实施稳健的财政政策和从紧的货币政策。到年中,7月25日召开的中央政治局会议明确了下半年经济工作的任务:把保持经济平稳较快发展、控制物价过快上涨作为宏观调控的首要任务,即"一保一控"。

在此之后,随着全球金融危机的继续,公布的我国第三季度的GDP增长速度为9%,虽然依然在高位,但与年初相比下降速度惊人。形势已经逐渐明朗,2008年10月17日的国务院常务会议明确指出要采取灵活审慎的宏观经济政策,尽快出台有针对性的财税、信贷、外贸等政策措施,继续保持经济平稳较快增长。这已基本明确了政策走向的调整。11月9日,国务院常务会议宣布对宏观经济政策进行重大调整,财政政策从"稳健"转为"积极",货币政策从"从紧"转为"适度宽松",同时公布了今后两年总额达4万亿元的庞大投资计划,自2008年第四季度即要落实新增1000亿元的投资计划,并明确要求"出手要快、出拳要重、措施要准、工作要实"。按照以往的惯例,这类重大政策调整一般在年终的中央经济工

第八章
深化改革：进一步完善公共财政体制

作会议上公布。而这次在 11 月初就及时对外宣布，反映了经济形势的严峻，也反映了中央政府的决心。

到了 2009 年，积极财政政策以及适度宽松的货币政策得到全面落实，主要体现在年初通过的政府预算中财政赤字达到前所未有的 9500 亿元，上半年新增信贷计划也达到惊人的 7.35 万亿元。在这些政策的作用下，2009 年上半年以政府投资为主体的固定资产投资增速惊人，这有力地对冲了外贸出口下降对经济带来的不良影响，使得我国上半年的 GDP 增长速度达到 7.1%，在全球范围内是一枝独秀。从目前形势判断，虽然经济回升的势头还不稳固，但经济形势已出现很多积极变化，全年 GDP "保八"的任务应当可以顺利完成。

在此轮以对抗全球金融危机为目的的宏观调控政策转向的过程中，积极财政政策一直是各界关注的焦点。从目前经济形势的积极变化来看，积极财政政策也确实不负众望，发挥了良好的作用。如果总结具体的政策措施，则可发现积极财政政策围绕"扩内需、保增长、调结构"的目标，主要着力点在以下五个方面：扩大政府公共投资，着力加强重点建设；推进税费改革，实行结构性减税；提高低收入群体收入，大力促进消费需求；进一步优化财政支出结构，保障和改善民生；大力支持科技创新和节能减排，推动经济结构调整和发展方式转变。

如果将本轮积极财政政策的政策措施与以前相比较，则可发现其在若干方面具有很大的创新性，极大地丰富了我国宏观经济调控的经验。[①] 这种创新主要体现在本轮积极财政政策不仅有扩大财政支出的传统做法，也有结构性减税的新型举措；不仅有增加政府公共投资的项目，也有增加中低收入群体收入的安排。

在财政支出方面，积极财政政策体现在扩大政府公共投资并增加中低收入群体收入，以此带动和引导投资与消费需求。继 2008 年新增中央政府公共投资 1040 亿元并提前安排 2009 年灾后恢复重建资金 200 亿元之后，2009 年的中央政府公共投资达到 9080 亿元，较上年增加 4875 亿元。这些投资主要用于农业基础设施及农村民生工程建设，保障性住房建设，教育

---

① 高培勇：《实施积极财政政策不能动摇》，载于《人民日报》（海外版）2009 年 8 月 5 日。

和医疗卫生等社会事业建设，地震灾后恢复重建，节能减排和生态建设，自主创新和技术改造及服务业发展，包括铁路、公路、机场和港口等在内的基础设施建设。通过进一步增加对农民的补贴、提高城乡低保补助水平、增加企业退休人员基本养老金、提高优抚对象等人员抚恤补贴和生活补助标准、对困难群体直接发放一次性生活补贴等途径，在提高中低收入群体收入方面投入了2208.33亿元；分别安排家电下乡补贴200亿元和汽车下乡补贴50亿元。

在财政收入方面，实行结构性减税，减轻企业和居民负担。2008年的税费减免举措主要包括实施企业所得税新税法、提高个人所得税工薪所得扣除费用标准、降低住房交易环节税收负担、调高部分产品出口退税率、取消和降低部分产品出口关税、下调证券交易印花税税率并改为单边征收等，共减轻了大约2800亿元的企业和居民负担。2009年又推出全面实施消费型增值税、实施成品油税费改革、取消和停征100项行政事业性收费等新的举措，拿出了将减轻企业和居民负担约5500亿元的"减税大单"。

除此之外，本轮积极财政政策还有其他方面的创新。首先，政策目标不单是指向"保增长"，还针对我国经济增长过程中多年累积的矛盾，通过多种措施指向"调结构"。如上所述，尤其是财政支出中，多项政策都指向调整国民收入分配格局以及生产结构，例如增加对低收入群体的补贴，大力支持科技创新和节能减排，大力推进保障性住房建设以及各项社会事业的发展。其次，在具体措施上也有所创新。典型的如2009年的预算中，为保证地方政府有足够的财力实施积极财政政策，安排了由中央政府担保，由财政部代发的2000亿元地方政府国债，开启了我国地方政府发国债的先河。

第三节 宏观经济变换背景下的新一轮税制改革

在2003年以来完善公共财政体制的各项工作中，新一轮税制改革的启动一直被社会各界寄予高度的期待。在党的十六届三中全会的《决定》中，作为1994年税制改革的延伸与完善，新一轮税制改革被概括为八个项目:"改革出口退税制度;统一各类企业税收制度;增值税由生产型改为消费型,将设备投资纳入增值税抵扣范围;完善消费税,适当扩大税基;改进个人所得税,实行综合和分类相结合的个人所得税制;实施城镇建设税费改革,条件具备时对不动产开征统一规范的物业税,相应取消有关收费;在统一税政前提下,赋予地方适当的税政管理权;创造条件逐步实现城乡税制统一。"

2006年通过的"十一五"规划,又进一步将新一轮税制改革归纳为十个方面:"在全国范围内实现增值税由生产型转为消费型;适当调整消费税征收范围,合理调整部分应税品目税负水平和征缴办法;适时开征燃油税;合理调整营业税征税范围和税目;完善出口退税制度;统一各类企业税收制度;实行综合和分类相结合的个人所得税制度;改革房地产税收制度,稳步推行物业税并相应取消有关收费;改革资源税制度;完善城市维护建设税、耕地占用税、印花税。"

一、税收高速增长之谜与宏观税负高低的讨论

在我国财税体制改革的进程中,相当长的一段时间内均是以"提高两个比重"作为工作的重点。按照曾任财政部部长的项怀诚(2007)的回忆,1994年税制改革的一个主要动因即是要提高财政收入占GDP的比重。应当说,1994年税制改革在这方面取得了很大的成效。1993年虽然受体制改革的影响,税收收入也仅为4118亿元,其后一直到1998年基本上按照年均1000亿元的幅度平稳增长。自1999年开始,随着通货紧缩形势的逐步好转,税收收入进入快车道,当年突破10000亿元,到2001年突破15000亿元。在2003年,虽然受上半年"非典"的影响,当年的财政收入还是突破20000亿元。其后三年的增长速度分别达到25.7%、20%、21.9%,2007年的增长速度更是达到惊人的31.4%,均远远超过当年的GDP增长速度。

1999年以后的税收高速增长,引起了社会各界的广泛关注。高培勇(2006)指出我国税收的这种增长,是在几乎没有进行增税性税制调整背景下发生的。这种增长在几千年的世界税收史上也未出现过,由此他称此

为"一个难以操用一般规律加以解释的罕见而特殊的经济现象"。那么其原因是什么？官方最初给予的解释是经济增长、政策调整和加强监管"三因素论"，并对三因素进行了相应的分解，即经济增长因素占50%，政策调整和加强监管各占25%（金人庆，2002）。后来又提出物价上涨、统计口径、结构差异、累进税率、外贸进出口对GDP和税收增长的影响差异等因素，称为"多因素论"。显然，这些解释都具有很强的解释力，但并没有指出中国特殊因素所在。高培勇（2006）在区分法定税负与实征税负的基础上指出，理解我国税收目前的高速增长应当追溯到1994年税制改革的背景。在当时，宏观经济过热、税收征收率偏低是现实的国情，而增加政府财政收入是改革的重要目标。这三个因素的结合就迫使在税制设计时必须预留出很大的"征管空间"，也就是说需事先建构一个法定税负很高的税制架子。由此随着税收征管水平的上升，使得我国税收走上持续高速增长的轨道。

总体来看，社会各界对税收高速增长以及宏观税负高低的广泛关注，一方面反映了社会各界对完善公共财政体制的期待，另一方面也表明我国1994年确立的税制框架有不合理的一面，确有进一步改革的必要。

二、新一轮税制改革的主要进展

（一）推进农村税费改革

作为2000年安徽农村税费改革试点的延伸，2003年3月27日国务院发出《关于全面推进农村税费改革试点工作的意见》，要求农村税费改革在全国全面推开。2004年的中共中央"一号文件"提出逐步降低农业税税率，同时取消除烟叶外的农业特产税。而温家宝总理更在2004年《政府工作报告》中郑重宣布："从今年起，要逐年降低农业税税率，平均每年降低1个百分点以上，5年内取消农业税。"事实上，改革的进程远远超过温总理的承诺。到2005年，全国免征农业税的省份已有28个。2005年底，全国人大常委会决定自2006年1月1日起废止农业税条例，全面取消农业税。至此，中国农村存在了2600多年的"皇粮国税"不复存在，农民负担大幅下降。

取消农业税只是农村治理的第一步。由于农村公共物品的供给以及县乡机构人员过于庞大的现实,如果没有大规模的机构改革,农民负担反弹的压力仍然存在。正是基于这样的考虑,目前深化农村税费改革工作的重点,已经逐步转向推进以乡镇机构、农村义务教育体制和县乡财政管理体制为主要内容的农村综合改革。其目的即是保证在县乡机构原有收入来源减少的情况下,如何通过改革保证其依然能够提供有效而充足的公共服务,其范围几乎覆盖农村政治、经济、社会、教育、卫生等各个方面,综合配套的特征极为明显。

(二) 改进和完善个人所得税制度

另一项主要与城市居民切身利益密切相关的税收,个人所得税的改革进程在这段时间也备受关注。从 2006 年起至今,以"小步微调"为特征,在改革的旗帜下,现行个人所得税的调整大致围绕着如下三个线索而展开:其一,提高工资薪金所得减除费用标准,由原来的 800 元,先后提升至 1600 元、2000 元;其二,对年收入超过 12 万元,或者在两处或两处以上取得工资薪金收入、在境外取得收入以及取得应税收入但无扣缴义务人的纳税人,实行自行办理个人所得税纳税申报;其三,减低乃至暂免征收利息所得税,先是将税率由 20% 调减至 5%,后来又暂时免征。

然而,从改革目标看,这些调整动作,都尚未真正触及改革的实质内容和中心环节。要在个人所得税改革上取得突破性的进展,不能满足于"小步微调",还得下大决心,着眼于做"大手术":瞄准"综合和分类相结合的个人所得税制"改革目标,采取实质性的举措,尽快增大综合计征的分量,加速奠定实行综合计征的基础。

(三) 调整出口退税率

2003 年为进一步完善出口退税机制,解决出口欠退税问题,保持外贸和经济持续健康发展,按照"适度、稳妥、可行"的原则,对出口退税率进行了结构性调整,适当降低了出口退税率。对国家鼓励出口的产品退税率不降或少降,对一般性出口产品退税率适当降低,对国家限制出口产品和一些资源性产品取消退税或多降退税率。调整后的出口退税率为 17%、13%、11%、8% 和 5% 等 5 档。此后,由于宏观调控的需要和实现科学发展观的要求,又陆续调整了部分产品的出口退税。2004 年对出口货物增值税退税率进行了结构性调整,将出口货物增值税平均退税率由15%降低至12%左右。根据宏观调控的需要适时调整了部分商品的出口退(免)税政策,如将集成电路、手持(车载)无线电话、数控机床等部分信息技术产品的增值税出口退税率由13%提高到17%。2005年又调整部分重点调控产品的出口退税政策。为了控制高耗能、高污染和资源性产品的出口,分批调低或取消了这些产品的出口退税,取消了加工出口专用钢材增值税退税政策。2006年9月进一步取消或降低部分"高耗能、高污染"或容易引起贸易摩擦出口商品的出口退税率,调高部分高科技产品和以农产品为原料的加工品的出口退税率,同时将所有取消出口退税的商品列入加工贸易禁止类目录。自2007年7月1日起取消濒危动植物及其制品等553项"高耗能、高污染、资源性"产品的出口退税;降低服装、鞋帽等2268项容易引起贸易摩擦的商品的出口退税率;将花生果仁等10项商品的出口退税改为出口免税政策。

(四) 增值税转型

根据经济体制的不断完善和经济形势的发展变化,推进增值税转型,将生产型增值税(即对企业新购进固定资产所含税款不予抵扣)改为消费型增值税(即允许企业抵扣新购进机器设备所含税款),不仅有利于增强企业技术创新的积极性和竞争能力,也有利于提高经济自主增长能力。

自2004年7月1日起,对东北地区的装备制造业等八大行业实现了增值税转型试点,允许纳入试点范围的企业新购进机器设备所含增值税税金在企业增值税额中抵扣,并通过采取投资过快增长行业暂不纳入试点范围和实行增量抵扣等办法,较好地化解了推进改革时面临减少一部分财政收入和在经济局部及部分行业过热状态下刺激投资增长两个突出矛盾。2004年当年,东北三省一市共办理抵减、退税12.82亿元。2005年全年符合条件的企业办理抵扣退税30多亿元。自2007年7月1日起,国家又在中部地区六省份的26个老工业基地城市的8个行业中进行扩大增值税抵扣范围的试点。

全球性金融危机的迅速蔓延拨快了增值税转型向全国推广的时间表。基于保持经济平稳较快发展是当前压倒一切的首要任务的判断,于2008年11月5日举行的国务院第34次常务会议终于做出决定,从2009年1月

1日起,作为实行结构性减税的一项重要内容,在全国范围内实施增值税转型改革。

(五)统一内外资企业所得税制度

从2003年起,将国有工业企业研发费用加计扣除的政策(即企业研究开发新产品、新技术、新工艺所实际发生的费用比上一年度实际发生额增长幅度在10%以上的,除按规定据实列支外,可再按当年实际发生额的50%抵扣当年应纳税所得额)扩大到所有工业企业。对外国投资者并购我国境内非外商投资企业的股权,使境内企业变更设立为外商投资企业,凡外国投资者的股权比例超过25%的,可按现行规定享受所得税优惠待遇。从事股权投资及转让以及为企业提供创业投资管理、咨询等服务的外商创业投资企业,不属于生产性企业范畴,不享受"二免三减半"等优惠政策。

统一内外资企业所得税是新一轮税制改革的核心内容之一。2007年3月16日十届全国人大五次会议表决通过了新的企业所得税法,自2008年1月1日起施行。对企业税收实现了"四个统一",即内资企业、外资企业适用统一的企业所得税法;统一并适当降低企业所得税税率25%;统一和规范税前扣除办法和标准;统一和规范税收优惠政策。对国家重点扶持和鼓励发展的高科技产业、农林牧渔业项目以及环保等企业给予税收优惠。而且根据规定,符合条件的小型微利企业,减按20%的税率征收企业所得税。国家需要重点扶持的高新技术企业,减按15%的税率征收企业所得税。为照顾部分老企业适应新的税率环境,依照法律规定,本法公布前已经批准设立的企业,依照当时的税收法律、行政法规规定,享受低税率优惠的,按照国务院规定,可以在本法施行后5年内,逐步过渡到本法规定的税率。企业所得税法的表决通过,有利于为各类企业创造统一、规范、公平竞争的市场环境,进一步完善社会主义市场经济体制。

(六)调整资源税税额标准,改革消费税制度

2005年调整了部分应税品目资源税税额标准:一是提高了河南、山东等15个省份煤炭资源税税额标准;二是提高了油气田企业原油、天然气资源税税额标准;三是提高了锰矿石、钼矿石、铁矿石、有色金属等应税品目资源税税额标准。

从 2006 年 4 月 1 日起，我国消费税制度也进行了重大的改革。改革主要包括两个方面的内容：一是对消费税的应税品目进行有增有减的调整。经过调整后，消费税的税目由原来的 11 个增至 14 个。二是对原有税目的税率进行有高有低的调整。涉及税率调整的有白酒、小汽车、摩托车、汽车轮胎等税目。消费税改革主要突出了两个重点：一是促进环境保护和节约资源。扩大石油制品征税范围、对木制一次性筷子、实木地板征收消费税以及大幅度提高大排量小汽车税率水平都是这方面的具体措施。二是合理引导消费和间接调节收入分配。如对游艇、高尔夫球及球具、高档手表等高档消费品征收消费税，停止对已具有大众消费特征的护肤护发品征收消费税。此次消费税改革是 1994 年税制改革以来消费税制的一次最大规模的政策调整，有利于增强消费税的调节功能，完善消费税制。

三、基本结论

从有关新一轮税制改革问题的讨论中，至少可以得到如下几个方面的结论或判断（高培勇，2009）：第一，税制改革是一个永恒的主题。任何一个国家的税收制度，总要植根于一定的经济社会环境并随着经济社会环境的变化而做相应调整。第二，新一轮税制改革方案的实施，显然要以触动各方面的既得利益格局为代价。因而，以极大的决心攻克既得利益格局的障碍，让各项亟待进行、拟议进行的税制改革破冰而出，是推进新一轮税制改革并最终完成"十一五"规划任务的中心环节。第三，结构性减税固然是作为应对当前经济形势需要而实行的一项宏观调控举措，但是，对于它是不能仅仅当做权宜之计或应急之策来看待的。第四，主要建立在"收入功能"基础上的税制体系，已经不能适应中国经济社会发展进程的要求，需要建设一个融收入与调节功能于一身的"功能齐全"的现代税制体系。第五，新一轮税制改革进程一再表明，税制改革的全面推进必须伴随以税收征管机制的根本变革。因此，通盘考虑税收制度改革与税收征管机制变革并使之相辅相成，是新一轮税制改革的一个附加命题。

第八章
深化改革：进一步完善公共财政体制

第四节 财政支出结构调整：向"三农"和民生倾斜

调整财政支出结构以满足社会的公共需要，是完善公共财政体制的重要要求。在党的十六届三中全会的《决定》中，已经提出优化财政支出结构的要求。随着科学发展观和构建和谐社会战略目标的确立，在这5年间财政支出结构如何向"三农"和民生倾斜，得到了各级政府部门前所未有的重视。2007年，财政部首次编著《公共财政与百姓生活》一书，记录了自2003年以来，国家财政在支持三农和解决民生方面的点点滴滴。这些都体现了财政部门对于落实科学发展观，以人为本，调整优化财政支出结构工作的重视。

一、公共财政启动覆盖农村进程

公共财政阳光照耀农村，其实质就是将"三农"发展中属于政府职责的事务逐步纳入各级财政支出范围。公共财政照燿农村体现了思想观念上的"两个转变"：由过去的农村支持城市、农业支持工业向城市反哺农村、工业反哺农业转变；调整公共财政资源的分配格局，加大对"三农"的投入，逐步实现公共财政覆盖农村并向农村倾斜。

2003年以来，在完善公共财政体制的过程中，国家财政倾心"三农"，逐步启动覆盖农村进程，大力支持解决"三农"问题。从数字上看，2003~2007年中央财政用于三农的支出总和超过15500亿元，相当于前10年（1993~2002年）的总和。2008年进一步跃升到5955.5亿元，相对于2007年增长37.9%。从政策上看，2006年中央提出"三个高于"政策，即要求国家财政支农资金增量要高于上年，国债和预算内资金用于农村建设的比重要高于上年，其中直接用于改善农村生产生活条件的资金要高于上年。2007年进一步提出"三个继续高于"政策，都有力地推动了财政向"三农"倾斜的力度。从具体措施看，国家财政大力支持"三农"的一个重要措施就是前面说过的深化农村税费改革，做到"少取"。除此之外，国家财政在"多投"方面也推出了许多重大措施。

（一）建设社会主义新农村

完善和优化政府投资结构，加大农业基础设施建设投入，改善农民生产生活条件。如实施农村电网建设和改造、农村沼气、农村卫生及农业种子工程、畜禽水产良种工程、以工代赈等；实施退耕还林（草）工程、天然林保护工程、"三北防护林"等重点防护林体系、自然保护区等重点林业建设等；加大水利建设投入，重点用于平垸行洪、退田还湖、移民建镇、病险水库除险加固、大型灌区节水改造工程、水土保持等方面。逐步提高车购税支出中用于农村公路建设的比例，支持农村公路建设。积极引导社会资金投入"三农"。实施贷款贴息政策，缓解禽流感疫情给家禽企业造成的损失。2007年正式启动农业保险保费补贴试点工作，中央财政安排资金对农户参加的玉米、水稻、大豆、小麦和棉花等五种农作物的保险提供保费补贴。从2007年开始，国家支持在全国范围内建立能繁母猪重大病害、自然灾害、意外事故等保险制度。

财政主动推进支农资金整合，提高资金使用效益。2006年，财政部印发了《关于进一步推进支农资金整合的指导意见》，指导地方财政部门开展支农资金整合工作。各级财政部门在全国选择160多个县开展支农资金整合试点，中央财政在13个粮食主产省区选择26个县开展整合支农资金支持新农村建设试点工作。财政支农资金整合特别是以县为主的财政支农资金整合方面取得了实质性进展，提高了资金使用效益，受到基层群众的普遍欢迎。

（二）大力支持农村教育事业发展

从2004年起，进一步扩大农村义务教育阶段贫困学生免费教科书覆盖范围。2005年加快国家扶贫工作重点县"两免一补"步伐，对592个国贫县1700万名农村义务教育阶段贫困家庭学生免除学杂费、书本费，部分学生补助寄宿生生活费；为中西部地区非贫困县的1700万名农村义务教育阶段贫困家庭学生提供免费教科书。

从2006年开始实施农村义务教育经费保障机制改革，按照"明确各级责任、中央地方共担、加大财政投入、提高保障水平、分步组织实施"的原则，逐步将农村义务教育全面纳入公共财政保障范围。中部地区每个省选择一个县于秋季学期开始试点，东部地区大部分省份也主动实施改革。全部免除了西部地区和部分中部地区农村义务教育阶段5200万名学生的学杂费，为3730万名家庭经济困难学生免费提供教科书，对780万名寄宿生补助生活费，同时还为西部地区农村义务教育阶段中小学安排了提高公用经费保障水平的补助资金，启动了全国农村义务教育阶段中小学校舍维修改造长效机制。中央与地方财政按照分项目、按比例的原则共同安排资金。中央和地方财政分别安排资金150亿元和211亿元，并对部分专项资金实行国库集中支付，资金直达学校，平均每学年每个小学生减负140元、初中生减负180元。这一改革逐步将农村义务教育纳入公共财政保障范围，说明农村公共产品供给方式正在发生深刻变革。

积极改善农村基础教育办学条件，支持实施全国中小学危房改造工程、"两基"攻坚计划、农村中小学现代远程教育工程、农村中小学布局调整、"农村义务教育阶段学校教师特设岗位计划"等重点项目，2006年全国10个省份启动"新农村卫生新校园建设工程"试点，为加快农村义务教育发展注入了新的活力。

（三）支持农村卫生和社会保障工作

一是积极支持新型农村合作医疗制度建设。2003年开始新型农村合作医疗制度试点。2006年中央及地方补助标准提高到40元，2008年提高到80元，并扩大了补助范围。截至2008年底，全国已有2729个县（市、区）建立了新农合制度，覆盖了全国所有含农业人口的县（市、区），参合农民8亿多，参合率91.5%，提前两年完成了中央确定的全面覆盖目标。新农合从制度和机制上缓解了农民群众"因病致贫、因病返贫"的问题。除此之外，财政还大力支持农村卫生服务体系建设与发展。

二是支持农村救灾救济工作，做到受灾群众有衣穿、有饭吃、有房住、有干净水喝、有病能医，维护了灾区社会的稳定，促进了灾区经济恢复和发展。支持中西部困难地区开展农村医疗救助工作。支持建立农村最低生活保障制度。2007年中央财政安排农村最低生活保障补助资金30亿元，用于鼓励已建立农村低保制度的地区完善制度，支持未建立制度的地区建立制度。支持农民工就业。对各类职业中介机构向进城登记求职的农村劳动者提供免费职业介绍服务的给予补贴；对进城务工的农村劳动者，提供一次性职业培训补贴。

（四）支持农业生产

落实和完善各项补贴政策，提高农产品产量和农民收入。为支持农业增产和农民增收，中央财政先后实施了良种补贴、农机购置补贴、粮食直补、农资综合直补等"四补贴"政策。资金通过发放现金或发放实物的方式，直接补助到农民手中，使农民直接受益。加快农业技术推广，提高农业生产的科技含量和农民的劳动技能。安排农民培训专项资金，加强农民农业生产技能培训和非农技能培训；安排农业新技术和新品种推广资金；安排测土配方施肥专项资金，促进科学施肥，提高农作物产量，也减轻对环境的污染。加大对农业灾害救助的支持力度，减轻因灾损失。安排资金对禽流感等重大动物疫情实行强制免疫和扑杀政策；大力支持农业生产救灾和重大病虫害防治；增加投入力度，支持防汛抗旱。支持农业产业化，延伸农业生产的产业链条，提高农产品附加值。采取多种形式，支持农业产业化发展和农民专业合作组织发展。不断完善粮食、棉花、化肥、食糖等物品储备制度，稳定市场粮价，促进农民增收。为了防止"谷贱伤农"，不断创新完善最低收购价粮食财政补贴制度，国家委托收购的最低收购价粮食，库存利息费用及销售盈亏全部由中央财政负担；为稳定市场，确保农民增收，2000年以来建立了中央和地方两级国家粮食储备制度，中央和地方财政负担储备粮油利息、费用补贴；完善储备棉管理机制，加强棉花市场调控，中央财政负担国家储备棉方面的利息、保管费以及出入库价差等方面的支出；探索创新化肥淡储机制，促进农业生产，中央财政负担国家储备化肥利息、保管费等方面的支出；加强食糖市场调控，保护蔗农利益。

（五）大力支持农村其他工作

推行农村部分计划生育家庭奖励扶助制度。从2004年开始试点农村计划生育家庭奖励扶助制度，对农村只有一个子女或者两个女孩的计划生育家庭，夫妇年满60周岁以后，由中央或地方财政安排专项资金，按照年人均不低于600元的标准发放奖励扶助金。2006年在全国范围推行奖励扶助制度。

继续做好西部地区"少生快富"工程。在内蒙古、四川、云南、甘肃、青海、宁夏、新疆、海南等西部地区，对符合生育政策规定可以生育三孩但自愿放弃生育三孩、并采取长效节育措施的夫妇，一次性奖励3000元，中央财政按照80%的比例负担经费。

国家科技计划和基金重点向农业科研领域倾斜；加大对包括农业领域在内的非营利性科研机构的经费投入力度；实施"科技富民强县专项行动计划"，启动"科普惠农兴村计划"。推进新一轮"村村通"工程，解决"听广播难"和"看电视难"问题。实施流动舞台车工程，解决"看戏难"问题。实施"送书下乡"工程，解决"看书难"问题。支持实施农村电影放映工作，解决"看电影难"问题。实施文化信息资源共享工程，使基层群众共享优秀文化信息资源。

二、向民生倾斜

（一）大力支持教育事业发展

2008年，全国财政教育支出8937.9亿元，比2003年增加5585.8亿元，增长166.64%，年均增长33.33%，占国家财政支出的比重为14.32%，比2003年增加了0.72个百分点。2008中央财政教育支出1598.5亿元，比上年增长约50%。

具体措施如下：（1）积极建立农村义务教育经费保障新机制，减轻学生负担，提高教育经费保障水平。（2）在重点支持农村义务教育的同时，启动实施国家示范性高等职业院校建设计划；安排专项资金用于职业教育实验培训基地建设，进一步支持职业教育改革与发展；支持继续实施"211"工程、"985"工程等，支持深化高校管理体制改革，提高高等教育质量。（3）2007年5月国务院发布了《国务院关于建立健全普通本科高校高等职业学校和中等职业学校家庭经济困难学生资助政策体系的意见》，完善以国家助学贷款、助学金、奖学金等为主要资助手段的高校和中等职业教育家庭经济困难学生资助政策体系，帮助家庭经济困难的学生顺利完成学业。

（二）大力支持社会保障事业发展

2008年，全国财政的社会保障支出6770亿元，比2003年增加4057.8

亿元，增长 149.61%，年均增长 29.92%，占国家财政支出的比重为 10.85%。2008 年中央财政社会保障支出 2743.6 亿元，比上年增长 19.12%。

具体措施如下：(1) 加大了对就业和再就业工作的支持力度，扩大了再就业财税优惠政策的实施范围，延长了优惠期限，中央财政设立了再就业专项转移支付资金。(2) 继续加大了"两个确保"和"低保"工作的保障力度，基本保证了国有企业下岗职工基本生活费和企业离退休人员基本养老金按时足额发放，多数省份已基本完成了国有企业下岗职工基本生活保障向失业保险并轨工作，城市低保基本实现应保尽保。(3) 加大了帮助部分特殊困难群众解决生产生活问题的工作力度。(4) 在东北三省试点的基础上，增加 8 个省份开展做实企业职工基本养老保险个人账户试点。(5) 完善大中型水库移民后期扶持政策，扶持对象达 2288 万人。(6) 面对自然灾害，及时拨付各种抗灾救灾资金，有力地支持了抗灾救灾。

（三）大力支持医疗卫生事业发展

2008 年，全国财政医疗卫生支出 2722.4 亿元，比 2003 年增加 1891.6 亿元，是 2003 年的 3.27 倍；占国家财政支出的比重为 4.36%，比 2003 年提高了 0.99 个百分点。2007 年中央财政医疗卫生支出 664.3 亿元，比上年增长 381.4%，2008 年进一步增加到 826.8 亿元。

从具体措施看，主要有：(1) 积极支持了城镇职工基本医疗保险制度、医疗卫生体制和药品生产流通体制改革。(2) 安排公共卫生专项资金，重点加大公共卫生专项资金的投入力度，支持艾滋病、结核病、血吸虫病等重大传染病和地方病防治、贫困孕产妇住院分娩、基层卫生机构设备配备和人员培训、万名医师支援农村卫生工程等。(3) 支持中西部地区新型农村合作医疗改革试点。(4) 积极推进城乡医疗救助制度建设，加强五保供养。(5) 中央财政设立禽流感防控基金，并实施了阶段性减免税政策，切实保障了高致病性禽流感防治工作的需要，促进了家禽业恢复发展。

（四）大力支持科技创新和环境保护

2003 年以来，国家财政加大了对科技创新的支持力度。(1) 增加对科技重点领域和重点项目的投入，增加安排国家自然科学基金、国家重点基础研究规划专项经费、国家"863"计划专项经费等支出，重点支持了国家科技基础条件平台建设和中国科学院"知识创新工程试点"等工作,促进了一大批重大科研成果的产生和科技事业发展。(2)进一步优化投入结构,增加对基础研究、应用研究的投入,加大了对公益性科研机构的支持力度。(3)出台激励性的财务制度,制定税收优惠、政府采购等财税政策措施,支持企业自主创新。2008年,科技支出2108.13亿元,比2003年增加381.34亿元,增长22.08%,年均增长4.42%,占国家财政支出的比重为3.4%。

在环境保护上所推出的举措有:(1)完善天然林保护工程政策,积极推进退耕还林后续政策调整等,完善森林生态效益补偿基金制度,支持集体林权制度改革、国有林场管理体制和国有林权制度改革试点。(2)大力推进煤炭资源有偿使用制度改革,从2006年起8个省份已全面推开改革试点。(3)支持节能减排和开发新能源。特别是针对石油价格高企的新形势,积极研究促进发展石油替代能源的措施,制定支持生物能源发展等扶持政策,发展替代能源的财税政策体系初步建立。(4)积极推进石油价格形成机制改革,开征石油特别收益金。

三、对财政支出结构调整的评价

在财政支出结构调整方面,2003~2008年给人印象最深的,就是向"三农"和民生倾斜。从总体上看,2006年或许是一个明显的分界点。当年,我国社会文教费支出为10846.2亿元,占财政总支出比重上升到26.83%;而经济建设支出则为10734.63亿元,占财政总支出比重下降到26.56%。社会文教费比重与经济建设费比重的差距从1978年的-50.98%变为2006年的0.28%。在新中国历史上,这一年应是首次社会文教费超过经济建设费用的支出。或许我们可以认为,我国已经初步显现出民生型财政的雏形。

如果要追溯这种改变的原因的话,正如我们在本章第一节中所分析的,自然要归结到我国经济社会发展的新形势,以及新一届中央政府执政理念的调整。自党的十六大以来,中央相继提出科学发展观以及构建和谐社会的战略目标,在"十一五"规划中专门提出要"建设社会主义新农村"，到党的十七大时提出"加快推进以改善民生为重点的社会建设"。中央执政理念的这种变化，对应的是我国在过去一段时间经济和社会发展中的薄弱环节。为了加强这些薄弱环节，就必须加强公共财政体系建设，其中首要的就是公共财政支出结构的调整。

应当说，我国的财政支出结构调整已经朝着完善公共财政体制的方向迈出了关键的一步，且取得了不俗的成绩，但正如王一江（2007）所呼吁的那样，财政支出结构的根本性调整还未完成。与发达国家相比，我国财政在民生方面的支出比重还远远落后，而经济建设费比重，行政管理费支出比重还过高。

第五节 政府间财政体制改革：推进基本公共服务均等化

早在1956年，毛泽东在其著名的讲话《论十大关系》中，就专门谈到处理"中央和地方的关系"的重要性。按照他的表述，所谓中央与地方的关系，不仅包括中央政府与省政府之间的关系，而且包括地方政府中上下级政府间和各省之间的关系。对此，他指出，"处理好中央和地方的关系，这对于我们这样的大国、大党是一个十分重要的问题。这个问题，有些资本主义国家也是很注意的。它们的制度和我们的制度根本不同，但是它们发展的经验，还是值得我们研究。"显然，毛泽东在1956年所关心的"中央和地方的关系"，包含了方方面面的内容。在我国逐步转型为市场经济国家的过程中，政府间的财政体制应当说是其中的一个重要方面。在毛泽东发表谈话后的几十年间中，我国的中央与地方财政体制反反复复变化过多次。最近的一次，也是根本性的一次自然是1994年的财税改革。那次改革，稳定了中央与各省之间的财权划分，但也遗留了很多问题。这之后的政府间财政体制改革，即是在1994年财税改革的框架之下如何进一步完善。比如省以下的财政体制改革、上下级政府之间的事权划分和转移支付、地区之间的发展不平衡等问题，都需要不断探索其解决方案。

由于我国已经明确了建立完善的公共财政体系为改革的目标，因此如果说在1956年毛泽东关心的是如何发挥各方面积极性以发展经济，那么在市场经济环境下，政府间财政体制改革更为关注的是如何让各级政府更好地提供公共服务。改革的目标，正如党的十六届六中全会所提出且在党的十七大报告中再次明确的：推进基本公共服务均等化。

一、1994 年财税改革的遗留问题

要理解政府间财政体制改革，应当建立在对 1994 年财税改革及其遗留问题的基础上。1994 年实行了分税制财政管理体制，改变了财政包干体制下中央与地方"一对一谈判""讨价还价"的体制确定模式，统一了中央地方收支范围划分，初步形成了符合社会主义市场经济要求的中央与地方财政分配框架。就其改革的主要目的，稳定中央与地方财政分配关系，提高中央财政收入占全国财政收入的比重而言，改革无疑是非常成功的。但就如改革的主要操刀者之一、曾任财政部部长项怀诚（2004）的表述，分税制虽然取得了巨大的成功，但在制度设计上还具有一定的过渡色彩，尚有诸如事权划分不清，转移支付制度未健全等方面的缺陷。

从实际结果看，分税制改革遗留的问题主要是两方面（杨之刚，2004；周飞舟，2006）：基层政府财政困难和区域不平衡。也就是说，造成的问题主要集中在地方政府财力困难和财力不均两方面。这些问题随着时间的推移并没有逐步消化反而更为明显。由此在十余年之后，中国社会科学院财政与贸易经济研究所所推出的中国财政政策报告（2005/2006 年），还以《走向"共赢"的中国多级财政》为主题。

从制度上看，在分税制改革之后解决地方财政支出缺口问题的办法，即是逐步建立并完善由财力性转移支付和专项转移支付构成的转移支付制度。周飞舟（2006）的研究表明，从总体上看，通过税收返还和转移支付补助的形式来弥补地方财政的支出缺口基本是成功的。但是分地区来看，则存在着比较严重的地区不均衡现象。也正是因为如此，基层财政困难，区域间公共服务差距扩大这些问题才越发突出，进一步的改革才显得越发必要。改革的一方面即是分税制的进一步延伸和优化，另一方面需要改革转移支付制度。

二、通过体制改革落实科学发展观的理念

(一) 实施所得税收入分享改革

1994年实施分税制财政管理体制改革时曾经设想,按照建立社会主义市场经济体制的要求,打破企业隶属关系,对企业所得税实行或比例共享,但是由于当时条件还不成熟,暂维持原划分格局不变。随着政府机构改革的实施、企业改革的深化以及地区间经济发展格局的变化。按企业隶属关系等划分所得税收入的弊端日益显现:一是强化了政府干预,不利于深化企业改革;二是不利于公平竞争;三是收入混库问题日益突出,不利于征收管理;四是不利于扭转地区间财力差距扩大的趋势。

针对上述问题,在深入调查研究和广泛征求地方意见的基础上,国务院决定,从2002年1月1日起实施所得税收入分享改革,将按企业隶属关系等划分中央与地方所得税收入的办法改为中央与地方按统一比例分享。2002年所得税收入中央与地方各分享50%;2003年以后中央分享60%、地方分享40%。并明确中央因改革所得税收入分享办法增加的收入,全部用于对地方主要是中西部地区的一般性转移支付。为了保证所得税收入分享改革的顺利实施,妥善处理地区间利益分配关系,规定跨地区经营企业集中缴纳的所得税,按分公司(子公司)所在地的企业经营收入、职工人数和资产总额三个因素在相关地区间分配。2002~2005年中央财政因改革所得税收入分享办法集中收入2305亿元。① 2002~2005年,中央对地方一般性转移支付与2001年相比增量合计1972亿元。

(二) 改革出口退税负担机制

从国际经验来看,市场经济国家一般将增值税作为中央收入。作为共享收入的国家,一般也先将增值税全部收归中央,扣除出口退税后再将剩余的部分按照地方分享比例转移支付给地方,如德国。实行分税制前,我国的出口退税由中央和地方分担。分税制改革后,出口退税改为中央全部负担,与增值税实行中央与地方共享的体制不符,中央负担沉重,出口欠

---

① 李萍主编:《中国政府间财政关系图解》,中国财政经济出版社2006年版,第31页。

退税较多。在目前条件下,如果将增值税全部作为中央财政收入,需要对分税制财政管理体制做出重大调整,不仅影响体制的稳定性,而且对地方利益影响较大。

为此,国务院决定,在维持现行增值税中央与地方分享格局的同时,对出口退税机制进行改革,建立中央和地方共同负担出口退税的机制。即从 2004 年起,以 2003 年出口退税实退指标为基数,对超基数部分的应退税额,由中央和地方按 75∶25 的比例共同负担。中央财政加大对出口退税的支持力度,除及时办理 2003 年当年出口退(免)税外,还通过使用超收收入,利用由于实行国库集中支付改革而增加的中央库款余额,全部偿清了历年欠企业和地方的出口退税。这不仅能够促进外贸体制改革,支持企业正常经营和外贸发展,维护政府的形象和信誉,解决出口退税资金不足的问题,而且可以使出口退税与地方利益挂钩,强化地方政府防范和打击骗取出口退税犯罪行为的责任。

在 2004 年出口退税机制改革取得明显阶段性成效的基础上,针对新机制运行中出现的新情况和新问题,如地区负担不均衡、一些地方政府采取措施干预外贸发展等,财政部在广泛征求地方意见的基础上,经与商务部、国家税务总局等部门充分协商,经国务院批准,在维持 2004 年经国务院批准核定的各地出口退税基数不变的基础上,对超基数部分,从 2005 年 1 月 1 日起,中央、地方按照 92.5∶7.5 的比例分担;各省(自治区、直辖市)根据本地实际情况,自行制定省以下出口退税分担办法,但不得将出口退税负担分解到乡镇和企业,不得采取限制外购产品出口等干预外贸正常发展的措施;对所属市县出口退税负担不均衡等问题,由省级财政负责统筹解决;出口退税改由中央财政统一退库,地方负担部分年终专项上解。上述调整对解决地区间负担不均衡问题,维护全国统一市场,确保出口退税资金及时足额到位,促进外贸出口与经济持续健康协调发展具有重要意义。

(三) 实施"三奖一补"政策

为建立健全激励约束机制、调动地方各级政府缓解县乡财政困难的积极性和主动性,2005 年中央财政出台了"三奖一补"激励约束政策,主要内容包括强化激励和强化约束两大块:

属于强化激励系列的内容有：（1）对财政困难县通过发展经济等方式增加的税收收入以及省市级政府增加的对财政困难县财力性转移支付，中央财政按一定的系数，并考虑各地财政困难程度，给予适当奖励。（2）对县乡政府精简机构和人员给予奖励。对撤并乡镇取得进展的，中央财政根据减少乡（镇）的单位数，适当给予一次性奖励。对积极采取措施减少财政供养人员的地区，中央财政根据减少人数给予一定的奖励。（3）对产粮大县给予奖励。为鼓励粮食生产，减轻产粮大县财政压力，中央财政对产粮大县考虑粮食播种面积、粮食产量、粮食商品量等因素给予奖励，奖励政策对财政困难县适当倾斜。（4）对以前缓解县乡财政困难工作做得好的地区给予补助。中央财政对奖励政策实施以前，省市级政府财力向下转移较多、机构精简进度较快、财政供养人员控制有力的地区，给予适当补助。

属于强化约束系列的内容有：（1）建立地方财政运行监控和支出绩效评价体系、准确、全面地掌握财政运行情况，科学、客观地评价地方缓解县乡财政困难的能力、努力程度和工作实绩。（2）省、市和县乡财政部门在每年的财政预、决算报告中，分别向本级人民代表大会或人大常委会报告中央奖励补助资金的使用情况和缓解县乡财政困难的措施与成效。省级财政部门将有关情况汇总后报送财政部。（3）中央财政对地方上报数据资料、奖补资金分配和使用情况进行专项检查。对违反相关规定的地区扣减奖励补助资金，情节严重的，取消其享受奖补政策的资格。

（四）推进"省直管县"与"乡财县管"

按照现行"统一领导、分级管理"的分税制财政管理体制原则，省以下财政管理体制由各地在中央统一领导下，根据其实际情况确定。1994年分税制财政管理体制改革以来，中央财政多次下达关于完善省以下财政管理体制的指导性意见。根据中央指导性意见，结合本地实际情况，各地不断调整和完善县乡财政体制，在调整支出责任划分、明确收入划分、建立和规范转移支付等方面做了大量工作，体制管理模式不断创新。

一是积极推进"省直管县"改革。"省直管县"财政管理体制下，省级财政直接管理地市与县（市）财政，地方政府间在事权和支出责任、收入的划分，以及省对下转移支付补助、专项拨款补助、各项结算补助、预算资金调度等都是省直接对地市和县（市）。地市没有管理县（市）财政的职能，不直接与县（市）发生财政关系。这样一种体制管理模式有利于理顺和规范省以下地方财政分配关系，激发县域经济发展活力，提高财政支出效率。

二是稳步实施"乡财县管"。为加强县级财政对乡镇的管理，"乡财县管"改革在许多地区展开，主要内容是：在乡镇预算管理权不变、乡镇财政资金所有权和使用权不变和财务审批权不变的前提下，以乡镇财政为主体，由县财政部门管理并监督乡镇财政收支，实行"预算共编、账户统设、收入统管、支出统拨"的财政管理方式。

三、改革转移支付制度促进均等化

2003年以来，中央对地方转移支付规模不断扩大，结构进一步优化，制度更加完善，管理更加规范，地区间基本公共服务均等化效果明显。2008年中央财政对地方转移支付18708亿元，比2003年增加14196亿元，是2003年的4.15倍。2008年中央对地方财政转移支付占中央总财政支出的51.6%。转移支付对于平衡地方财力起到重要作用，地方支出平均38%的资金来源于中央财政转移支付，其中中西部地区支出平均54.4%的资金来源于中央财政转移支付。

中央对地方财政转移支付制度体系由财力性转移支付和专项转移支付构成。财力性转移支付是指为弥补财政实力薄弱地区的财力缺口，均衡地区间财力差距，实现地区间基本公共服务能力的均等化，中央财政安排给地方财政的补助支出。财力性转移支付资金由地方统筹安排，不需地方财政配套。目前财力性转移支付包括一般性转移支付、民族地区转移支付、县乡财政奖补资金、调整工资转移支付、农村税费改革转移支付等。专项转移支付是指中央财政为实现特定的宏观政策及事业发展战略目标，以及对委托地方政府代理的一些事务进行补偿而设立的补助资金。地方财政需按规定用途使用资金。专项转移支付重点用于教育、医疗卫生、社会保障、支农等公共服务领域。

（一）财力性转移支付

2003年以来，财力性转移支付体系不断完善，规模大幅度增加。2008年中央对地方财力性转移支付8746亿元，比2003年增加6832亿元，是其4.6倍。财力性转移支付占转移支付总额的比重由2003年的42.4%提高到2005年的51.9%，达到最高峰。2008年又降到46.7%，主要原因是对教育、农林水、环保的专项转移支付大幅增加，使得2008年财力性转移支付虽然增长了22%，但比重仍然大幅下降。

自2000年开始为配合西部大开发，贯彻民族区域自治法有关规定，实施民族地区转移支付，民族地区增值税环比增量的80%转移支付给地方，同时中央另外安排资金并与中央增值税增长率挂钩，2008年中央对地方民族地区转移支付275.79亿元，比2003年增加221亿元（见表8-1）。

表8-1　　2002~2008年中央对地方财力性转移支付情况　　单位：亿元

项目	2003年	2004年	2005年	2006年	2007年	2008年
一般性转移支付	380	745	1120	1530	2504	3511
民族地区转移支付	55	77	159	156	173	276
调资转移支付	901	994	1476	1724	2247	2451
农村税费改革转移支付	306	523	661	751	756	763
县乡奖补转移支付			150	235	339	438
其他财力性转移支付	272	266	246	336	1109	1307
合计	1914	2605	3812	4732	7128	8746

资料来源：李萍主编，《中国政府间财政关系图解》，中国财政经济出版社2006年版。

2003年和2006年中央出台调整工资政策。对因调资增加的支出，中央财政对中西部地区考虑各地区困难程度实施调整工资转移支付。2008年调整工资转移支付为2451亿元，比2003年增加1550亿元。调整工资转移支付根据政策要求和地方的承受能力测算实施，促进了相关政策的平稳出台和社会安定。

2000年开始农村税费改革试点，2006年全面取消农业税，对实施农村税费改革造成的净减收，中央财政考虑各地区困难程度实施农村税费改革转移支付。2006年农村税费改革转移支付为751.3亿元，2007年、2008

年基本维持在这一水平。

2005年为缓解县乡财政困难，中央财政出台了缓解县乡财政困难奖补政策，对各地区缓解县乡财政困难工作给予奖励和补助。2005年，中央财政县乡奖补资150亿元，2006年235亿元，2007年339亿元，2008年438亿元，增加很快。至2006年县乡政府"保工资、保运转"问题基本得到解决。

（二）专项转移支付

2003年以来专项转移支付增量主要用于支农、教科文卫、社会保障等事关民生领域的支出，体现了公共财政的要求。

在支农方面，中央财政实行良种补贴、农机具购置补贴，深入推进农业综合开发。中央财政支农专项转移支付由2002年的260.92亿元增加到2006年的551.49亿元，到2008年进一步增加到1513.13亿元，占专项转移支付总额的比重由2002年的10.9%提高到2006年的12.5%，2008年进一步达到15.2%。

在教育方面，中央实施农村义务教育经费保障机制改革，并对部分专项资金实行国库集中支付，资金直达学校，全面实施城乡免费义务教育，加强中西部校舍建设，并向农村义务教育阶段家庭经济困难寄宿生给予生活费补助，大力支持职业教育。中央财政教育专项转移支付由2002年的48.69亿元增加到2008年的687.53亿元，2008年是2002年的14.12倍，占专项转移支付总额的比重由2002年的2%提高到2008年6.9%。

在医疗卫生方面，自2006年开始加快新型农村合作医疗的推广，到2008年基本实现全覆盖，从制度和机制上缓解了农民群众"因病致贫、因病返贫"的问题，创造了世界医疗保障史上的奇迹；同时还大力支持农村地区医疗机构的建设。2008年开始推广城镇居民基本医疗保险。中央财政卫生专项转移支付由2002年的10.07亿元增加到2008年的780.02亿元，增幅惊人；占专项转移支付总额的比重由2002年的0.4%提高到2006年的7.8%。[①]

在社会保障方面，在东北三省试点的基础上，增加8个省份开展做实企业职工基本养老保险个人账户试点；完善大中型水库移民后期扶持政

[①] 李萍主编：《中国政府间财政关系图解》，中国财政经济出版社2006年版。

策，扶持对象达 2288 万人。中央财政社会保障专项转移支付由 2002 年的 754.73 亿元增加到 2008 年的 2399.31 亿元，2008 年是 2002 年的 3.18 倍。

从制度层面看，转移支付分配和管理不断完善。在财力性转移支付方面，不断改进标准财政收入、标准财政支出、标准财政供养人员数等测算方法，引入激励约束机制，转移支付办法、数据来源与测算结果公开。在专项转移支付方面，财政部出台了《中央对地方专项拨款管理办法》，明确了中央对地方专项转移支付管理的原则和要求。在工作中参照这一办法对专项转移支付的申请和审批、分配和使用、执行和监督等各个管理环节提出了要求，坚持公开、公正、透明的原则，对大多数专项转移支付项目采取"因素法"与"基数法"相结合、以"因素法"为主的分配方法，并补充修订了相关的专项管理办法。

努力推进专项转移支付项目整合工作，提高转移支付资金规模效益。近几年从支农专项资金整合入手，自下而上地大力推进专项转移支付项目整合工作。2006 年财政部印发了《关于进一步推进支农资金整合工作的指导意见》，指导地方财政等有关部门开展支农资金整合工作。通过支农资金整合，形成了政策、资金合力效应，发挥了财政资金"四两拨千斤"的作用，在促进农民增收，推进新农村建设方面发挥了一定作用。

积极开展专项转移支付政府采购和国库集中支付试点，有效解决资金挪用和管理中信息不对称问题，提高转移支付资金使用效益。从 2003 年开始，中央财政选择了部分项目进行政府采购和国库集中支付试点。如对免费教科书、流动舞台车、送书下乡、贫困地区公安装备实行了政府采购。农村义务教育经费保障机制改革中央负担的免费教科书资金、免杂费补助资金、公用经费补助资金、校舍维修改造资金等经费从 2006 年 7 月 1 日起由省级财政部门和县级财政部门实行财政直接支付，中央财政实行动态监控。

（三）均等化效果分析

财政转移支付体系不断完善，尤其是财力性转移支付制度的不断完善，改变了分税制财政管理体制改革前中央财政与地方财政"一对一"谈判、"讨价还价"的财政管理体制模式，增强了财政管理体制的系统性、合理性，减少了中央对地方补助数额确定过程中的随意性。转移支付规模

第八章
深化改革：进一步完善公共财政体制

不断增加，支持了中西部经济欠发达地区行政运转和社会事业发展，促进了地区间基本公共服务均等化。财力性转移支付的稳定增长，大大提升了中西部地区的财力水平。

专项转移支付规模增加，并大力投向事关民生的领域，落实了中央政策，引导了地方政府资金投向，大大促进了社会事业发展。专项转移支付资金分配过程中更多地考虑与政策相关的人口、粮食产量等因素，公共财政阳光照耀到了政策涉及的所有城镇居民和农村居民。

第六节 推进财政管理体制改革：走向预算国家

毫无疑问，政府收支行为应当规范化和法治化，受到有效的监督。这是我国财政管理体制改革的核心内容。从国际经验看，在现代国家，预算即是解决政府收支行为规范化和法治化的主要手段。王绍光（2007）在访谈中指出，从更广阔的历史视野来看，每个国家都要经过从税收国家到预算国家的历史进程，税收国家是预算国家的前提。所谓税收国家，意指各级政府的收入应当主要来自法定税收。所谓预算国家，他用财政统一和预算监督两个方面进行概括。他认为我国无论是财政统一，还是预算监督，都存在着严重不足。

事实上，如果说我国 1994 年的改革主要是解决政府收入问题，那么至少自 2000 年开始，财政部门已经高度重视政府收支行为的规范化和法治化问题，并推出了一系列财政管理体制方面的改革措施，旨在规范政府收支行为。比如编制部门预算，实行国库集中支付制度、政府采购制度、费改税等，目的均是希望将各个政府部门的所有收支都纳入财政监督的视野中。这些均体现为我国在走向现代预算国家方面所付出的努力。正如高培勇（2006）所指出的，随着近年来我国税收收入的高速增长，尤其是超预算收入规模的进一步膨胀，如何进一步强化政府的预算约束机制就成为完善公共财政体系建设的一个关键问题。党的十六届三中全会的《决定》，首次提出完善的市场经济要实行全口径预算的目标，实行新的政府收支分类科目，强化以往各项改革措施等，这为我国走向现代预算国家提供强有力的推动力。

一、实施政府收支分类改革

针对现行政府预算收支科目体系存在的涵盖范围偏窄、体系不够科学、不能完整反映政府职能活动等问题,我国从1999年起着手研究政府收支分类改革。政府收支分类改革方案多次修改,并进行了模拟试点。2005年12月27日,国务院正式批准政府收支分类改革方案,决定编制2007年预算时全面实施此项改革。

(一) 政府收支分类改革的必要性

政府收支分类是财政预算管理的一项重要的基础性工作,直接关系到财政预算管理的透明度,关系到财政预算管理的科学化和规范化,是公共财政体制建设的一个重要环节。随着社会主义市场经济体制的完善、公共财政体制的逐步确立,以及部门预算、国库集中收付、政府采购等各项财政改革的不断深入,现行政府收支分类体系的弊端也越来越明显,主要存在于以下几个方面:

1. 与市场经济体制下的政府职能转变不相适应

我国社会主义市场经济体制已基本建立,政府职能也发生了很大转变,政府公共管理和公共服务的职能日益加强,财政收支结构也发生了很大变化。基本建设支出、企业挖潜改造支出、科技三项费用、流动资金等计划经济体制下按照政府配置资源思路设计的科目。

2. 不能清晰反映政府职能活动

预算支出科目主要是按"经费"性质进行分类的,把各项支出划分为行政费、事业费等等。这种分类方法使政府究竟办了什么事在科目上看不出来,很多政府的重点工作支出如农业、教育、科技等都分散在各类科目中,难以形成一个完整、透明、清晰的概念。

3. 制约了财政管理的科学化和财政管理信息化

支出科目划分涵盖范围偏窄,也不够明细、规范和完整,对细化预算编制,加强预算单位财务会计核算,以及提高财政信息化水平都带来一些负面影响。

4. 不利于强化财政预算管理和监督职能

政府收支分类体系只反映财政预算内收支，未包括应纳入政府收支范围的预算外收支和社会保险基金收支等，给财政预算全面反映政府各项收支活动，加强收支管理带来较大困难，不利于强化预算管理和监督职能。

5. 与国民经济核算体系和国际通行做法不相适应

既不利于财政经济分析与决策，也不利于国际比较与交流。财政部门和国家统计部门每年要做大量的口径调整和数据转换工作。尽管如此，还是难以保证数据的准确性以及与其他国家之间的可比性。

（二）政府收支分类改革主要内容

新的政府收支分类体系设计主要遵循三个基本原则：一是公开透明。确保按新科目编制的预算符合市场经济条件下公共财政的基本要求，既要说得明白，也要让一般老百姓看得懂。二是符合国情。既要合理借鉴国际经验，实现与国际口径的有效衔接与可比，又要充分考虑我国目前的实际情况，尽可能满足各方面的管理需要。三是便于操作。科目设计在内容和层级设计上既要充分满足管理的要求，又要尽可能简化，不能太复杂。按照上述原则，新的政府收支分类主要包括三个方面的内容，即收入分类、支出功能分类和支出经济分类。

（三）政府收支分类改革的意义

按照规划，政府收支分类的改革，暂未改变预算管理的基本流程和管理模式，不改变预算平衡口径及预算内资金（包括现有一般预算资金、政府性基金）、预算外资金、社会保险基金分别管理的方式。从这方面看，新的政府收支分类改革对于目前的预算管理似乎影响较小。然而在实质意义上，这项改革在建立完善的公共财政体制，在促使我国走向与国际接轨的现代预算国家之路等方面，都将具有深远的影响。

二、已有改革措施的继续推进

（一）推进部门预算管理改革，强化预算约束

1. 建立和完善基本支出定员定额体系，推进实物费用定额试点

部门预算改革的目的，就是通过规范预算编制方法，建立规范、科学

的预算分配机制。通过研究制定《中央本级基本支出预算管理办法》对基本支出预算实行定员定额管理。几年来，通过细化定额项目、完善定额测定方法、扩大试点范围，使基本支出定员定额标准体系的科学性、规范性不断提高。

2. 建立和完善项目支出管理办法，推动项目支出预算滚动管理

项目支出预算采取项目库管理方式，按照项目重要程度，分别轻重缓急排序，使项目经费安排与部门事业发展和年度重点工作紧密结合。每年项目支出预算批复后，按照限定的条件财政部要组织中央部门对已批复预算的项目进行清理，将延续项目滚动转入以后年度，逐步建立项目支出预算滚动安排的管理机制。

3. 稳步推进部门预算支出绩效考评试点工作

研究制定了《中央部门预算支出绩效考评管理办法（试行）》。2006年，按照考评管理办法规定，经部门申请，财政部确定了农业部"农业科技跨越计划经费"等4个项目进行绩效考评试点。2007年，选择了教育部"高校建设节约型校园修购"等6个项目进行试点，试点范围逐步扩大，试点的规范性不断提高。在中央部门试点工作稳步推进的同时，部分省市财政部门也成立绩效考评管理机构，以项目支出为切入点，开展了绩效考评试点工作。

4. 规范预算编制程序

为规范部门预算编制过程中财政部和中央部门的职能和责任，财政部相继制定了《进一步加强和规范中央预算管理的有关规定》《财政部中央部门预算编制规程（试行）》等规范性文件，提出"二上二下"的预算编制程序。对预算编制、执行、调整各阶段的时间安排、具体工作任务以及财政部和中央部门、财政部内部各司局的职能权限等做出了具体的规定。

从改革的成就看，2000年所有中央部门和单位按照基本支出预算和项目支出预算试编部门预算，初步实现"一个部门一本预算"，并选择教育部、农业部、科技部和社会保障部等4个部门作为部门预算试点单位，向全国人大报送。2001年增加到26个部门，2004年增加到34个，2006年增加到40个。总体来看，经过几年的努力，部门预算编制改革取得了显著的成效。比如，初步建立起与国家宏观政策及部门履行职能紧密结合的

预算分配机制;预算编制方式发生重大改变,预算编制的准确性进一步提高;强化了预算约束,预算的计划性和严肃性得到增强;预算透明度不断提高,强化了全国人大对预算的监督。

(二)深化国库集中收付制度改革,加强预算执行管理

国库集中支付改革范围扩大到所有中央部门及所属 6100 多个基层预算单位,实施改革的预算资金达到 4600 多亿元。36 个省、自治区、直辖市、计划单列市本级,270 多个地(市),1000 多个县(区),超过 16 万个基层预算单位也实施了此项改革。2006 年以来,国库集中收付制度改革又进一步深化和完善,将农村义务教育中央专项资金纳入国库集中支付管理,在中央补助地方专项资金支付管理方面取得了重大突破,为下一步全面加强专项资金管理奠定了基础。

从中央和地方实施国库集中收付制度改革的情况看,经过各方面的共同努力,各项基础工作扎实有效,各项改革工作进展顺利,新制度的优越性开始显现,取得了阶段性成果。一是从根本上解决了过去财政资金层层拨付,流经环节过多的问题。二是有效地提高了财政资金使用的透明度,有利于从制度上解决以往资金使用过程中存在的截留、挤占、挪用等问题。三是提高了资金拨付效率和规范化程度。四是促进了预算单位财务管理意识和水平的提高。

(三)大力完善政府采购制度,提高财政资金使用效益

经过多年的努力,政府采购制度改革取得了重大进展,政府采购制度体系不断完善,基本形成了规范化的政府采购管理机制,政府采购行为日趋规范,政府采购规模和范围不断扩大。2008 年全国政府采购规模达到 5990.9 亿元,占当年财政支出的 9.6%,在节能、环保等方面较好地发挥了扶持和导向作用。

(四)深化"收支两条线"改革,全面规范管理预算内外资金

2001 年,国务院转发财政部《关于深化收支两条线改革,进一步加强财政管理意见的通知》,决定将中央各部门的预算外收入全部纳入专户管理,有条件的纳入预算管理。2004 年财政部发布《关于加强政府非税收入管理的通知》,明确了政府非税收入的管理范围,并要求分类规范管理政府非税收入,进一步推动了全面规范管理预算内外资金的工作。

（五）推进"金财工程"建设，提升财政管理信息化水平

2002年，国家信息化领导小组将"金财工程"列为国家电子政务主要业务系统之一，"金财工程"正式全面启动。"金财工程"又可称为政府财政管理信息系统，它是与我国建立公共财政体制框架目标相适应的一套先进信息管理系统，也是我国正在实施的电子政务战略工程建设的重要组成部分。金财工程建设的主要内容，包括构建一个应用支撑平台，中央与地方数据处理，内部涉密网、工作专网和外网，预算编制系统、预算执行系统、决策支持系统和行政管理系统等。通过统一平台和技术业务标准、共享数据资源、自动控制与处理等手段，在财政资金运行的各个环节，都可以实现财政管理权限的相互制约，促进财政管理的科学化、规范化，从而催生新的财政管理模式。

三、探索其他改革措施

（一）实施国债余额管理，有效防范财政风险

2005年12月16日，十届全国人大常委会第四十次委员长会议通过了《全国人大常委会预算工作委员会关于实行国债余额管理的意见》。自2006年起，参照国际通行做法，我国开始采取国债余额管理方式管理国债发行活动，以科学管理国债规模，有效防范财政风险。实行国债余额管理后，借新还旧的发债由财政部在年度国债余额限额内根据财政收入状况和资本市场情况自行运作，既规范了发债行为，又增加了主动性和灵活性，符合国债管理的客观需要，对科学控制国债规模、优化国债期限结构、降低国债筹资成本、提高财政管理透明度、防范财政风险具有重要意义。

（二）实施国库现金管理，提高库款资金使用效益

国库现金管理是指财政部门在代表政府进行公共财政管理时，预测、控制和管理国库现金的一系列政府理财活动。国库现金管理的目标是在确保国库现金支付需要的前提下，实现国库闲置现金最小化和投资收益最大化。国库现金管理遵循安全性、流动性和收益性相统一的原则。国库现金管理的操作方式主要有发行短期国债等融资活动，商业银行定期存款、买回国债、国债回购和逆回购等投资活动。

（三）试行国有资本经营预算，统筹用好国有资本收益

2007年5月30日国务院召开国务院常务会议，研究部署试行国有资本经营预算工作，决定从2007年开始在中央本级试行国有资本经营预算，地方试行的时间、范围和步骤由各省（区、市）及计划单列市人民政府决定。实行国有资本经营预算，是国家以所有者身份取得企业国有资本收益，用于支持实施产业发展规划、国有经济布局和结构调整、企业技术进步，补偿国有企业改革成本以及补充社会保障。

建立和实施国有资本经营预算制度，统筹用好国有资本收益，是完善社会主义市场经济体制的一项重要举措，对于深化国有企业收入分配制度改革、增强政府宏观调控能力、合理配置国有资本、促进企业技术进步、提高企业核心竞争力，都具有重要意义。

（四）建立中央预算稳定调节基金，提高财政运行稳定性

为更加科学合理地编制预算，保持中央预算的稳定性和财政政策的连续性，从2006年起，根据当年的财政收支平衡状况，中央财政从超收收入中安排相应规模资金建立中央预算稳定调节基金，专门用于弥补短收年份预算执行收支缺口。中央财政收入预算由财政部在征求征管部门意见的基础上编制，不再与征管部门编制的征收计划直接挂钩。中央预算稳定调节基金单设科目，安排基金时在支出方反映，调入使用基金时在收入方反映，基金的安排使用纳入预算管理，接受全国人大及其常委会的监督。

四、积极推进依法理财和民主理财

实行依法理财与民主理财，建设法治财政，既是实行公共财政制度的必然要求，也是充分发挥公共财政职能作用，促进和谐社会构建的重要保障和途径。依法理财、民主理财工作大力推进，财政管理的法治化、民主化和公开化水平不断提高。

（一）加快财税立法进程

通过加快财税立法，不断健全完善适应公共财政要求的财税法律制度，夯实依法理财、民主理财基础。《政府采购法》《财政违法行为处罚处分条例》等一批适应新形势下财政管理需要的法律、行政法规已颁布实

施,并取得了明显效果;内外资两套企业所得税制度已合并,新的《企业所得税法》已由十届全国人大五次会议审议通过,并于2008年1月1日起实施;《中华人民共和国预算法》(修订)(以下简称《预算法》)、《财政转移支付法》《税收基本法》等重要的财政法律列入十届全国人大常委会立法规划。规范财政收入、支出和管理等各方面的财政规章和规范性文件的立法步伐也显著加快。仅2006年一年,财政部制定公布的财政规章就有11件,共制定及与其他部门联合制定的财政规范性文件约260件。

(二)创新和健全制度

通过创新和健全制度,形成了促进依法理财和民主理财的有效机制。为全面推进财政部门依法行政、依法理财,建设法治财政,贯彻执行国务院《全面推进依法行政实施纲要》,财政部制定了《财政部门全面推进依法行政依法理财实施意见》(以下简称《意见》),明确了全面推进依法行政、依法理财的目标、任务和措施,对加强财政立法、完善财政决策机制和程序、健全财政执法制度,规范执行行为、强化财政监督等提出了明确要求。在起草财政法律、行政法规和制定财政规章、规范性文件过程中,坚持按照《行政法规制定程序条例》《规章制定程序条例》和《意见》规定要求,采取深入基层调查研究、书面征求意见、召开座谈会、论证会等多种方式,广泛听取有关单位和公民个人的意见和建议,力求使财政立法更好地体现民意。

第七节 小结

2003~2008年我国在完善公共财政体制方面的进步,影响深远的改革措施屡见不鲜。这些改革措施的出台,标志着我国在建立与完善的市场经济体制相适应的,完善的公共财政体制方面取得了长足的进步。提炼这段时间财税体制改革的特征,可以归纳出以下几点:

第一,我国财税体制的改革从来都不曾独立推进,总是与我国改革开放的进程相适应。这一点在这五年突出的表现,即是科学发展观和构建和谐社会战略目标的提出,既为公共财政体制的改革提出了很高的要求,又提供了影响深远的动力。作为党的十六大以来两个最为重要的战略思想，要实践科学发展观和实现构建和谐社会的目标，就必然要求充分发挥公共财政的再分配和资源配置职能，促进社会公平和人与自然的和谐关系。

第二，自建立公共财政体系的方向得以明确后，财税体制改革面临的不再是重构框架、推倒重来这样的战略任务，而更多地集中在如何解决历史遗留问题，如何进一步完善已有体制上。这一点在新一轮税制改革，政府间财政体制改革等方面表现得较为明显。

第三，从这几年改革的现实进程看，如"两法合并"的延期出台，如稳健财政政策的艰难抉择等，都表明改革已经进入深水区。一些沿着正确方向的改革措施的出台，由于其会影响到一些人的利益，可能会遇到意想不到的阻力。

第四，公共财政体制的改革过程本身也在公共化。随着网络技术的发展以及改革进程的深入，社会公众对于财税体制的改革关注度不断加深，其表达意见的渠道也不断拓宽。许多以完善公共财政为取向的改革措施，都受到社会公众的广泛关注，并在其有力推动下才得以出台。

总的来看，在2003~2009年这几年中，我国在建立完善的公共财政体制方面取得了一些实质性的进步，但更为重要的是在若干方面形成了自上而下的共识，明确了改革的方向。

走入新时代：
中国财政迎来一系列历史性变革

在中华人民共和国的发展史上，2012年是一个十分重要的转折点。

这一年，党的十八大召开，以社会主要矛盾的变化为基本标志，中国特色社会主义进入了新时代。也是在这一年，延续多年的经济发展速度、结构和动力格局发生重大变化，中国经济由高速增长阶段转入高质量发展阶段。还是从这一年起，改革开放进入了"攻坚期"和"深水区"。在新的历史起点上启动全面深化改革，以国家治理体系和治理能力现代化为总目标，实现经济体制、政治体制、文化体制、社会体制和生态文明体制"五位一体"改革的联动，作为一种历史的选择而提至我们面前。

2013年11月，党的十八届三中全会通过了《关于全面深化改革若干重大问题的决定》，立足于全面深化改革的宏观棋局，以建立现代财政制度为目标，新时代财税体制改革由此展开。

第一节 站在历史新的更高起点上

走入新时代的中国财税，面临着一系列大不相同于以往的新挑战、新要求、新任务。

第九章

走入新时代：中国财政迎来一系列历史性变革

一、社会主要矛盾变化

随着中国特色社会主义进入新时代，我国社会主要矛盾已经由"人民日益增长的物质文化需要同落后的社会生产之间的矛盾"转化为"人民日益增长的美好生活需要与不平衡不充分的发展之间的矛盾"。

从物质文化需要到美好生活需要，不仅意味着人民需要的层次提升——对于物质文化生活提出了更高的要求，而且意味着人民需要的范围拓展——在领域和重心上超出了物质文化范畴而延伸至对于民主、法治、公平、正义、安全、环境等方面的要求，必须在满足人民物质文化生活需要和非物质文化生活需要两个方面同时发力。不仅要着力于物质文化产品供给升级换代，而且要着力于增加和优化民主法治、公平正义和安全环境等政策和制度产品供给，从而满足人民更高层次、更广范围的美好生活需要。

从落后的社会生产到不平衡不充分的发展，不仅意味着我国社会生产力水平总体上显著提高，制约满足人民需要的主要因素已经由社会生产能力转化为发展的不平衡不充分，而且意味着发展的不平衡不充分既包括物质文化生活领域，也涵盖超越物质文化生活范畴的制度和政策领域，必须在矫正市场供给的不平衡不充分和政府供给的不平衡不充分两个方面同时发力。不仅要"使市场在资源配置中起决定性作用"，而且须"更好发挥政府作用"，将解决不平衡不充分发展问题的责任，同时落实于市场和政府两个系统。

二、经济发展阶段变化

认识到人民日益增长的物质文化需要已经转变为美好生活的需要，并且不平衡不充分的发展已经取代落后的社会生产成为制约满足人民美好生活需要的主要制约因素，经济工作的重心和中心当然要从解决"有没有""有多少"转变为聚焦"好不好""忧不忧"，从追求"体量优势"和"速度优势"转变为聚焦"质量优势"和"效益优势"。

在以往，面对"人民日益增长的物质文化需要同落后的社会生产之间的矛盾"，并且矛盾的主要方面在于落后的社会生产这一客观现实，经济工作自然要围绕着国民生产总值的规模和速度转，通过做大经济"总量"和提高经济"增速"，来扭转供不应求、短缺经济的现状。进入新时代，面对"人民日益增长的美好生活需求与不平衡不充分的发展之间的矛盾"，并且矛盾的主要方面在于不平衡不充分的发展这一客观现实，经济工作的着重点和着力点自然要从"总量"和"增速"转换到"质量"和"效益"上，从专注于物质产品和文化产品供给扩展到包括物质产品、文化产品以及制度产品、政策产品在内的几乎所有产品供给。

这表明，随着社会主要矛盾的变化，经济发展阶段也在发生变化。随着中国特色社会主义进入新时代，中国经济发展也进入了新时代。在新时代的中国，质量和效益已经替代 GDP 规模和增速，成为经济发展的首要问题。正是基于如此重要而深刻的时代背景，也是为了从根本上改变以往靠"铺摊子""上项目"的传统发展模式，聚焦于提升发展质量和效益，着力破解我们面临的经济发展难题，党的十九大作出了中国经济已由高速增长阶段转向高质量发展阶段的重大论断。

三、全面深化改革

与中国特色社会主义进入新时代和中国经济进入高质量发展阶段相伴随，中国的改革开放也进入攻坚期和深水区。

从总体上说，中国改革开放起步于经济体制改革。经过 40 多年的改革开放进程，以基本确立社会主义市场经济体制框架为主要标志，经济体制改革取得了举世瞩目的成就。然而，改革开放终归是一场深刻而全面的社会变革，牵涉一系列体制机制的转型。作为一项宏大而复杂的系统工程，经济体制改革不可能单兵突进。事实上，随着经济体制改革的不断深入，各领域、各环节之间改革的互动性明显增强，几乎每项改革都会牵动或影响到其他方面的改革，几乎每项改革也都需要其他方面的改革协同配合。任何一个方面改革滞后，都会制约和影响改革目标的实现。

来自各方面的信息亦表明，中国经济体制改革进程中遇到的阻力以及遇到的暗礁、潜流、漩涡，是与政治、文化、社会、生态文明等领域的问题相互交织在一起的，只能通过全面深化改革加以推进。有效解决中国改革开放进程中所积累的一系列不容回避的社会矛盾和问题，就要全面深化改革。新时代坚持和发展中国特色社会主义，根本动力仍然是全面深化改革。除了全面深化改革，别无他途。

四、历史性变化：在继承与发展中走出一条新路

由社会主要矛盾的变化到经济发展阶段的变化，再到改革开放进入攻坚期和深水区、踏上全面深化改革之路，这一系列关系全局的历史性变化，不仅对党和国家事业，而且对财税改革与发展提出了新的要求。

社会主要矛盾是各种社会矛盾的主要根源和集中反映，在社会矛盾运动中居于主导地位。它的存在和发展，决定或影响着其他矛盾的存在和发展。抓住了主要矛盾，便找准了解决当代中国发展主要问题的根本着力点。这意味着，新时代财税改革与发展必须紧扣社会主要矛盾的变化，围绕破解发展不平衡不充分问题、更好满足人民日益增长的美好生活需要而展开和推进。

社会主要矛盾变化同经济发展阶段变化如同一枚硬币的两个方面，两者均构成中国特色社会主义进入新时代的基本标志。前者对应党和国家事业全局，系重大政治论断。后者则对应经济发展领域，系重大经济论断。两者有着共同的经济基础。高质量发展，无疑抓住了新时代社会主要矛盾这个关键点。这意味着，紧扣社会主要矛盾的变化，坚定不移推动高质量发展，着力解决我国发展不平衡不充分问题，更好满足人民日益增长的美好生活需要，系新时代财税改革与发展的着力点和着重点。

要在继续推动发展的基础上，着力解决好发展不平衡不充分的问题，大力提升质量和效益，更好满足人民在经济、政治、文化、社会、生态等方面日益增长的需要，更好推动人的全面发展和社会全面进步，就要求经济、政治、文化、社会、生态文明建设全面推进，就要求实行经济、政治、文化、社会、生态文明体制"五位一体"改革联动。这又意味着，新时代财税改革与发展必须融入于国家治理现代化进程，在更高起点、更高

层次、更高目标上重塑新时代财税改革与发展格局。

正是在如此的背景下,一系列关系党和国家事业全局的历史性变化相契合,中国财税改革与发展也迎来了一系列历史性变化。换言之,与中国特色社会主义进入新时代如影随形,中国财税改革与发展也进入了新时代。

第二节 基于全新定位的新时代财税体制改革

一个时代有一个时代的主题,一个阶段有一个阶段的使命。立足于我国发展新的历史方位和中国特色社会主义事业总体布局,党的十八届三中全会所通过的《中共中央关于全面深化改革若干重大问题的决定》(以下简称《决定》),在开启全面深化改革、系统整体设计推进改革新时代的同时,作出了一个颇具历史和理论高度的全新论断(中共中央,2013):

"财政是国家治理的基础和重要支柱,科学的财税体制是优化资源配置、维护市场统一、促进社会公平、实现国家长治久安的制度保障。"

对于中国财税和中国财税体制改革事业来说,这绝对是一个非常重要的里程碑。它意味着,随着中国特色社会主义进入新时代,财政已经由一个经济范畴上升为一个国家治理范畴,财税体制已经由经济体制的一个组成部分上升为国家治理体系的一个组成部分。

以此为基础,财政和财税体制被纳入现代国家治理总体布局并摆在基础和重要支柱位置,从根本上明确了财政和财税体制在新时代党和国家事业全局中的战略定位。

新时代财税体制改革由此拉开了序幕。

一、以现代财政制度标识改革目标

党的十八届三中全会在将新时代财税体制改革目标与全面深化改革总目标相对接的同时,破天荒的第一次以"建立现代财政制度"标识新时代财税体制改革的目标(中共中央,2013)。时隔三年之后,党的十九大报

第九章

走入新时代：中国财政迎来一系列历史性变革

告又在系统评估党的十八届三中全会以来财税体制改革进程的基础上，作出了"加快建立现代财政制度"的一系列部署（习近平，2017）。可以断言，新时代财税体制改革的目标，就凝结并落实于建立现代财政制度。

追溯一下我国改革开放的历史进程，可以发现，迄今为止，在官方话语体系内，以"现代"二字前缀某一领域制度安排的情形，除了"现代财政制度"之外，另一个值得提及的先例是"现代企业制度"。以建立现代企业制度为目标、发生于20世纪90年代的我国国有企业制度改革，为我国国有企业最终走出困境、迈上正常发展轨道打下了坚实基础。

正如国有企业制度改革需要以现代化的企业制度作为参照系一样，走入新时代的财税体制改革，同样要以现代化的财政制度为参照系。在立足中国国情土壤的前提下，借鉴发达市场经济国家财税体制的一般规则和基本做法，打造一个现代国家应有的财政制度形态。

故而，面对中国特色社会主义进入新时代这一关系全局的战略考量，仿效建立现代企业制度的改革思维，将"现代"二字与"财政制度"对接，并且以建立现代财政制度标识新时代财税体制改革的方向，其意义肯定不亚于曾经的国有企业制度改革。

特别值得提及的是，从党的十八届三中全会正式提出"建立现代财政制度"到党的十九大添加前缀"加快"、进而形成"加快建立现代财政制度"的新表述，既集中反映了新时代财税体制改革的紧迫性，更是在经历了为期三年的改革实践探索之后，对新时代财税体制改革目标的进一步确认。可以说，以建立现代财政制度为目标，"加快"将新时代财税体制改革蓝图真正落到实处，已经成为中国特色社会主义新时代的迫切要求。

二、一幅明确而清晰的"路线图"

以一个现代国家应有的制度形态为标尺，用心体会现代财政制度概念中的"现代"二字所蕴含的深刻含义，并注意到此"现代"财政制度与彼"现代"国家治理之间的内在联系，不难理出以下的逻辑线索：

中国特色社会主义新时代要求全面深化改革，全面深化改革的总目标在于推进国家治理的现代化，实现国家治理现代化的基础和重要支柱是坚实而强大的国家财政，构筑坚实而强大的财政基础和财政支柱要依托于科学的财税体制，科学的财税体制又要建立在现代财政制度的基础之上。

于是，"建立现代财政制度"→"科学的财税体制"→"国家治理的基础和重要支柱"→"国家治理体系和治理能力的现代化"→中国特色社会主义新时代，便成为可以勾画出的有关新时代财税体制改革的一幅十分明确而清晰的"路线图"。

据此，可以将新时代财税体制改革的基本目标完整表述为：建立与国家治理体系和治理能力现代化相匹配的现代财政制度。

三、重大而深刻的历史性变化

值得注意的是1994年财税体制改革的基本目标在于"建立与社会主义市场经济体制相适应的财税体制基本框架"，再注意到新时代财税体制改革的基本目标在于"建立与国家治理体系和治理能力现代化相匹配的现代财政制度"，可以认为，由"适应市场经济体制"到"匹配国家治理体系"，从"建立与社会主义市场经济体制相适应的财税体制基本框架"到"建立与国家治理体系和治理能力现代化相匹配的现代财政制度"，围绕财税体制改革基本目标表述上的这一重大而深刻的变化表明，新时代的中国财税体制改革迈上了一个新的更高的平台。

（一）由适应和匹配经济体制改革到适应和匹配全面深化改革

以往的财税体制改革，多是作为经济体制改革的组成部分、在经济体制改革的棋局上加以部署的。其推进和评估，可以紧跟经济体制的改革进程，以是否适应或匹配了经济体制的变化、是否适应或匹配了社会主义市场经济体制作为标尺。

新时代财税体制改革，则是作为全面深化改革的组成部分、在全面深化改革的棋局上加以部署的。因而，围绕财税体制改革的推进和评估，不仅要紧跟经济体制改革进程，而且要紧跟政治体制、文化体制、社会体制和生态文明建设体制改革进程，以是否适应并匹配了各个领域的改革联动、是否适应和匹配了改革的总体效果以及是否适应和匹配了实现国家治理体系和治理能力现代化的总体目标作为标尺。

第九章

走入新时代：中国财政迎来一系列历史性变革

（二）由经济范畴、经济制度安排到综合性范畴、综合性制度安排

以往的财税体制改革，多是在将财政视为一个经济范畴、将财税体制视作一种经济制度安排的基础上加以谋划的。无论其触动规模多么巨大，涉及范围多么宽广，甚或其实际影响绝不限于经济领域，但从总体上来说，其主观立意并未脱出财政作为一个经济范畴、财税体制作为一种经济制度安排的思维局限。

新时代财税体制改革，则是在将财政视作一个跨越多个学科、覆盖所有领域的综合性范畴，将财税体制视作一个可以牵动经济、政治、文化、社会、生态文明所有领域的综合性制度安排的基础上加以谋划的。因而，它绝非一般意义上的经济制度安排，而是站在国家治理的总体角度，将财政作为国家治理的基础性和支撑性要素加以打造，将财税体制作为全面覆盖国家治理全过程、各领域的综合性制度安排加以构建。

（三）由着眼属性特征、追求性质匹配到着眼时代特征、追求现代化匹配

以往的财税体制改革，多着眼于财税体制的属性特征，追求的是财税体制与社会主义市场经济体制的"性质匹配"。其基本目标，是建立与社会主义市场经济体制相匹配的公共财政体制。

新时代财税体制改革，则是着眼于财税体制的时代特征，追求的是财税体制与国家治理体系和治理能力的"现代化匹配"。因而，它既非以往改革目标的简单延续，也非另起炉灶，推倒重来，而是在公共财政体制建设取得突破性进展的基础上，匹配国家治理现代化的总进程，从现代财政文明出发布局财税体制改革，打造现代国家财政制度的一般形态——顺应历史规律、切合时代潮流、代表发展方向、匹配中国国情的现代财政制度。

第三节 现代财政制度与公共财政体制

作为新时代财税体制改革的基本目标，现代财政制度同此前的改革基本目标——公共财政体制无疑是有关联的。那么，它们之间是一种怎样的关联呢？

一、具有一脉相承关系的统一体

前面各章的讨论表明，中国的财税体制改革虽持续了多年，但在很长的一段时间内，并未形成一个能够统领、覆盖整个财税体制领域内的改革线索和改革项目的概念。即便是 1994 年的财税体制改革，在锁定"建立与社会主义市场经济体制相适应的财税体制基本框架"这一基本目标的同时，也并未对改革之后作为一个整体的财税体制基本形态做出相应的描述。

直到 1998 年，随着财税体制改革由零敲碎打型的局部调整转入整体体制机制构建阶段，方以那一年举行的全国财政工作会议为契机，将"构建中国的公共财政基本框架"作为中国财税体制改革的基本目标定位，正式纳入官方话语体系。也是从那以后，举凡牵涉中国财税体制改革目标问题的讨论，无论在学术界还是在实践层，都是以构建公共财政体制来标识的，也都是在公共财政概念的基础上进一步归结其基本制度形态的。

从根本上来说，公共财政体制的概念也好，由此而归结的基本制度形态也罢，其主要的着眼点，都落在了财税体制的属性特征上。之所以以构建公共财政体制标识财税体制改革目标，其基本的依据无非在于，只有公共财政性质的财税体制而非其他别的什么方面性质的财税体制，才是可以与社会主义市场经济体制相适应的。也正是因为如此，我们才会做出类如"搞市场经济，就要搞公共财政"（高培勇，2000）那样的理论判断。

与之有所不同，现代财政制度的主要着眼点是落在财税体制的时代特征上的。也即是说，它是在全面深化改革总棋局中、立足于匹配国家治理体系和治理能力现代化总目标而形成的概念。意在强调，只有跟上人类文明发展进程、体现现代财政文明的现代化财税体制而非其他别的什么方面特点的财税体制，才是可以与国家治理体系和治理能力的现代化相匹配的。国家治理现代化的大厦须建立在现代财政制度的地基上，须由现代财政制度的框架支撑起来。

由构建公共财政体制到建立现代财政制度，由追求与社会主义市场经济体制的"性质匹配"到追求与国家治理体系和治理能力的"现代化匹配",财税体制改革在目标定位问题上走出的这一轨迹告诉我们,建立现代财政制度并非另起炉灶,推倒重来,而是在初步实现构建公共财政体制基础上的目标升级,实质上凸现了新时代财税体制改革的阶段性特征。

这意味着,公共财政体制和现代财政制度实质是具有一脉相承关系的统一体。从这个意义上讲,现代财政制度站在了公共财政体制的肩膀上,实质上是以财政公共化为基础的财政现代化。

二、如同一枚硬币的两个方面

通过进一步的观察还可以发现,在中国财税体制改革的历史进程中,公共财政体制也好,现代财政制度也罢,其思想的来源和基础并无多少不同。

就构建公共财政体制来看,从改革开放的那一天起,我们对于财税体制改革目标进行的探索,无论是发生在收入一翼的改革还是发生在支出一翼的改革,也无论是仅涉及局部调整的改革还是牵动全局的改革,更无论是在以公共财政体制标识改革目标之前还是在此之后,在事实上,作为参照系的,都是当今世界范围内现代财政制度的一般形态。其中,既有典型市场经济体制国家的成功做法,也有体制转轨国家的经验教训,当然也包括中国自身财政改革与发展过程中所积累下的深刻体会。所有这些,均构成了中国公共财政体制建设的重要思想基础,也由此形成了关于公共财政体制及其基本特征的理论概括。

就建立现代财政制度而论,党的十八届三中全会在赋予财政和财税体制全新定位的同时,亦提出了"完善立法、明确事权、改革税制、稳定税负、透明预算、提高效率"等24个字的基本改革思路。以此为基础,中共中央政治局于2014年6月审议通过的《深化财税体制改革总体方案》,还从加快形成有利于转变经济发展方式、有利于建立公平统一市场、有利于推进基本公共服务均等化等若干方面拿出了系统改革方案(楼继伟,2014)。党的十九大也在"加快建立现代财政制度"的旗帜下,就推进中的财税体制改革作出了相关部署。将这些作为基本思路的表述和作为系统方案的内容以及相关部署一一展开并加以透视,可以看到,作为其参照系的，其实就是现代化的财税体制形态。或者说，就是在立足中国特殊国情的基础上，广泛借鉴了包括典型市场经济国家在内的当今世界财税体制的一般规则和基本做法。

所以，就其实质内容而言，公共财政体制和现代财政制度如同一枚硬币的两个方面。只不过前者对应社会主义市场经济体制，以属性特征标识财税体制改革目标，表述为公共财政体制。后者则对应国家治理体系和治理能力现代化，以时代特征标识财税体制改革目标，表述为现代财政制度。

三、均属与时俱进的开放性概念

其实，作为中国财税体制改革目标的高度概括，无论是公共财政体制还是现代财政制度，都是开放性的概念。在某种意义上，它们均非经过严谨论证的纯学术范畴。换言之，它们均系根植于中国国情，以海纳百川的胸怀和气魄汲取一切人类社会文明成果并将两者有机融合的产物。与此同时，孕育于实践，萌生于实践，专注于实践，立足于实践，与实践如影随形、亦步亦趋，也是它们共同的突出特点。

这意味着，公共财政体制和现代财政制度所揭示的实质内容并非是一成不变的，而是与时俱进的。随着时间的推移和认识的深化，赋予公共财政体制与现代财政制度的内涵和外延也会发生变化。在财税体制改革目标的标识上，由关注属性特征、体制性质对接到强化时代特征、现代文明对接，便是其中的一个重要体现。

还可进一步看到，公共财政体制也好，现代财政制度也罢，本来就是为了解决中国自身问题的需要而提出的富有中国特色的概念，两者均寄托并融入了我们对于中国财税改革与发展的理想和追求。这些理想和追求，既是发展变化的，更是在一以贯之的中国特色社会主义思想脉络下产生并逐步成熟的。在它们之间，从始至终就是、也只能是继承和发展的关系。

综上所述，论述公共财政体制和现代财政制度两个概念，无非是想说明一点：公共财政体制与现代财政制度并非泾渭分明、互不搭界的"平行"目标。两者既一脉相承，又各有侧重。既同出一源，又与时俱进。归根结底，现代财政制度是建立在公共财政体制基础之上的财政制度安排。鉴于现代财政制度系根据公共财政体制已经初步构建的理论判断而勾画的新的更高标准的财政制度形态，也可以说，现代财政制度是公共财政体制的"升级版"。

四、小结：现代财政制度的定位

说到这里，可以看出，作为国家治理体系重要组成部分的现代财政制度，在新时代中国特色社会主义事业全局中肩负着大不相同于以往的特殊使命——职能格局。对于这种特殊使命，党的十八届三中全会作出的系统概括是："优化资源配置、维护市场统一、促进社会公平和实现国家长治久安的制度保障"。

毋庸赘言，这是站在国家治理体系或国家治理领域的总体角度而非经济领域一个角度，而赋予现代财政制度的基本职能。脱出经济的局限而覆盖经济、政治、文化、社会、生态文明等所有领域，从而职能边界大大拓展，是现代财政制度基本职能格局所发生的有别于以往的重大变化。

首先，与以往的认识有所不同，这里所说的"优化资源配置"，其所涉及的对象，并不限于国民生产总值。除了国民生产总值这样的当年收入流量之外，以往年度的收入存量如居民和企业财产以及国有资源、国有资产也是要纳入的。换言之，流量和存量兼容、收入与财产并举，囊括国家治理视野下的所有资源，在更高层面、更广范围配置资源，是现代财政制度在履行优化资源配置职能问题上的一个突出特点。

其次，与以往的认识有所不同，这里所说的"维护市场统一"，其视野所及，并不限于税收制度和财政制度自身的统一。除此之外，还包括牵涉全国统一市场和公平竞争的各种规定和做法。换言之，以财税制度安排和财税运行秩序为建设公平统一的市场奠定基础，让市场机制在全国范围资源调度和配置中发挥决定性作用，是现代财政制度所应履行的一个十分重要的职能。

再次，与以往的认识有所不同，这里所说的"促进社会公平"，其作用范围，并不限于调节收入分配，也不限于以往主要着眼于收入分配的所谓纵向公平和横向公平，亦不限于国民生产总值的再分配环节。除了收入分配的公平之外，其他如财产分布、财富累积、机会均等等要素的公平也是要追求的。除了收入分配中的纵向和横向公平之外，其他要素领域分配的公平也是要讲究的。除了再分配环节之外，初次分配环节也是要进入的。换言之，以公平正义为导向，拓展分配视野，全方位地介入包括收入、财产、财富以及各种要素领域、各个分配环节在内的所有分配活动，是现代财政制度在履行促进社会公平职能问题上的一个突出特点。

最后，与以往的认识有所不同，这里所说的"实现国家长治久安"，其着眼点并不限于宏观经济稳定，除此之外，包括经济、政治、文化、社会以及生态文明领域在内的整个国家的长治久安，都是要纳入视野的。换言之，作为国家治理体系的基础性和支撑性要素，现代财政制度不仅要继续担负起稳定宏观经济运行的重任，而且须脱出经济的视野局限，在囊括经济、政治、文化、社会和生态文明等所有领域的广阔视野下，通过合理有效的财税制度安排，保证政权稳定和国家安全运转，实现整个国家的长治久安。

也可以认为，之所以在赋予财政和财税体制以全新定位的同时，提出并形成现代财政制度的概念并以此作为改革的基本目标，就是奔着实现其大不相同于以往的全新职能格局而去的。

第四节 从建立现代财政制度到加快建立现代财政制度

一、改革进入倒计时

从党的十八届三中全会到党的十九大，相继围绕建立现代财政制度做出系统部署。有所不同的是，前面曾经指出，党的十八届三中全会的提法是"建立现代财政制度"，党的十九大采用的提法则是"加快建立现代财政制度"（习近平，2017）：

"加快建立现代财政制度，建立权责清晰、财力协调、区域均衡的中央和地方财政关系。建立全面规范透明、标准科学、约束有力的预算制度，全面实施绩效管理。深化税收制度改革，健全地方税体系。"

值得注意的是党的十八届三中全会对于全面深化改革有明确的时间表，"到二〇二〇年，在重要领域和关键环节改革上取得决定性成果，完成本决定提出的改革任务，形成系统完备、科学规范、运行有效的制度体系，使各方面制度更加成熟更加定型。"可以确认，新时代财税体制改革事实上已经进入倒计时状态，推进新时代财税体制改革的紧迫性不言而喻。

二、建立现代财政制度：系统部署及其相关进展

党的十八届三中全会以建立现代财政制度为目标，做出的系统部署及取得的相关进展（楼继伟，2014）：

（1）就预算管理制度改革而言，有别于以往围绕一般公共预算（亦称财政预算）而定改革方案的做法，新时代预算管理制度改革的视野扩展到包括一般公共预算、政府性基金预算、国有资本预算和社会保险基金预算在内的全部政府收支。其目标，就是在覆盖全部政府收支的前提下，建立"全面规范、公开透明"的现代预算管理制度。

基于这一目标所做出的部署是："改进预算管理制度。实施全面规范、公开透明的预算制度。审核预算的重点由平衡状态、赤字规模向支出预算和政策拓展。清理规范重点支出同财政收支增幅或生产总值挂钩事项，一般不采取挂钩方式。建立跨年度预算平衡机制，建立权责发生制的政府综合财务报告制度，建立规范合理的中央和地方政府债务管理及风险预警机制。"

（2）就税收制度改革而言，有别于以往围绕税收总量增减而定改革方案的做法，新一轮税制改革设定的前提是"稳定税负"。其目标就是在"稳定税负"的前提下，通过"逐步增加直接税比重"优化税收收入结构，建立现代税收制度。

基于这一目标所做出的部署是："深化税收制度改革，完善地方税体系，逐步提高直接税比重。推进增值税改革，适当简化税率。调整消费税征收范围、环节、税率，把高耗能、高污染产品及部分高档消费品纳入征

收范围。逐步建立综合与分类相结合的个人所得税制。加快房地产税立法并适时推进改革，加快资源税改革，推动环境保护费改税。"

（3）就中央和地方财政关系改革而言，有别于以往围绕中央或地方财力增减而定改革方案的做法，新一轮中央和地方财政关系改革的目标，被锁定于"发挥中央和地方两个积极性"，构建现代中央和地方财政关系新格局。

以发挥"两个积极性"而非"一个积极性"为目标所做出的部署是："建立事权和支出责任相适应的制度。适度加强中央事权和支出责任，国防、外交、国家安全、关系全国统一市场规则和管理等作为中央事权；部分社会保障、跨区域重大项目建设维护等作为中央和地方共同事权，逐步理顺事权关系；区域性公共服务作为地方事权。中央和地方按照事权划分相应承担和分担支出责任。中央可通过安排转移支付将部分事权支出责任委托地方承担。对于跨区域且对其他地区影响较大的公共服务，中央通过转移支付承担一部分地方事权支出责任。保持现有中央和地方财力格局总体稳定，结合税制改革，考虑税种属性，进一步理顺中央和地方收入划分。"

从2013年11月到党的十九大，在为期4年多的时间里，作为阶段性的改革成果，新一轮财税体制改革在如下几个方面取得了相应进展：

（1）在预算管理制度改革领域，2015年1月，正式颁布并实施了以覆盖全部政府收支为主要着眼点的新《预算法》。[①] 并且，围绕新《预算法》颁布了一系列旨在规范政府收支行为的制度。以此为基础，现代预算管理制度的若干基本理念得以确立，以四本预算构建的全口径政府预算体系得以建立，预决算公开透明也取得一定成效，等等。

（2）在税收制度改革领域，作为间接税制度改革的重要内容，营改增全面推开并简并了增值税税率，资源税改革顺利推进，消费税征收范围逐步拓展，环境保护税正式开征。与此同时，以颁布《深化国税、地税征管体制改革方案》[②] 为标志，税收征管体制改革开始启动。

[①] 《中华人民共和国预算法（2014年修正）》，财政部网站。
[②] 中央全面深化改革领导小组：《深化国税、地税征管体制改革方案》，载于《人民日报》，2015年12月24日。

第九章
走入新时代：中国财政迎来一系列历史性变革

（3）在中央和地方财政关系改革领域，以全面实施营改增为契机，2016年5月，公布了《国务院关于印发全面推开营改增试点后调整中央与地方增值税收入划分过渡方案》。作为未来2～3年的过渡方案，以2014年为基数，采取增值税增量五五分成的方式重新划分中央和地方收入。2016年8月，又发布了《国务院关于推进中央与地方财政事权和支出责任划分改革的指导意见》。根据这一指导意见，到2020年，要基本完成主要领域改革，并逐步规范化、法律化，形成中央与地方财政事权和支出责任划分的清晰框架。

三、加快建立现代财政制度：围绕焦点、难点和痛点而攻坚

仔细地体会从"建立现代财政制度"到"加快建立现代财政制度"的深刻含义并同党的十八届三中全会关于新时代财税体制改革的部署相对照，就会发现，其中所发生的变化，意义极其深刻。

（1）在党的十八届三中全会所部署的三个方面财税体制改革内容中，预算制度管理改革居首，税收制度改革次之，中央和地方财政关系改革收尾。党的十九大对三个方面内容的排序做了调整：中央和地方财政关系改革跨越其他两方面改革而从尾端跃至首位，预算管理制度改革和税收制度改革则相应退居第二和第三。排序的调整，显然折射的是三个方面改革内容相对重要性的变化。可以说，随着中国特色社会主义进入新时代，加快中央和地方财政关系改革，不仅是新时代财税体制改革必须跨越的关口，更是必须首当其冲完成的任务。

（2）党的十八届三中全会部署的财税体制改革内容，篇幅近千字，相对完整而系统。党的十九大关于财税体制改革的直接表述，则只有78个字，系画龙点睛式的。如中央和地方财政关系改革的目标是"权责清晰、财力协调、区域均衡"，预算管理制度改革的目标是"全面规范透明、标准科学、约束有力，全面实施绩效管理"，税收制度改革的重点是"健全地方税体系"。可以说，这些简明扼要、极具针对性的表述，均系新时代财税体制改革的重点内容、关键部位。

其实，上述的重点内容也好，关键部位也罢，之所以在众多的改革议

题和线索中被凸显出来，尤其是在对以往 4 年的改革进程做出系统评估之后被凸显出来，其最根本的原因无非在于，它们实质是新时代财税体制改革的焦点、难点和痛点。

因而，围绕上述的焦点、难点和痛点而打一场攻坚战，加快建立现代财政制度，将新时代财税体制改革蓝图绘到底，是从党的十八届三中全会到党的十九大关于新时代财税体制改革所发出的一个最重要且最明确的信号。

四、"攻坚"清单

如下便是这些焦点、难点和痛点问题的一份大致清单。

（一）中央和地方财政关系：新时代财税体制改革的重头戏

上文提到，从党的十八届三中全会到十九大，发生在中央和地方财政关系领域的改革进展主要有两项：《全面推开营改增试点后调整中央与地方增值税收入划分过渡方案》和《关于推进中央与地方财政事权和支出责任划分改革的指导意见》。

就前者而言，注意到这一方案的适用期只有 2~3 年，它显然是一项权宜之计而非"进一步理顺中央和地方收入划分"的体制性安排。再注意到营改增之后的增值税收入占全部税收收入的比重已超 50%，对如此高比重的税种实行分成，它显然是一种"分钱制"办法而非"分税制"安排。

就后者而言，注意到党的十八届三中全会对于此项改革的提法是"建立事权与支出责任相适应的制度"，这一指导意见则在事权和支出责任前面添加了"财政"二字，其意图虽可理解为以财政事权和财政支出责任的划分为突破口，从而为整个事权和支出责任的划分铺平道路，但是，它毕竟收缩了其应有的作用空间，实质是一个"缩水版"。

中央和地方财政关系的改革进程之所以会呈现如此的状态，当然与其自身的复杂性以及改革的难度直接相关。

毋庸置疑，中央和地方之间的关系是现代国家治理领域最重要的关系链条之一，中央和地方之间的财政关系又属于其中最具基础性和支撑性意义的要素，亦最具"牛鼻子"效应。围绕它的改革，不仅事关党和国家事业发展全局，而且牵动整个财税体制改革进程。鉴于加快中央和地方财政关系改革的极端迫切性，也鉴于防止本应发挥的"牛鼻子"效应演化为"拖后腿"效应，党的十九大不仅将其摆在了下一步改革的优先位次，而且基于有针对性地加以推进的需要，进一步细化了其改革目标——"权责清晰、财力协调、区域均衡"。

也正是基于上述的考虑，作为党的十九大之后新时代财税体制改革的开局之举，2018年1月27日，国务院印发了《基本公共服务领域中央与地方共同财政事权和支出责任划分改革方案》。由基本公共服务领域中的中央和地方共同事权破题，制定基本公共服务国家保障标准，规范中央和地方支出责任分担方式，从而建立起权责清晰、财力协调、区域均衡的中央和地方财政关系，便是这一改革方案的主要出发点。

可以预期，中央和地方财政关系的改革，将成为下一步财税体制改革的重头戏。

（二）预算管理制度：亟待将新《预算法》落到实处

相对而言，预算管理制度的改革动手最早、力度最大，是新时代财税体制改革推进最快、成效最为显著的领域。其最重要的标志性成果，便是2015年1月正式颁布的新《预算法》。

然而，以现代预算制度的原则反观新《预算法》，也可以发现，主要源自既得利益格局且困扰我们多年的若干"老大难"问题，仍未得到根本解决。

（1）虽然新《预算法》明确了"预算包括一般公共预算、政府性基金预算、国有资本预算、社会保险基金预算"，但具体到预算收支范围，对于一般公共预算的描述比较详实——可以细化到"类款项目"，其他三本预算则大而化之——"政府性基金预算、国有资本经营预算和社会保险基金预算的收支范围，按照法律、行政法规和国务院的相关规定执行"。

（2）虽然新《预算法》明确了公开透明的标准，但除一般公共预算之外的其他三本预算收支并未达到这一要求，或者遵守的标准并不一致。也正是由于管理标准不一，在我国，对于四本预算的预算监督和约束事实上存在不小的差异，甚至迄今未能形成一个覆盖全部政府收支的"财政赤字"概念。

（3）虽然新《预算法》已经颁布将近三年，但与之相配套的实施细则至今未能落地。由于缺失具有可操作性的实施细则，不仅现代预算制度的理念难以真正确立，而且诸如财税部门统揽政府收支、实现政府预算的完整和统一等这些基础性的改革目标，也难以落到实处。

也毋庸置疑，所有这些，既是下一步预算管理制度改革亟待攻克的障碍，也是与现代国家治理相适应的现代预算制度必须具备的基本素质。

可以认为，正是出于这样的考虑，党的十九大在对"全面规范、公开透明"加以精炼概括的基础上，为预算管理制度改革确立了更加全面而细致的改革目标——"全面规范透明、标准科学、约束有力，全面实施绩效管理"。

也可以预期，循着如此的"路线图"，预算管理制度改革肯定会由此加快而推进至实质层面。

（三）税收制度：直接税改革对接"健全地方税体系"

在新时代税制改革所涉及的"六税一法"——增值税、消费税、资源税、环境保护税、个人所得税、房地产税和税收征管法中，"四税一法"——营改增全面推开、资源税改革顺利推进、消费税征收范围逐步拓展、税收征管体制改革——已经启动。表面上进展很快，动作不小，但进一步观察，就会发现，抛开税收征管体制具有特殊意义不谈之外，但凡取得进展的税种，均属于间接税。可归入直接税系列的个人所得税和房地产税，总体上"裹足不前"。其中，个人所得税改革虽有一定进展，但尚未完全脱出"减免税负"的老路。房地产税则"只闻楼梯响，未见人下来"。

若将间接税和直接税分别视作新时代税制改革行动的两翼，可以非常清晰地发现，两翼的改革行动颇不均衡。再注意到发生在以营改增为代表的间接税改革是以减税为基本取向的，以个人所得税和房地产税为代表的直接税改革的基本取向则是增税，两翼改革行动"跛脚"状态所带来的直接结果便是，间接税收入减下来了，直接税收入并未相应增上去。由此带来的收入亏空，只能通过增列赤字、增发国债加以弥补。

第九章

走入新时代：中国财政迎来一系列历史性变革

无论从哪个方面看，靠"借钱"支撑的税制改革，既不可持续，又蕴含风险。将新时代税制改革目标落到实处的几乎唯一选择，就是走税制结构优化道路——在推进间接税改革的同时，实施直接税改革。以直接税的逐步增加对冲间接税的相应减少，以自然人税源的逐步增加对冲企业税源的相应减少。

更进一步看，基于优化税制结构目标而进行的直接税改革，迄今所涉及的税种，主要是个人所得税和房地产税。这两个税种，一旦同 1994 年确立并载入新《预算法》的分税制财政管理体制相对接，又可发现，它们都是可以作为地方税主体税种或主要税种的选项而进入地方税体系的。特别是房地产税，古今中外，历来就是作为地方税或地方主体税种而存在并运行的。就此意义而言，迄今新时代税制改革进程中发生在个人所得税和房地产税改革上的"裹足不前"现象，也可表述为地方税改革"裹足不前"，或者，地方税体系建设"裹足不前"。

同样毋庸置疑，以个人所得税和房地产税为代表的直接税改革，不仅关系到税制结构优化目标的实现，而且事关地方税体系建设以及中央和地方财政关系改革的进程。从这个意义上讲，直接税改革就是地方税改革，健全地方税体系就是健全地方财政收支体系，也就是重塑以"分税制"为灵魂的中央和地方财政关系新格局。

可以预期，按照党的十九大部署，尽快采取措施，让以个人所得税和房地产税为代表的直接税改革"破茧而出"，进而推进以"健全地方税体系"为重点的税制改革进程，绝对是下一步财税体制改革的一场攻坚战。

第五节 未来蓝图：财税体制改革与国家治理现代化

党的十八届三中全会对经济社会形势的全新判断，不论从哪个角度看，都给我国的经济社会发展进程带来了极大的震撼与冲击。对财政、财税改革的全新表述和定位，也使我国经济在进入新常态、走上现代化进程的新阶段这一重大背景下，不能不深入思考如何顺应国际趋势并主动回应我国现代化建设所面临的新的严峻挑战。由此而发生的财税体制改革，不能不对国家治理现代化这一重大现实命题有所回应。

治国理念和治理模式已发生转换，推进财税治理体系和治理能力现代化，符合党的十八届三中全会《关于全面深化改革若干重大问题的决定》（以下简称《决定》）确定的"完善和发展中国特色社会主义制度，推进国家治理体系和治理能力现代化"的全面深化改革的总目标。关于财政及财税体制地位的政策表述，《决定》首次将财政上升到国家治理的立论层次和高度并列专章阐释；进而，首次以政治局会议决议形式通过具有整体性和总揽性的《深化财税体制改革总体方案》（以下简称《方案》）。《方案》更加清晰地确立了深化财税体制改革的目标，也即"建立统一完整、法治规范、公开透明、运行高效，有利于优化资源配置、维护市场统一、促进社会公平、实现国家长治久安的可持续的现代财政制度"。

不难看出，《决定》和《方案》都将财税体制改革的具体内容和重要领域分解为预算制度、税收制度和政府间财政关系三个方面，并突出强调在此基础上构建现代财政制度框架的重要意义。由此可以看出，在现代国家治理视域下考察国家治理体系和治理能力现代化，以及构成财税体制改革具体内容和重要领域的预算制度、税收制度和政府间财政关系这三者之间如何实现良性互动的治理模式，已成为新时代全面深化改革和推进新一轮财税改革的核心任务。

一、现代财政制度：国家治理现代化的财政基础

（一）三大领域改革瞄准"现代财政制度"

党的十八届三中全会赋予财政全新定位——"国家治理的基础和重要支柱"。随后的《深化财税体制改革总体方案》则可以视为改革的思路原则、主要任务和时间安排等细节的具体展开。自那以来，这场牵一发而动全身的"硬仗"扎实推进，现代财政制度建设迈出实质性步伐。在构建"阳光化"现代预算制度、税制改革、事权和支出责任划分领域逐项"破冰"前行，取得了一系列重要成果。新一轮财税体制改革由此成为全面深

化改革的排头兵,成为一场关系国家治理体系和治理能力现代化的深刻变革的重要组成部分。

2014年6月30日,中央发布《深化财税体制改革总体方案》,从改进预算管理制度、深化税收制度改革、调整中央和地方政府间财政关系等方面重点推进改革。预算管理制度改革是深化财税体制改革的首要任务。

2014年8月31日,全国人大常委会审议通过新《预算法》,自2015年1月1日起施行,标志着我国加快建立全面规范、公开透明的现代预算制度迈出了坚实的一步。

2015年3月,全国人大会议审议通过的《立法法》修正案,进一步明确、细化了税收法定原则。这是对"落实税收法定原则"的最直接回应。

中央与地方事权和支出责任划分是理顺政府间财政关系的前提和基础,是推进国家治理体系和治理能力现代化的重要方面。根据改革"蓝图"的规划,建立事权与支出责任相适应的制度是关系国家治理体系建设的重要问题,涉及中央与地方财政事权及支出责任划分、中央和地方收入划分、转移支付制度等,涉及面广、影响深远。

党的十八届三中、四中、五中全会明确提出了建立事权和支出责任相适应的制度、适度加强中央事权和支出责任、推进各级政府事权规范化、法律化的要求。2016年8月,国务院出台了《关于推进中央与地方财政事权和支出责任划分改革的指导意见》,第一次比较系统提出从事权和支出责任划分即政府公共权力纵向配置角度推进财税体制改革,明确了改革总体要求、划分原则、主要内容。在划分中央与地方财政事权和支出责任基础上,进一步理顺中央与地方收入划分,完善中央对地方转移支付制度,形成财力与事权相匹配的财政体制,标志着财税体制改革进入了深化阶段并迈出了实质性步伐。

(二)"以政控财、以财行政":财政为全面改革充当"先行军"

从研究者的视角来看,财政是一个"以政控财、以财行政"的分配体系。按照规范性的思路来说,所有的社会公共资源配置,都需要有一个预算形式表现出来的相对应的财政分配。国家政权体系的"以政控财",表现为各级政府以社会管理者的政治权力掌握、协调社会总产品中的一部分,这一部分在现代经济生活中必然以价值形态的财力表现出来,实际上代表的是可分配资源。而"以财行政",则是用这些公共的资源,由财力表现的这样一部分可分配的社会产品,去履行政府应该履行的职能。

一个国家如果要寻求现代国家治理,进入现代化的状态,财政分配的体系也必须现代化,这是一个基本逻辑。对于全局的意义,就是讨论财政问题要"跳出财政看财政"。我们提出确立公共财政的概念,要求确立现代财政制度的改革导向,就必然牵涉到制度优化、去除制度弊端的问题。党的十八届四中全会明确"全面依法治国"的要求,这是"现代政治文明"的问题,显然要实施以现代政治文明为取向的体系建设。这就把十八届三中全会以经济改革为重点的改革安排,进一步推到了经济、司法、行政,乃至政治体制改革概念之下的全覆盖框架。因而,"全面改革"实际上是不可避免地涉及经济改革还有其他配套的改革,包括政治体制改革,这也是当前中国改革继续推进的最主要难点和须冲破的阻碍因素(贾康,2018)。当前,我们在寻求发展的过程中走到了改革的深水区,实质性的改革步履维艰,尽全力积极往前推进,财税改革实际上为全面改革充当了"先行军",促进了中国行政体制的改革。

二、国家治理现代化:民族伟大复兴的治理基础

紧随着党的十八届三中全会提出"全面深化改革"的目标,党的十八届四中全会提出了"全面推进依法治国"之理念,声称,"全面推进依法治国是一个系统工程,是国家治理领域一场广泛而深刻的革命。"如果可以把建设现代财政制度理解为国家治理现代化的经济与财政之基,那么,国家治理体系的现代化,则无疑应被视作民族伟大复兴的国家治理基础。

2018年12月,中央经济工作会议指出,我国发展仍处于并将长期处于重要战略机遇期。"世界面临百年未有之大变局",变局中危和机同生并存,这给中华民族伟大复兴带来重大机遇。这是党中央基于对世界大势的敏锐洞察和中国所处发展阶段的深刻分析而做出的一个重大判断。

认识和理解"百年未有之大变局"的一个重要视角,就是中国自身的战略定位以及中国同国际体系的互动关系。从国际体系的层面来讲,中华民族实现伟大复兴的过程,就是在不断演进的国际体系中谋求自身正当权

利和地位的过程。因此，如何找到并实现中国在国际体系中的定位，如何实现中国同国际体系的共同演进，是我们在认识和理解"百年未有之大变局"时所要解决的根本问题（任晶晶，2019）。对我国 40 年改革开放经验的科学总结，对我国 70 年来发展历程的客观回顾，对于新时代继续高举改革开放旗帜、站在更高起点谋划和推进改革、将新时代改革开放伟大革命进行到底具有重大指导意义。

以往的发展历程提示我们，核心的治国理念从管理转为治理，其背景及取向无疑是要完成中国的"现代化"问题。"现代国家治理"以"现代化"为取向——财政制度现代化，国家治理现代化，就是要解决中国作为世界上唯一的古老文明形成以后没有中断的国度，在工业革命以来明显落伍的情况下，怎样重新融入现代文明世界、重新实现伟大民族复兴的问题（贾康，2018）。这一过程，既是中国特色社会主义道路的必经之路，同时也是实现中华民族伟大复兴的必由之路。

第六节 积极财政政策的深刻变化

从 1998 年我国启用积极财政政策一词的那一天起，"积极"二字便被当作"扩张"的同义语。在人们的视野中，积极财政政策就是扩张性财政政策。积极财政政策即为以减税降费、扩大支出、增列赤字为主要内容的财政扩张操作。

不过，随着中国经济由高速增长转入高质量发展阶段，这一同高速增长阶段的经济实情、特殊国情捆绑在一起的特定范畴，其基本内涵及行动路线均发生了一系列深刻变化。

一、大不相同于以往的宏观环境

转入高质量发展阶段，发生在中国宏观经济与政策环境上的深刻变化可作如下概括：

（1）与高速增长阶段大不相同，转入高质量发展阶段的中国经济所面对的主要矛盾是结构问题而非总量问题，矛盾的主要方面在供给侧而非需求侧。中美贸易摩擦所带来的经济下行压力，固然主要体现在需求总量上和需求一侧，但相对于结构问题和供给侧问题，需求总量和需求侧的问题终归属于次要矛盾、次要方面。

（2）与高速增长阶段大不相同，转入高质量发展阶段的中国宏观经济政策的主线是供给侧结构性改革而非需求管理。中美贸易摩擦所带来的经济下行压力，固然集中体现于实施需求管理的必要性上，但相对于优化供给结构、提高供给质量，扩大需求不仅是次要目标，其操作亦须掌握在"适度"范围内，不可"大水漫灌"。

（3）与高速增长阶段大不相同，转入高质量发展阶段的中国宏观调控所依托的根本途径是深化改革而非政策安排。中美贸易摩擦所带来的经济下行压力，固然要求和决定着政策层面的相机抉择，但相对于体制机制性变革，相对于推进各种基础性改革，短期"对冲性"逆向操作的功效绝对不可同日而语。

将积极财政政策置于上述的宏观经济与政策环境之中，可以肯定地讲，虽然概念依旧，表述无异，但同样的概念和同样的表述之下，蕴含着不一样的内涵，深藏着不一样的行动路线。

二、大不相同于以往的减税降费

与高速增长阶段致力于财政扩张的减税降费大不相同，转入高质量发展阶段的减税降费，主要着眼于降成本而非扩需求，主要着力于供给侧而非需求侧：

（1）以降成本为主要目标，特别是为实体经济降成本，减税降费所聚焦的对象，便主要是企业而非自然人。进入减降视野的税费，便主要是涉企税费而非自然人所缴纳的税费。因而，减税降费是结构性的而非总量性的——有明确的操作指向而非不分青红皂白地减和降。

（2）以供给侧为主要着力点，减税降费的操作，便要落实于企业成本的实质性而非名义上的下降，便须体现为政府对资源配置权的实质性而非名义上的让渡。因而，减税降费之后的财政收入亏空，要通过政府支出的同步削减来"对冲"而非以增列赤字、增发国债的办法来"埋单"。

（3）以降成本和供给侧为主要目标和着力点，减税降费的实质，便系结构性改革而非总量性调节。其主要的推动力量，便系改革性行动而非政策性安排。因而，减税降费须同税费制度的改革结合起来，循着税费制度改革的方向展开而非另辟新径，重起炉灶。

这意味着，转入高质量发展阶段的减税降费，不可偏离降成本、供给侧和靠改革这一基本行动路线。不仅扩需求须同降成本巧妙对接，在降成本的基础上进行，不能顾此失彼，造成重心偏离。而且针对需求侧的操作，须同削减政府支出相挂钩，节用裕民，不能以加大企业未来的负担为代价而寻求需求总量的短期提升。同时须注意将操作的基点放在税费制度改革上，既不能满足于政策调整，搞无明确指向的总量性减税降费，也不能以政策调整代替税费制度改革。

三、大不相同于以往的扩大支出

在积极财政政策旗帜下的扩大政府支出操作，主要表现为扩大政府投资。与高速增长阶段大不相同，转入高质量发展阶段的扩大政府投资操作，是同调结构、补短板结合在一起的。或者说，扩大政府投资要围绕着调结构、补短板而展开：

（1）与调结构相结合，扩投资的着眼点，便不仅是扩大社会总需求，而且包括调整经济结构。鉴于主要矛盾是结构问题而非总量问题，扩大政府投资的操作，不仅要兼容扩需求和调结构两大目标，而且须将主攻方向锁定于调整经济结构而非扩大社会总需求，发挥政府投资对优化供给结构的关键性作用。

（2）与补短板相结合，扩大政府投资的着力点，便不仅是需求侧，而且包括供给侧。鉴于矛盾的主要方面在供给侧而非需求侧，扩大政府投资的操作，不仅要根据需求侧和供给侧的不同特点而区别对待，而且须以精准补短板为重点，释放有效需求潜力，优化中长期供给。

（3）与调结构、补短板结合起来，实质上是让扩大政府投资"服从"于供给侧结构性改革主线要求。一方面，不能因扩大社会总需求而重蹈

"放水"覆辙，乱了经济结构调整的阵脚。另一方面，也不能因政策层面的相机抉择而忽略改革的推进，导致既定改革部署的搁置甚或回撤。

这又意味着，转入高质量发展阶段的扩大支出操作，不可偏离与调结构、补短板相结合这一基本行动路线。其中，补短板是个"牛鼻子"。扩大政府投资不仅要瞄准于补短板，以补短板的操作兼容扩需求和调结构两大目标。而且在扩需求和调结构发生冲突时，还要通过加大补短板的力度，让扩需求"迁就"调结构，把补足受制于人的核心技术和基础设施建设领域的短板作为扩大政府投资的主要聚焦点和落脚点。

四、大不相同于以往的增列赤字

增列财政赤字，在一个很长的时期内，曾被当作积极财政政策的基本标志。无论减税降费还是扩大政府支出，最终都要归宿于财政赤字的增列。然而，这一通行于高速增长阶段的惯例，随着转入高质量发展阶段的进程而发生了极大的变化。

（1）以防风险为约束条件，增列赤字便不能仅仅涉及宏观经济政策需要一个因素，而须有所忌惮，同防范化解金融风险的要求通盘考量。鉴于当下中国所面临的金融风险与以往不可同日而语，更鉴于防范化解重大风险系全面建成小康社会必须打赢的"三大攻坚战"之一，不仅要为增列赤字设置天花板或警戒线，而且须不遗余力守住天花板或警戒线。

（2）以防风险为约束条件，便不能不对赤字高度敬畏。增列赤字的规模和幅度，也不能不立足于国人的惯性思维。鉴于财政赤字不超越 GDP 的 3% 这一源自欧盟且为国际上广为引用的风险控制指标，早已潜入国人的心底、甚至演化为心理防线，我们也常以财政赤字始终未超过这一比率作为防范风险的实绩加以宣传，不仅须将 3% 作为增列赤字不可逾越的"戒条"，而且须以此构筑起稳定国人预期的牢固屏障。

（3）以防风险为约束条件，增列赤字对于扩大社会总需求的作用，便须掌握在"适度"而非"全力"范围内。即便为了推进供给侧结构性改革而增列赤字，其在提高供给质量、优化供给结构中的角色，也须定位于"辅助"而非"主力"队员。

第九章
走入新时代：中国财政迎来一系列历史性变革

这意味着，转入高质量发展阶段的财政赤字安排，不可脱出防范化解金融风险的底线。除非万不得已，在关注经济增长的同时，不可放松对金融风险的警惕。既不能只管扩张，不计代价，又不能只管花钱，不管还钱。

五、重新定义积极财政政策

将积极财政政策与高质量发展阶段相对接，并分别减税降费、扩大支出和增列赤字三项操作作具体分析，可以看出，随着中国经济转入高质量发展阶段，操用以往的认识和理解来阐释和解读积极财政政策，已经变得不合时宜。

事实上，2018年，中央决策层对于积极财政政策的任务已经做出了最新表述："要在扩大内需和结构调整上发挥更大作用"。因而，脱出单一扩张的视野局限而放眼积极财政政策运行的全过程，可以说，在转入高质量发展阶段的中国，应当也必须从扩大内需和结构调整两个维度认识和理解积极财政政策，对积极财政政策作出全面和全新的阐释和解读。

进一步说，鉴于积极不再等于扩张，以减税降费、扩大支出、增列赤字为主要内容的积极财政政策实践也不再是财政扩张的同义语，按照"积极"的本来意义重新定义积极财政政策，让积极财政政策以"积极的立场""积极的姿态""积极的作为"介入和从事包括扩大内需、结构调整在内的多维度、多领域的宏观调控操作，可能是与时俱进地认识和理解积极财政政策内涵、阐释和解读积极财政政策行动路线的适当选择。

第七节 小结

1992年，邓小平发表南方谈话，提出要建立社会主义市场经济体制的战略方向。党的十四大正式确立建设社会主义市场经济体制的目标。这一目标的提出，与我国改革开放的历史进程紧密相连。进入新时代，我们也可以发现，新时代财税改革的演进脉络，与我国提出和建设社会主义市场经济体制的目标密不可分。

党的十八大召开，开启了中国特色社会主义走进新时代的历史征程。从这一年起，改革开放进入"攻坚期"和"深水区"。在新的历史起点上，全面深化改革，实现经济体制、政治体制、文化体制、社会体制和生态文明体制改革的联动，作为一种历史的选择而摆到了我们面前。2013年11月，党的十八届三中全会通过了《关于全面深化改革若干重大问题的决定》，立足于全面深化改革的宏观棋局，以建立现代财政制度为目标，新时代财税体制改革由此展开。

自1992年决定实行社会主义市场经济体制以来至2012年的20年间，适应经济形势的不断变化，财税体制在分税制的框架下逐步趋于完善，并顺利转向建设现代财政制度框架。自2012年以来，以匹配国家治理为主线索，财税体制的改革又跃升至一个新的层面。回顾过去25年的变革历程，可以清晰地看到，财税体制的蜕变经历了从"适应市场经济"到"匹配国家治理"的转变，又在国家治理层面而提出了更具体而现实的目标——"国家治理现代化"，与之相应，财政体制也上升为以"建设现代财政制度"为重要目标，这也是国家治理体系现代化的一个重要组成部分。

立足于国家治理的总体角度，"财政是国家治理的基础和重要支柱"凸显了新定位与新要求。财政不再仅仅是一个经济范畴，而是一个可以跨越经济、政治、文化、社会、生态文明领域的国家治理范畴。并且，从根本上说来，在国家治理层面的政府收支活动之所以必要，就在于满足存在于不同经济社会主体之中的公共利益——社会公共需要。或者，就在于提供或生产与各个经济社会主体公共利益相对应的公共物品和服务。换言之，它所关注和对接的是国家治理层面的基本问题。

由经济范畴提升至国家治理范畴，这一改变植根于全面深化改革的宏观背景，经济、政治、社会、文化和生态文明改革一起联动又是全面深化改革有别于以往改革的突出特征，再注意到全面深化改革的总目标在于实现国家治理体系和治理能力现代化，可以发现，它的意义非同小可。以此为转折点，作为一个国家治理范畴，财政便跻身于国家治理层面，成为可以跨越国家治理所有领域、覆盖国家治理所有活动的综合性因素。作为一个具有基础性和支撑性意义的国家治理范畴，财政的活动边界便延伸至国家治理的全过程和各领域，成为治国理政的一个重要抓手。

引申一步说，作为全面深化改革总目标的国家治理现代化，是以财政作为基础和重要支柱的国家治理现代化，是以财政作为治国理政重要抓手的国家治理现代化。换言之，财政不仅要作为政府的收支或政府的收支活动而发挥作用，而且要作为国家治理的基础和重要支柱而在国家治理的全过程和各领域发挥基础性和支撑性作用。

上述定位，与新时代的财政改革逻辑紧密相关。它与新时代背景下所要着力解决的新问题——"不平衡不充分的发展"也密不可分，由此决定了新时代财税体制改革的取向必然是在财政公共化的基础上，着力实现由公共财政体制建设向现代财政制度建设的跃升。二者间并非没有关联，而应当把现代财政制度建设看成是在公共财政体制基础上的财政制度现代化建设目标。从预算管理制度、税收制度、中央与地方财政关系三个方面入手，着力加快现代财政制度的构建，对于新时代财税体制改革和全面深化改革具有决定性的意义。这不仅是因为现代财政制度是国家治理现代化的财政基础，更因为国家治理现代化是实现中华民族伟大复兴的治理基础。

第十章

从传统向现代转型的中国财政 70 年

1949 年,"时间开始了"。

自从那个激荡人心的时刻迄今,历史又走过了 70 年的历程。新生的中华人民共和国从最初"胜利的困境"走向了今日全球第二大经济体,一路历经艰难曲折,而今则傲视世界、傲立于世界的东方。与共和国经济发展相伴随,70 年来,共和国财政所走过的发展历程,也清晰地呈现出其独特的脉络。

中国财政改革与发展的 70 年,也是中国人民从计划经济逐步走向市场经济,探索社会主义市场体制和建设现代化强国的历程。其间虽有曲折,但我们也看到,社会主义中国的财政功能与作用始终强大,并且,在迈向市场经济、走向财政现代化的征程中,在进入中国特色社会主义新时代的历史背景下,财政的定位越来越明晰,财政所发挥的作用越来越强大。

第一节 从计划经济体制中"突围":改革开放前财政发展与演进逻辑(1949~1978 年)

1949 年下半年至 1950 年,新生的共和国在一片凯歌声中展开了如火如荼的建设大业,全国经济发展面貌以"敢叫日月换新天"的宏大气魄迅速变化。以高度集中统一为主导特征的经济与财政体制,在极短的时间里，迅速在全国推开，为新生的共和国经济发展奠定重要基础。

从1949年到1952年，在国家任务的引导下，财政的目标主要有二：一是应对军费开支；二是恢复国民经济。由此，财力分散的格局被迅速打破，财力集中型的国家财政制度得以顺利确立。

在新中国建设初期，财政制度建设的主要内容大体包括编制国家概算、统一全国税政、统一全国财经工作诸方面。从1949年底确立统一财经工作的方针，到1950年3月3日政务院通过《关于统一国家财政经济工作的决定》，再到1950年6月国家对财经工作做出一系列的调整（包括调整工商业、调整税收等），其后政务院于1951年3月～5月间发布《关于1951年财政收支系统划分的决定》《关于划分中央与地方在财政经济工作上管理职权的决定》，这些措施为新中国财政制度框架的基本构造打下了坚实的基础。

1952年，中国共产党提出过渡时期的总路线，即实现国家的社会主义工业化和对农业、手工业和资本主义工商业的社会主义改造。随着国民经济的恢复，财政制度建设也取得了突出的成就，财政实现了从供给财政向城市财政的过渡，国营经济成为国家财政的基础。国营经济向国家提供的财政收入1950年为21.75亿元，占财政总收入的35.0%；1951年为59.74亿元，占47.8%；1952年为101.01亿元，占58.1%（当代中国丛书编辑部，1988）。

此后，共和国以强力聚集的庞大财力为支撑，顺利开始"一五"时期的建设计划，国家财政的目标主要则是为工业化筹集建设资金。"一五"时期，国家财政集中的收入占国民收入的31.3%，国家财政为工业化筹集建设资金达1241.75亿元，保证了"自力更生为主"工业化目标的实现。工业化建设的结果是，工业部门成为财政收入的重要来源。

1958年，中国开始实施第二个五年计划。"二五"时期，财政的主要目标是为经济的"大跃进"提供财力支持。财政体制在1958年发生了与以往有所不同的改变——从"以支定收，一年一变"改为"以收定支，五年不变"，旨在增加地方政府的激励，同时在国营企业实行利润全额分成制度，增加了对企业的激励。此外还开始了合并税种的工作，简化征税办法。1958年9月发布试行《中华人民共和国工商统一税（草案）》，将商品流通税、货物税、营业税和印花税合并为工商统一税，对工厂只征一道税,此外在商业零售环节再征一道税。但过于简化的税制,削弱了税收调节经济的作用。

三年"大跃进",使中国经济社会在1959~1961年遭遇了极大的困难,财政收入下降。为了应对困难局面,国家集中财力,再度加强财政的集中统一。在财政体制上,国家财权基本集中到中央、大区和省(自治区、直辖市)三级,并从收支两方面加强管理,中央直接掌握的财力从原来的50%提高到60%左右。在财政预算上,从中央到地方实行上下一本账,坚持"全国一盘棋"。强调各级财政预算不准打赤字,并适当压缩预算外资金,加强管理。到1965年,从总体上看,通过实行比较集中的体制,加强集中统一,保证了调整经济工作的顺利进行。

1966~1976年是十年"文化大革命"时期,"文化大革命"总体上对国家财政造成了严重破坏,虽然从1966年到1976年,财政收支相抵,赤字只有近9.47亿元,但有4年出现赤字,在"文化大革命"后期的1974~1976年,更是连续三年赤字,且1976年的赤字规模较大。可以说,"文化大革命"的危局虽然苦苦支撑而艰难度过,但危局也在为其后酝酿中的变局积蓄能量。

从财政发展演进的轨迹来看,在整个计划经济时期,财政最主要的职责是为国家计划提供支持,保证各项事业的正常运转。经济中存在的诸种问题,多数时候通过集权与分权的调整来加以解决。由于对公债的理解存在一定的偏差,1968年中国既无外债又无内债,并一度将此视为社会主义制度的优越性。由于对财政赤字的认识也较为保守,财政平衡始终被当作财政运行的重要目标,并被认为是实现国民经济综合平衡的重要一环(杨志勇,2019)。

但是,如果换一个视角,从财政运行的目标导向来看,我们也可以清晰地看到,在计划经济各个时期,财政运行格局力求实现不列赤字甚至有所盈余的情形下,整个财政体制则在适应各时期经济发展的同时,不断力图冲破一种无形的束缚——摆脱以"高度集中统一"为主导特征的计划经济体制的约束而向外寻求"突围",并以更加有效的财政运行机制反作用于整个计划经济体制。在此意义上,财政体制的变革毋宁说是整个体制变革的"先行军"或"引火索"。它为其后改革开放时期的"放权让利"已经做了在"母体"时期的充分尝试,也预示了"放权让利"在不久的将来势必得以快速推进。

第二节 从生产建设财政到公共财政:改革开放以来的财政公共化进程(1978～2012年)

党的十一届三中全会的纲领性文件正式宣告1978年成为历史的转折点与新起点。自此以后,改革与开放成为新时代的新主题,工作重点也转移到了社会主义现代化建设上来。

假如中国经济体制改革可以标识为"经济市场化"取向,那么,作为与之相匹配的一个必然选择,财税体制改革的基本取向无疑就是走向"财政公共化"——构建公共财政体制。中国的财税体制改革,正是由传统经济体制下具有"非公共性"的财税运行格局及其体制起步,而逐步逼近"公共财政"目标的建设和完善的。

可以说,从1978年至1993年实施分税制财政体制改革之前的时期,改革的主基调是以"放权让利"为特征的。这一时期,是共和国财税走向市场化改革的起点。改革初期,政府能够且真正放出的"权",主要是财政上的管理权。政府能够且真正让出的"利",主要是财政在国民收入分配格局中所占的份额。

这一时期,由收入——"钱从哪里来"、支出——"钱向何处去"以及政策——"收支安排所体现的目的"这三个运行层面的基本线索入手,我们可以看到,财政收入主要来自于国有部门;财政支出也主要投向于国有部门;财政政策则倾向于在国有和非国有部门之间搞"区别对待"。由此形成的财税体制自然要求在财政上实行不同所有制分治和城乡分治。这显然不能说是"公共性"的,或者至少其"公共性"是被打了折扣的一种财政体制。事实上,"国有制财政+城市财政+生产建设财政"所集中凸现的,正是传统体制下的"二元"财税体制所显现的"非公共性"特征。

1992年10月,党的十四大正式确立了社会主义市场经济体制的改革目标,1993年11月召开的党的十四届三中全会又通过了《中共中央关于

第十章
从传统向现代转型的中国财政70年

建立社会主义市场经济体制若干问题的决定》。于是，以建立适应社会主义市场经济的财税体制为着眼点，从1994年起，中国的财税体制改革踏上了制度创新之路。可以说，通过那次财税改革，我们初步搭建起了适应社会主义市场经济体制的财税体制机制的基本框架，财税改革从此踏上"制度创新"之路。

但是，1994年的财税改革，并没有解决问题的全部。改革所覆盖的，还只是体制内的政府收支，游离于体制之外的政府收支，则没有进入视野。随着1994年财税改革成果的逐步释放，蕴涵在游离于体制之外的政府收支和财政支出一翼的各种矛盾，便日益充分地显露出来并演化为困扰国民收入分配和政府收支运行过程的"瓶颈"。于是，在20世纪90年代后期，以规范政府收支行为及其机制为主旨的"税费改革"和财政支出管理制度的改革，先后进入中国财税体制改革的重心地带并由此将改革带上了财税体制回归公共轨道之路——构建公共财政体制框架。

1998年是一个具有重大标志意义的年份。以构建公共财政基本框架为核心的各项财税体制改革稳步推进，但改革也逐渐步入深水区而面临着进一步完善的任务。时隔5年之后，2003年10月，党的十六届三中全会召开并通过了《中共中央关于完善社会主义市场经济体制若干问题的决定》（以下简称《决定》）。在那次会议上以及那份重要文献中，根据公共财政体制框架已经初步建立的判断，提出了进一步健全和完善公共财政体制的战略目标。认识到完善的公共财政体制是完善的社会主义市场经济体制的一个重要组成部分，将完善公共财政体制放入完善社会主义市场经济体制的棋盘，从而在两者的密切联系中谋划进一步推进公共财政建设的方案，也就成了题中应有之义。以此为契机，中国的财税体制改革又开始了旨在进一步完善公共财政体制的一系列操作。自那以后的10年间，成了共和国财税回归公共轨道后的体制完善期——进一步完善公共财政体制并瞄准现代财政制度的建设。也正是从那以后，关于中国财税体制的改革目标，无论学术界还是实践层，都越来越集中于"构建公共财政体制"或"建立公共财政制度"的概括或表述。再到后来，伴随着建设完善的社会主义市场经济体制目标的形成和确立，建设完善的公共财政体制成为财税体制改革的方向所在。于是，"进一步健全和完善公共财政体制""完善公共财政体系"便被作为与时俱进的概括或表述，先后进入到中共十六届三中全会、国家"十一五"规划和中共十七大等党和政府的一系列重要文献以及改革实践之中。

第三节 迈向现代财政制度：新时代国家治理现代化的内在要求（2012～2019年）

2012年，党的十八大召开之际，中国经济社会发展已进入新阶段，站在了新的历史起点上。改革进入"深水区"、经济进入"新常态"，兼之国际经济形势复杂多变，使次年召开的党的十八届三中全会着力聚焦全面深化改革问题。距离党的十一届三中全会召开已有35年，在2013年颁布的《中共中央关于全面深化改革若干重大问题的决定》（以下简称《决定》）中，再度宣示，"改革开放是党在新的时代条件下带领全国各族人民进行的新的伟大革命"，"全面深化改革的总目标是完善和发展中国特色社会主义制度，推进国家治理体系和治理能力现代化。必须更加注重改革的系统性、整体性、协同性，加快发展社会主义市场经济、民主政治、先进文化、和谐社会、生态文明，让一切劳动、知识、技术、管理、资本的活力竞相迸发，让一切创造社会财富的源泉充分涌流，让发展成果更多更公平惠及全体人民"。

与此相呼应，《决定》析出专章（第五部分），呼吁深化财税体制改革，给予财政和财税体制全新的定位："财政是国家治理的基础和重要支柱，科学的财税体制是优化资源配置、维护市场统一、促进社会公平、实现国家长治久安的制度保障。"在此论断基础上，《决定》提出了"建立现代财政制度"的伟大构想。

随着财税体制改革被纳入全面深化改革进程，财政和财税体制被赋予的全新定位，不仅找到了有效的实现载体，而且实现了财税体制改革目标与全面深化改革总目标的巧妙对接。党的十八届三中全会所提出的"建立现代财政制度"这一改革目标，实质是建立在财税体制改革与全面深化改革对接基础上的理论判断。它事实上改变了以往关于财税体制改革的目标定位：由构建公共财政体制调整为建立现代财政制度。

中国的财税体制改革虽持续多年，但在很长的一段时间内，并未形成一个能够统领、覆盖整个财税体制领域内的改革线索和改革项目的概念。直到1998年，在财税体制改革由零敲碎打型的局部调整转入整体体制机制构建阶段之后，"构建公共财政体制"方作为财税体制改革的目标定位，正式纳入官方话语体系（李岚清，1998）。从那以后，举凡牵涉中国财税体制改革目标问题的讨论，无论在学术界还是在实践层，都是以构建公共财政体制来标识的，也都是在公共财政概念的基础上进一步归结其基本制度形态的。

然而，从总体说来，公共财政体制毕竟是在财政作为一个经济范畴、财税体制作为经济体制的一个组成部分，并且植根于经济体制改革的语境下提出并构建的。随着改革开放进入到全面深化改革阶段，并且财政提升为国家治理范畴、财税体制提升至国家治理体系的组成部分，跳出以往追随经济体制改革而定改革目标的思维范式，将财税体制改革置于全面深化改革的总棋局中，在经济、政治、文化、社会和生态文明体制全方位改革的联动中定位改革目标，显然势在必行。鉴于全面深化改革的总目标在于实现国家治理体系和治理能力现代化，更鉴于财税体制改革对于实现全面深化改革总目标所独具的基础性和支撑性作用，始终作为整体改革的一个组成部分且服从于、服务于整体改革需要的财税体制改革，自然要转向匹配国家治理现代化的改革道路。这一改革道路的目标定位，便是建立现代财政制度。

由构建公共财政体制调整为建立现代财政制度，注意到这一目标定位的改变既同财税体制改革的阶段性直接相关，又是改革开放进入到全面深化改革阶段的必然产物，可以说，以此为转折点，中国财税体制改革步入了一个匹配国家治理现代化进程的新阶段。

如果将以往的财税体制改革主线索称作以"财政公共化"匹配"经济市场化"，那么，全面深化改革背景下的财税体制改革主线索，便是以"财政现代化"匹配"国家治理现代化"。

党的十八届三中全会所提出的"完善立法、明确事权、改革税制、稳定税负、透明预算、提高效率"24字基本思路以及具体部署（楼继伟，

2014），显然是基于公共财政体制已经初步构建的理论判断而对财税体制提出的新的更高要求。这在事实上厘清了现代财政制度和公共财政体制之间的关系：现代财政制度是公共财政体制的升级版。

从根本上说来，公共财政体制的概念也好，由此而归结的基本制度形态也罢，其主要的着眼点，都落在了财税体制的属性特征上。只有公共财政性质的财税体制，才是可以与社会主义市场经济体制相匹配的。也正因为如此，我们才会做出类如"搞市场经济，就要搞公共财政"（高培勇，2000）那样的理论判断。

与之有所不同，现代财政制度的主要着眼点是落在财税体制的时代特征上的。也即是说，它是在全面深化改革总棋局中、立足于匹配国家治理体系和治理能力现代化总目标而形成的概念。其意在强调，只有跟上人类文明发展进程、体现现代财政文明的现代化财税体制，才是可以与国家治理体系和治理能力的现代化相匹配的。国家治理现代化的大厦必须建立在现代财政制度的地基上，必须由现代财政制度的框架支撑起来。

以上的分析表明，建立现代财政制度并非另起炉灶，推倒重来，而是在初步实现构建公共财政体制基础上的目标升级，实质上凸现了新时代财税体制改革的阶段性特征。

这也意味着，公共财政体制和现代财政制度并非泾渭分明、互不搭界的"平行"目标，实质是具有一脉相承关系的统一体。从这个意义上讲，现代财政制度站在了公共财政体制的肩膀之上，系建立在公共财政体制基础之上的财政制度安排。它终归是以财政公共化为基础的财政现代化。它既是新时代公共服务高质量发展的内在要求，同时也是建设现代化经济体系的内在要求。

第四节 小结

回眸共和国成立70年来的发展轨迹，可以看到，在共和国成立伊始，新生的人民政权就开始了财政制度的现代化探索之旅。在国民经济恢复时期，财政的高度集中统一和有效运行，支持了新生共和国政权的稳定，促进了经济和社会的正常发展。在历经发展波折的计划经济时代，财政制度因应不同时代的需要，"相机"做出相应的抉择与调整，确保了我国经济的平稳运行。即便是在"文化大革命"这样的动荡时期，社会经济发展几乎面临崩溃的边缘，财政一度也因"假结余、真赤字"等情形而使自己走入困境，但最终仍凭借着改革的力量而重回健康发展的轨道。

在我国计划经济时期，财政平衡思想有着重要意义，财政平衡与信贷平衡、物资平衡所构成的国民经济综合平衡，是宏观经济稳定目标的具体体现。而在计划经济时期探索中所遇到的问题，最终也演变为促进改革开放大业的内在动力，经济领域如此，财政领域更是如此。

1978年，党的十一届三中全会召开，中国进入改革开放的新时期。顺应市场化改革的要求，中国财政最初主要是"放权让利"，由此形成了与有计划的商品经济基本相适应的财政制度。

1992年社会主义市场经济体制改革目标确立之后，财政制度改革步入快车道。为构建与社会主义市场经济体制相适应的公共财政体制，财政制度做出相应重大改革，财政政策在宏观经济调控中扮演更加重要的角色。

2013年11月，党的十八届三中全会召开，财政改革目标更进一步明确为建立现代财政制度。从此，中国按照国家治理体系和治理能力现代化的要求，深化财税体制改革，又踏上了对现代财政制度——主要包括预算管理制度、税收制度以及中央和地方财政关系改革这三个方面的再度探索之旅。

七十载光阴荏苒。共和国财政走过一穷二白的"胜利的困境"，助力国家建立起完整的经济体系，并全面改善国计民生。经过70年的发展，我国已成为全球第二大经济体，但全面深化改革也已走到了新的阶段，面临前所未有的新问题。如何深化改革并有效应对改革进程中出现的种种事关国计民生的重大问题，既考验大国国家治理的政治智慧，也考验中国作为一个发展中大国，如何与世界和平相处的外交智慧。在这一过程中，财政正发挥着越来越不容忽视的作用。

我们知道，现代国际间竞争，尤其是大国间的竞争，其形态早已不同于以往任何一个历史时期。所谓竞争，已不再仅限于武力竞争，而呈现出多样化态势。所谓战争，也已不再仅限于军事战，更是经济战、政治战、思想战等。在中央集权的单一制国家，以财政为主要体现的经济力（生产力）和国家统制力（强组织动员能力、强集权能力）二者的有效结合，可以确保一定成效。

从历史经验看，在成就强大、繁荣的国家的诸多因素之中，财政曾经是最重要的因素之一。这主要是因为，中央集权模式之下的大国财政效应在一定时期内可以提高经济效率和社会管理效率。从未来趋势看，财政上的适度集中，可以更有助于大国崛起战略目标的实现。但中央集权这一特点，未来无疑也应考虑如何更好地发挥。这种发挥不应只被看成是一味加强集权，而应被看作是在顺应全球化时代的一些基本趋势（如信息化、专业化）的基础上的有效集权。

应当认识到，我们所瞄准但远未建成的现代财政制度，是在我国经济转型进程中提出，但又是以现代成熟市场经济国家的既有体系作为参照系的。在现代社会，财政领域有其特殊性：一是民众的呼吁无法完全忽视，因为财政"覆盖全部、牵动大部"，现代财政制度与民生领域的一些基本诉求有着紧密联系；二是全球化背景下，国际政府间的压力时刻存在，一国国内财政问题所牵涉的货币政策、国际金融、国际关系诸领域，相关事务相互勾连，财政问题越来越表现为已不仅仅是一国的内部事务，而更需要国际间的协调配合。

我国作为一个发展中大国，当前正处于全面深化改革的重要阶段，财政制度处于转型时期，在向发达的市场经济大国和完善的现代财政制度这一建设目标迈进的过程中，一些关键性因素值得高度关注。

从财税改革自身这一角度来看，随着未来国内财税改革措施的深入推进，有关措施将直接面临国际间如何进一步协调的问题。虽然我方可能考虑周详，但是，如果协调不当，国内财税改革措施无疑将面临如何进一步应对利益相关国家在财税政策领域所做出的恶意回应乃至报复性举措。

从"和平崛起"的财政代价这一角度来看，一国对国际公共事务的参与意愿和参与力度与该国的财政支撑能力成正比。受限于财政支撑能力，这将考验我国今后对重大国际事务的实际关注度和参与度，同时也对我国未来财政收支形势提出了现实的、严峻的要求。可以看到，"中国社会已变得越来越富裕，尤其是在大城市、沿海地区和南方。领导层将会越来越多地感受到来自日趋文明的社会里那些新生中产阶级的压力。新的富裕阶层——企业家、金融家、投资人、电脑大亨、公司经理和商业巨头——会要求更大的政治参与和法治，同时也会要求立法和预算上的发言权。政府将被迫在一定程度上给予言论、集会、出版的自由和宗教信仰、创作、艺术表达及地方选举的自由。……一种中国式的、有节制的民主政体将应运而生。如果它是某种类似1919年五四运动以来学者和政治家们所追求的那种政体——中西文化精华的结合，完全现代化同时又具有鲜明的中国特色——它一定会为大多数中国人所接受。"（徐中约，2002）

第十一章

新时代中国财税体制改革的理论逻辑

随着中国特色社会主义进入新时代,以财政和财税体制被赋予全新的定位并担负起全新的使命为标志,中国财税体制改革也进入了新时代。

一个时代有一个时代的主题,一个时代有一个时代的使命,立足于我国发展新的历史方位,新时代财税体制改革打上了鲜明的时代烙印,有着鲜明的时代特征。仔细地审视一下党的十八届三中全会以来围绕财税体制改革的一系列战略部署及其实施进程,可以看到,相对于以往,新时代财税体制改革的前行方向和战略目标已经发生历史性变化,新时代财税体制改革的基本内容和行动路线已经做出历史性调整。

理论是实践的先导,新时代财税体制改革离不开与之相契合的学理支撑和方法论支持。透过财税体制改革实践层面的历史性变化和历史性调整,还可以看到,这些变化和调整,是建立在一系列有关财政和财税体制改革的全新理论判断基础上的。在这些变化和调整的背后,隐含着财政和财税体制改革理论创新成果的支撑和支持。

将这些理论判断和理论创新成果加以概括和梳理,不难梳理出如下的逻辑线索:以国家治理范畴定位财政;以国家治理体系的组成部分定位财税体制;以建立现代财政制度定位改革目标;以公共财政体制升级版定位现代财政制度;以国家治理视域定位财政职能。

第十一章 新时代中国财税体制改革的理论逻辑

第一节 财政：由经济范畴到国家治理范畴

新时代财税体制改革，首先起步于全面深化改革背景下的财政再定位。

党的十八届三中全会所做出的"财政是国家治理的基础和重要支柱"（中共中央，2013）这一理论判断，事实上改变了以往关于财政的定位：将财政由一个经济范畴提升为一个国家治理范畴。

对于财政，我们历来把它视作一个经济范畴并在经济生活领域加以定义（许毅、沈经农，1987）。所谓财政，就是政府的收支或政府的收支活动。并且，政府的收支或政府的收支活动之所以必要，其最根本的原因，就在于满足通过市场机制解决不了或解决不好的社会公共需要。或者说就在于提供或生产通过市场机制解决不了或解决不好的公共物品和服务（陈共，2012）。换言之，它所关注和对接的是政府职能层面的基本问题。

随着财政与国家治理相对接，以国家治理的基础和重要支柱加以定位，它也就从经济领域被推进到了国家治理层面。注意到国家治理是一个整体性、系统性概念，绝非某一领域、某一方面可以涵盖。立足于国家治理的总体角度，财政固然仍可表述为政府的收支或政府的收支活动，但它不再仅仅是一个经济范畴，而是一个可以跨越经济、政治、文化、社会、生态文明领域的国家治理范畴。并且，从根本上来说，在国家治理层面的政府收支活动之所以必要，就在于满足存在于不同经济社会主体之中的公共利益——社会公共需要。或者说就在于提供或生产与各个经济社会主体公共利益相对应的公共物品和服务。换言之，它所关注和对接的是国家治理层面的基本问题。

由经济范畴提升至国家治理范畴，注意到这一改变植根于全面深化改革的宏观背景，经济、政治、社会、文化和生态文明改革一起联动又是全面深化改革有别于以往改革的突出特征，再注意到全面深化改革的总目标在于实现国家治理体系和治理能力现代化，可以发现，它的意义非同小可。以此为转折点，作为一个国家治理范畴，财政便跻身于国家治理层面，成为可以跨越国家治理所有领域、覆盖国家治理所有活动的综合性因素。作为一个具有基础性和支撑性意义的国家治理范畴，财政的活动边界便延伸至国家治理的全过程和各领域，成为治国理政的一个重要抓手。

引申一步说，作为全面深化改革总目标的国家治理现代化，是以财政作为基础和重要支柱的国家治理现代化，是以财政作为治国理政重要抓手的国家治理现代化。换言之，财政不仅要作为政府的收支或政府的收支活动而发挥作用，而且要作为国家治理的基础和重要支柱而在国家治理的全过程和各领域发挥基础性和支撑性作用。

第二节 财税体制：由经济体制组成部分到国家治理体系组成部分

对于财政的全新定位，自然要延伸至其制度形态——财税体制。

党的十八届三中全会所做出的"科学的财税体制是优化资源配置、维护市场统一、促进社会公平、实现国家长治久安的制度保障"（中共中央，2013）这一理论判断，事实上改变了以往关于财税体制的定位：将财税体制由经济体制的组成部分提升为国家治理体系的组成部分。

传统意义上的财税体制，是被视作经济体制的一个组成部分、在经济体制的领域内归结定义及其功能的。所谓财税体制，顾名思义，无非是用以规范政府收支及其运行的一系列制度安排的统称。诸如税收制度、预算管理制度、财政管理体制、财政支出管理制度、政府采购制度、社会保障制度、转移支付制度、政府债务管理制度等等，都可纳入财税体制的范畴。作为一种制度安排，它所面对并处理的无非是两个线索上的关系，即政府与企业和居民之间的分配关系以及不同级次政府之间的分配关系。

随着财政与国家治理相对接，作为一个国家治理范畴跻身国家治理层面，财税体制自然要跳出经济体制层面而与国家治理体系相对接，作为国家治理体系的一个组成部分而进入国家治理体系序列。虽然定义未变、覆盖的制度内容未变、面对并处理的关系线索依旧，但其所涉及的范围，已经不限于经济领域，而是覆盖包括经济、政治、文化、社会和生态文明在内的所有国家治理领域。其所牵动的纵深，已经不限于初次分配与再分配，而是跨越包括政府与市场关系、中央与地方关系、国家与社会关系在内的所有国家治理环节。更进一步说，鉴于财政是国家治理的基础和重要支柱，内嵌于国家治理体系中的财税体制也就具有了基础性和支撑性意义。

由经济体制的组成部分提升至国家治理体系的组成部分，注意到这一改变与全面深化改革的启动如影随形，再注意到财税体制并非一般意义上的国家治理体系的组成部分，而是一个具有基础性和支撑性意义的国家治理体系的组成部分，由财税体制改革破题，从构筑基础和重要支柱做起，为国家治理体系和治理能力现代化提供强大的制度保障，也就成为全面深化改革的战略选择。

这意味着，财政对于国家治理的基础性和支撑性作用，在制度安排层面，具体表现为财税体制对于国家治理体系的基础性和支撑性作用。财税体制改革则是实现财税体制对于国家治理体系的基础性和支撑性作用的有效通道。

引申一步说，全面深化改革并非所有领域改革"一二一"齐步走，仍然要有先行军和突破口。财税体制改革即是这样一支先行军和这样一个突破口。以此为转折点，作为全面深化改革的基础工程和重点工程，财税体制改革同国家治理现代化进程联系在一起，在彼此交融、相互促进的更高层面和更广范围，担负起基础性和支撑性使命。

第三节 改革目标：由构建公共财政体制到建立现代财政制度

随着财税体制改革被纳入全面深化改革进程，财政和财税体制被赋予的全新定位，不仅找到了有效的实现载体，而且实现了财税体制改革目标与全面深化改革总目标的巧妙对接。

党的十八届三中全会所提出的"建立现代财政制度"这一改革目标，实质是建立在财税体制改革与全面深化改革对接基础上的理论判断。它事实上改变了以往关于财税体制改革的目标定位：由构建公共财政体制调整为建立现代财政制度。

中国的财税体制改革虽持续多年,但在很长的一段时间内,并未形成一个能够统领、覆盖整个财税体制领域内的改革线索和改革项目的概念。直到1998年,在财税体制改革由零敲碎打型的局部调整转入整体体制机制构建阶段之后,"构建公共财政体制"方作为财税体制改革的目标定位,正式纳入官方话语体系(李岚清,1998)。从那以后,举凡牵涉中国财税体制改革目标问题的讨论,无论在学术界还是在实践层,都是以构建公共财政体制来标识的,也都是在公共财政概念的基础上进一步归结其基本制度形态的。正是立足于这样的基础,循着"由国有制财政到多种所有制财政""由城市财政到城乡一体化财政""由生产建设财政到公共服务型财政"三条线索,通过包括收入、支出、管理和体制在内的一系列改革线索和改革事项的联动,中国财税体制格局实现了由"非公共性"向"公共性"的历史性转变,一个与社会主义市场经济体制相匹配的公共财政体制框架,得以初步呈现。

然而,从总体来说,公共财政体制毕竟是在财政作为一个经济范畴、财税体制作为经济体制的一个组成部分,并且植根于经济体制改革的语境下提出并构建的。随着改革开放进入到全面深化改革阶段,并且财政提升为国家治理范畴、财税体制提升至国家治理体系的组成部分,跳出以往追随经济体制改革而制定改革目标的思维范式,将财税体制改革置于全面深化改革的总棋局中,在经济、政治、文化、社会和生态文明体制全方位改革的联动中定位改革目标,显然势在必行。鉴于全面深化改革的总目标在于实现国家治理体系和治理能力现代化,更鉴于财税体制改革对于实现全面深化改革总目标所独具的基础性和支撑性作用,始终作为整体改革的一个组成部分且服从于、服务于整体改革需要的财税体制改革,自然要转向匹配国家治理现代化的改革道路。这一改革道路的目标定位,便是建立现代财政制度。

由构建公共财政体制调整为建立现代财政制度,注意到这一目标定位的改变既同财税体制改革的阶段性直接相关,又是改革开放进入到全面深化改革阶段的必然产物,可以说,以此为转折点,中国财税体制改革步入了一个匹配国家治理现代化进程的新阶段。由财税体制改革入手,构筑起现代国家治理的坚实基础和重要支柱,为国家治理体系和治理能力现代化提供强大的制度保障,这一最初表面源于财政和财税体制定位认识的变化,实则是不以人的主观意志为转移的客观规律作用使然。

如果将以往的财税体制改革主线索称作以"财政公共化"匹配"经济市场化",那么,全面深化改革背景下的财税体制改革主线索,便是以"财政现代化"匹配"国家治理现代化"。

第四节 现代财政制度:由性质匹配到现代化匹配

以建立现代财政制度作为目标定位,必然关联到此前的改革目标。接踵而来的问题是,该如何认识和处理现代财政制度与公共财政体制之间的关系?

党的十八届三中全会所提出的"完善立法、明确事权、改革税制、稳定税负、透明预算、提高效率"24个字基本思路以及具体部署(中共中央,2013;楼继伟,2014),显然是基于公共财政体制已经初步构建的理论判断而对财税体制提出的新的更高要求。这在事实上厘清了现代财政制度和公共财政体制之间的关系:现代财政制度是公共财政体制的升级版。

从根本上说来,公共财政体制的概念也好,由此而归结的基本制度形态也罢,其主要的着眼点,都落在了财税体制的属性特征上。之所以以构建公共财政体制作为财税体制改革目标,其基本的依据无非在于,只有公共财政性质的财税体制而非其他别的什么方面性质的财税体制,才是可以与社会主义市场经济体制相匹配的。也正因为如此,我们才会做出类如"搞市场经济,就要搞公共财政"(高培勇,2000)那样的理论判断。

与之有所不同,现代财政制度的主要着眼点是落在财税体制的时代特征上的。也即是说,它是在全面深化改革总棋局中、立足于匹配国家治理体系和治理能力现代化总目标而形成的概念。意在强调,只有跟上人类文明发展进程、体现现代财政文明的现代化财税体制而非其他别的方面特点的财税体制,才是可以与国家治理体系和治理能力的现代化相匹配的。国家治理现代化的"大厦"须建立在现代财政制度的地基上,须由现代财政制度的框架支撑起来。

由构建公共财政体制到建立现代财政制度，由追求与社会主义市场经济体制的"性质匹配"到追求与国家治理体系和治理能力的"现代化匹配"，财税体制改革在目标定位问题上走出的这一轨迹，告诉我们，建立现代财政制度并非另起炉灶，推倒重来，而是在初步实现构建公共财政体制基础上的目标升级，实质上凸显了新时代财税体制改革的阶段性特征。

这意味着，公共财政体制和现代财政制度并非泾渭分明、互不搭界的"平行"目标，实质是具有一脉相承关系的统一体。从这个意义上讲，现代财政制度站在了公共财政体制的肩膀之上，系建立在公共财政体制基础之上的财政制度安排。它终归是以财政公共化为基础的财政现代化。

第五节 财政职能：由经济视域到国家治理视域

任何一轮财税体制改革或任何一个财税体制改革事项，最终都要凝结并落实于财政职能及其格局的变化上。现代财政制度的建立，当然也不例外。

党的十八届三中全会所做出的"科学的财税体制是优化资源配置、维护市场统一、促进社会公平、实现国家长治久安的制度保障"这一理论判断，不仅是赋予财政和财税体制以全新定位，也在事实上改变了以往关于财政职能的定位：由经济视域扩展为国家治理视域。

以往对于财政职能的概括，是在财政作为一个经济范畴，即政府从事的收支活动的认识基础上做出的。既然是一个经济范畴而非其他别的什么方面的范畴，财政职能自然主要指的是财政在经济领域所具有的内在功能。或者说可以在经济领域发挥或具有的作用。既然是政府的收支活动而非其他别的什么行为主体的收支活动，财政职能当然要纳入政府职能体系之中，作为政府所履行的职能之一来厘清其可能的边界。正因为如此，与政府职能层面的基本问题相对接，从政府弥补市场失灵的职能出发，便有了关于财政职能的如下通行概括：优化资源配置、调节收入分配和促进经济稳定（张馨等，2000；高培勇等，2007）。

在财政作为一个国家治理范畴被从经济领域推进到国家治理领域之

第十一章 新时代中国财税体制改革的理论逻辑

后,财政所履行的职能便要与国家治理层面的基本问题相对接了:作为一个国家治理范畴,财政职能自然不限于经济领域,而须延伸至包括经济、政治、文化、社会、生态文明在内的所有领域。除了对接政府的职能之外,财政职能还要对接国家治理领域的其他经济社会主体的行为,并由此牵动包括经济、政治、文化、社会、生态文明领域在内的各种活动。正是基于如此的判断,站在国家治理的总体角度,从国家治理的基础和重要支柱的意义出发,便有了关于财政职能的如下全新概括:优化资源配置、维护市场统一、促进社会公平和实现国家长治久安。

可以看出,跳出经济的局限而立足于覆盖经济、政治、文化、社会、生态文明等所有领域,从而职能边界大大拓展,是现代财政制度下的财政职能格局所发生的有别于以往的重大变化。

与以往的认识有所不同,这里所说的"优化资源配置",其所涉及的对象,并不限于GDP。除了国民生产总值这样的当年收入流量之外,以往年度的收入存量如居民和企业财产以及国有资源、国有资产也是要纳入的。换言之,流量和存量兼容、收入与财产并举,囊括国家治理视野下的所有资源,在更高层面、更广范围配置资源,是现代财政制度在履行优化资源配置职能问题上的一个突出特点。

与以往的认识有所不同,这里所说的"维护市场统一",其视野所及,并不限于税收制度和财政制度自身的统一。除此之外,还包括涉及全国统一市场和公平竞争的各种规定和做法。换言之,财税制度安排和财税运行秩序可以为建设公平统一的市场奠定基础,让市场机制在全国范围资源调度和配置中发挥决定性作用,这是现代财政制度所需履行的一个十分重要的职能。

与以往的认识有所不同,这里所说的"促进社会公平",其作用范围,并不限于调节收入分配,也不限于以往主要着眼于收入分配的所谓纵向公平和横向公平,更不限于国民生产总值的再分配环节。除了收入分配的公平之外,其他如财产分布、财富累积、机会均等等要素的公平也是要追求的。除了收入分配中的纵向和横向公平之外,也需要其他要素领域分配的公平。除了再分配环节之外,初次分配环节也应力求公平。换言之,以公平正义为导向,拓展分配视野,全方位地介入包括收入、财产、财富以及各种要素领域、各个分配环节在内的所有分配活动，是现代财政制度在履行促进社会公平职能问题上的一个突出特点。

与以往的认识有所不同，这里所说的"实现国家长治久安"，其着眼点并不限于宏观经济稳定，除此之外，包括经济、政治、文化、社会以及生态文明领域在内的整个国家的长治久安，都是要纳入视野的。换言之，作为国家治理体系的基础性和支撑性要素，现代财政制度不仅要继续担负起稳定宏观经济运行的重任，而且须跳出经济的视野局限，在包括经济、政治、文化、社会和生态文明等所有领域的广阔视野下，通过合理有效的财税制度安排，保证政权稳定和国家安全运转，实现整个国家的长治久安。

由经济视域扩展至国家治理视域，呈现在财政职能及其格局上的这些重大变化，事实上就是财政对于国家治理的基础性和支撑性作用、财税体制对于国家治理体系的基础性和支撑性作用的具体体现。这是因为，从根本上来说，现代财政制度的基本标志，就是能够有效履行基于现代国家治理要求所赋予的财政职能。

第六节　小结

说到这里，将上述的各个理论判断拼接在一起，可以形成一个逻辑自洽的理论体系：

中国特色社会主义新时代要求全面深化改革，全面深化改革的总目标在于推进国家治理的现代化，实现国家治理现代化的基础和重要支柱是坚实而强大的国家财政，构筑坚实而强大的财政基础和财政支柱要依托于科学的财税体制，科学的财税体制又要建立在现代财政制度的基础之上。

于是，以国家治理范畴定位财政→以国家治理体系的组成部分定位财税体制→以建立现代财政制度定位改革目标→以公共财政体制升级版定位现代财政制度→从国家治理视域定位财政职能。以此为基础，让财政融入并覆盖国家治理活动全过程和各领域，全面发挥财政对于国家治理的基础性和支撑性作用，便可以勾画出有关新时代中国财税体制改革的一幅十分明确而清晰的"理论路线图"。

中国财政大事记

（1949～2019 年）

1949 年

10 月 1 日，中华人民共和国成立。在成立中央人民政府的同时，成立了中央人民政府财政部。财政部隶属于中央人民政府政务院的领导及政务院财政经济委员会（简称中财委）的指导，主管全国财政事宜。

11 月 24 日，财政部召开第一次全国税务会议，会议拟定了《全国税政实施要则》。

12 月 2 日，中央人民政府委员会举行第四次会议，听取《关于 1950 年财政收支概算的报告》，并通过了《关于发行人民胜利折实公债的决定》，决定于 1950 年发行一批折实公债。

1950 年

1 月 27 日，政务院第十二次及第十七次政务会议审查通过了《全国税政实施要则》《全国各级税务机关暂行组织规程》《工商业税暂行条例》和《货物税暂行条例》。

1 月 31 日，政务院发布《关于统一全国税政的决定》等文件。

3 月 3 日，政务院第二十二次会议通过并发布《关于统一国家财政经济工作的决定》《公营企业缴纳工商业税暂行办法》和《中央金库条例》。

3 月 17 日，财政部发出《关于公营企业缴纳工商业税的通知》。

3 月 24 日，政务院通过《关于统一管理 1950 年度财政收支的决定》。

5 月 27 日，财政部召开第二次全国税务会议。会议决定对部分货物税的品目进行简化合并，对部分税率进行调整。

9 月 5 日，中央人民政府委员会第九次会议通过并发布《新解放区农业税暂行条例》。

11 月 2 日，中财委发出《冻结现金、稳定物价措施的指示》。

1951 年

2月13日，中财委召开财政会议，讨论划分财政收支系统的问题。

3月中旬，财政部召开全国城市财政会议，草拟了《关于进一步整理城市地方财政的决定》，经政务院于3月31日公布实行。

4月6日，中财委发布《1951年度国营企业财务收支计划暂行办法》《1951年度国营企业提缴折旧基金暂行办法》和《1951年度国营企业提缴利润暂行办法》。

6月23日，政务院发出《关于1951年农业税工作的指示》。

7月8日，政务院发出《关于追加农业税征收概算的方针》。

8月31日，中共中央发布《关于农业税必须贯彻查田定产依率计征的指示》。

1952 年

1月15日，中财委发布《国营企业提用企业奖励基金暂行办法》。

5月21日，中财委召开全国财政会议，提出"边打、边稳、边建"的财政收支方针。

12月31日，中财委发布《关于税制若干修正及实行日期的通告》和《商品流通税试行办法》。

1953 年

6月13日至8月13日，中共中央召开全国财政经济工作会议，着重讨论贯彻执行过渡时期的总路线，提出我国第一个五年建设计划。

8月28日，中共中央发出《关于增加生产、增加收入、厉行节约、紧缩开支、平衡国家预算的紧急通知》。

12月9日，中央人民政府委员会第二十九次会议通过了《1954年国家经济建设公债条例》。

1954 年

1月13日，邓小平在全国财政厅局长会议上提出著名的财政工作"六条方针"。

9月2日，政务院第二二三次政务会议，通过并发布《公私合营工业企业暂行条例》，对企业盈余分配做出规定。

9月4日，政务院第二二四次政务会议，通过《关于设立中国人民建设银行的决定》。同年10月1日，中国人民建设银行正式成立。

1955年

7月8日，第一届全国人民代表大会第二次会议听取并通过了《关于1954年国家决算和1955年国家预算的报告》。此次会议还通过并公布了发展国民经济的第一个五年计划。

8月15日，财政部召开第五次全国农业税工作会议。

8月31日，国务院发布了《关于国家机关工作人员全部实行工资制和改行货币工资制的命令》，自1955年7月起，将一部分工作人员所实行的包干制待遇改为工资制待遇。

1956年

2月3日，国务院发布《基本建设拨款暂行条例草案》，规定一切列入国民经济计划的资金，都由中国人民建设银行根据规定办理拨款。

5月3日，第一届全国人大常委会第三十五次会议通过《文化娱乐税条例》。

6月16日，国务院第三十二次全体会议通过《关于工资改革的决定》。

8月14日，财政部发布《有关监交国营企业利润工作的规定》，决定将原由各省、自治区、直辖市财政厅（局）监交的国营企业利润，自9月1日起，移交税务局办理监交工作。

12月17日，财政部发布《关于农林工商税收的暂行规定》。

1957年

2月21日，全国财政厅局长会议召开，提出坚持预算、信贷和物资三者的平衡及其相互平衡，为第二个五年计划打下基础。

2月25日至3月9日，全国税务局长会议召开，提出以简化税制、调整税利比例关系为目标的税制改革。

12月13日，根据国务院《关于改进财政管理体制的规定》，财政部发出《关于1958年对地方财政划分收入的几项规定的通知》，将地方财政收入划分为地方固定收入、国营企业分成收入、调剂分成收入三种，视各省、自治区、直辖市的不同情况分别确定调剂分成比例。

1958年

3月8日至26日，中共中央召开成都会议，讨论了计划、工业、基本建设、物资、财政、物价、商业、教育等方面的管理体制改革问题，重点是实行地方分权，把若干管理权限下放给地方。

4月2日，中共中央颁布《关于发行地方公债的决定》。

4月5日，中共中央颁布《关于协作和平衡的几项规定》，逐步实行"双轨"的计划体制，以利于处理好"条条"与"块块"之间的矛盾。《规定》放松了对限额以上基本建设项目的审查管理。

4月11日，国务院发出《关于地方财政收支范围、收入项目和分成比例改为基本上固定五年不变的通知》，取消了原定基本上三年不变的规定。

6月3日，第一届全国人大常务委员会第九十六次会议讨论通过《中华人民共和国农业税条例》。

6月9日，国务院发布《关于改进税收管理体制的规定》。

9月13日，国务院发布试行《工商统一税条例（草案）》，将货物税、商品流通税、营业税、印花税合并简化为工商统一税。

10月15日，全国财贸工作会议召开。会议提出机构下放、计划统一、财政包干的办法，实行"两放、三统、一包"。

1959年

2月3日，国务院批转财政部、中国人民银行总行《关于国营企业流动资金改由人民银行统一管理的补充规定》。

4月28日，财政部发布《关于基本建设拨款限额管理的几项规定》和《关于基建拨款会计工作的若干规定》。

8月17日，财政部发布《关于国营企业会计核算工作的若干规定》。

1960年

1月14日，国务院发布《关于加强综合财政计划工作的决定》。

12月20日，中共中央发出《关于冻结、清理机关团体在银行的存款和企业专项存款的指示》。

1961年

1月15日，中共中央批转财政部《关于改进财政体制加强财政管理的报告》，20日，中共中央发布《关于调整管理体制的若干暂行规定》，强调集中统一，将1958年以来下放不适当的人权、财权、商权和工权一律收回。

1月23日，中共中央批转财政部《关于调低企业利润留成比例加强企业利润留成资金管理的报告》，将国营企业留成资金占企业利润的比例，由原来的平均13.2%调低到6.9%。

5月17日，国务院批准财政部、中国人民银行总行关于改进国营企业流动资金供应办法的报告，规定除了超定额流动资金仍由银行放款外，定额流动资金改为大部分由财政部门通过企业主管部门拨款，小部分由银行放款的办法。

11月17日，国务院发布试行《国营企业会计核算工作规程（草案）》，要求纠正过去发生的账目不实、家底不清、责任不明、"以表代账"、"无账会计"等问题。

1962年

1月6日，财政部、中国人民银行总行发出《关于取消国营工业、交通企业银行定额信贷的通知》。

1月11日，中共中央在北京召开扩大的工作会议（又称"七千人大会"），初步总结"大跃进"中的经验教训。

4月21日，中共中央、国务院做出《关于严格控制财政管理的决定》（即财政六条），要求切实扭转企业大量赔钱的状况，坚决制止一切侵占国家资金的错误做法，坚决制止各单位之间相互拖欠货款，坚决维护应当上缴国家的财政收入，严格控制各项财政支出和切实加强财政监督。

12月20日，国家计委、财政部发出《关于64个大中城市的房地产税划给市财政用于城市建设和维护费用的通知》。

1963年

1月2日，中共中央批转国务院财贸办公室《关于1963年财政、信贷、外汇、市场平衡问题向中央汇报的提纲》，提出实现三大平衡的措施。

4月29日，国务院发布《关于调整工商所得税负担和改进征收办法的试行规定》，改变个体经济税负轻于集体经济的有关规定，以限制个体经济，支持集体经济。

12月14日，国务院批转财政部、民族事务委员会《关于改进民族自治地方财政管理的规定（草案）》，对民族自治地方财政作了一些特殊照顾。

1964 年

3 月 25 日，国务院发出《关于加强企业流动资金管理，积极处理积压物资，减少资金占用，认真核定资金定额的指示》。

3 月 28 日，财政部发布《中央国营企业财政驻厂员工作试行办法（草案）》，规定中央国营企业财政驻厂员的职责、配备办法、同企业的关系等。

1965 年

3 月 22 日，国务院批转财政部《关于改革基本建设财务拨款制度的报告》，决定简化拨款手续。

3 月 25 日，中共中央、国务院发出《关于处理 1961 年以前农村四项欠款问题的通知》，规定农村社队 1961 年以前欠国家的赊销款、预付款、预购定金和农业贷款，未归还的部分一律豁免。

1966 年

1 月 8 日，财政部、税务总局在全国铁道、粮食系统试行新的国营企业工商税办法，并在旅大市的国营企业中进行试点。

3 月 9 日，财政部、商业部联合发出《"商业部系统企业财务管理若干问题的规定"并核定 1966 年利润留成额的通知》。

7 月 17 日，财政部发布《1967 年固定资产更新和技术改造资金的管理办法和分配计划（草案）》，决定把三项费用、固定资产更新和基建中属简单再生产性质投资合并为一个渠道，并实行基本折旧基金抵留的办法。

12 月 31 日，财政部发出《关于撤销财政驻厂员有关问题的通知》，明确取消对中央国营企业的驻厂员制度。

1967 年

7 月 1 日，中共中央、国务院、中央军委、中央文革发布《关于对财政部实行军事管制的决定》。

8 月 20 日，中共中央、国务院、中央军委、中央文革发布《关于进一步实行节约闹革命，控制"社会集团购买力"和加强资金、物资和物价管理的若干规定》。

1968 年

1 月 18 日，中共中央、国务院、中央军委、中央文革联合发出《关于进一步打击反革命经济主义和投机倒把活动的通知》。

2月18日，中共中央、国务院、中央军委、中央文革联合发出《关于进一步实行节约闹革命，坚决节约开支的紧急通知》，规定了组织收入、节约开支的十一项措施。

9月27日，财政部军管会发出《关于改革财政报表的通知》，决定取消、简化80%以上的财政报表。

1969年

5月23日，财政部军管会发出《关于在八省、市进行下放工商税收管理权限试点的通知》。

6月，财政部军管会在天津市召开全国税制改革座谈会，推广天津市实行综合税的经验。

1970年

4月13日，国务院批准财政部军管会《关于下放工商税收管理权的报告》，扩大了地方减税、免税的批准权和部分管理权。

6月11日，国务院同意财政部军管会和人民银行军代表《关于加强基建拨款工作，改革建设银行机构的报告》，决定把建设银行并入人民银行。基建拨款由财政部门确定计划指标，其他业务由人民银行办理。

12月30日，财政部发出《关于国营企业行业税扩大试点的函》。

1971年

3月1日，财政部发出《关于实行财政收支包干的通知》，决定从1971年起实行"定收定支、收支包干，保证上缴（或差额补贴）、结余留用，一年一定"的财政管理体制。

11月，财政部发出《关于扩大工商税试点的通知》。这次工商税制改革主要是合并税种，简化税目和税率。

1972年

3月30日，国务院批转财政部《关于扩大改革工商税制试点的报告》和《中华人民共和国工商税收条例（草案）》。

4月18日，国务院决定试行国家计委、财政部《关于加强基本建设管理的几项意见》，要求把所有基本建设资金都纳入计划。

1973年

6月29日，财政部发布《中国人民建设银行短期放款办法》。

11月26日,财政部发出《关于改进财政管理体制的意见(征求意见稿)》,决定从1974年起全国普遍试行"收入按固定比例留成,超收另定分成比例,支出按指标包干"办法。

1974年

3月28日,农林部、轻工部、财政部、一机部、商业部联合发布《关于农机产品价格补贴的暂行规定》。

6月21日,财政部发出《关于外国籍轮船运输收入的征税规定》。

11月27日,财政部发出《关于农机、农具征税几个问题的通知》。

1975年

6月16日至8月11日,国务院召开计划工作务虚会,研究经济工作的路线、方针和政策问题。在财政体制上,推行收支挂钩、总额分成的办法。大中型企业的折旧基金,中央集中20%~30%。

10月26日至翌年1月23日,召开全国计划会议,讨论发展国民经济的十年规划和1976年计划。会议决定对固定资产折旧费实行企业留40%,地方和部门调剂使用30%,国家财政集中30%的办法。

1976年

3月3日,财政部通知各省、自治区、直辖市,从1976年起试行"定收定支挂钩,总额分成,一年一变"的财政体制。

10月28日,中共中央发出《关于冻结各单位存款的紧急通知》。为了防止财政赤字扩大,控制市场货币流通量增加,缓和市场供应,中央决定从1976年10月31日开始冻结各机关、团体、学校、企业、事业单位的存款。

11月11日,江苏省财政、物资管理体制改革问题讨论会在北京召开。会议商定,江苏省的财政体制从1977年开始试行比例包干的办法。

1977年

11月13日,国务院批转财政部《关于税收管理体制的请示报告》,提出税收政策的改变、税法的颁布和实施、税种的开征和停征、税目的增减和税率的调整,都属于中央管理权限,一律由国务院统一规定。

12月31日,国务院决定中国人民银行总行作为国务院部委一级单位,与财政部分设。财政部、中国人民银行总行于1978年1月1日起分开办公。

1978年

1月30日，国务院批转国家计委、财政部《关于改进固定资产更新改造资金管理的报告》，决定所有国营企业提取的基本折旧基金，50%留给企业，30%上缴中央财政，20%由地方掌握安排。

2月17日，财政部发出《关于试行"增收分成，收支挂钩"财政体制的通知》。

3月6日至8日，国务院召开第三次城市工作会议，决定在全国17个大中城市，试行每年从上年工商利润中提成5%作为城市维护和建设资金的办法。

12月18日至22日，党的十一届三中全会召开，做出了把全党工作的着重点转移到社会主义现代化建设上来的战略决策。

1979年

1月1日，对预算内基本建设项目实行拨改贷，财政一律不再拨款。同时，改革国有企业财务管理体制，实行固定资产有偿调拨和固定资金有偿使用，打破了计划经济下国有企业之间无偿调拨的旧规。

7月1日，五届全国人大二次会议通过《中华人民共和国中外合资经营企业法》。

7月13日，国务院发布《关于扩大国营工业企业经营管理自主权的若干规定》《关于国营企业实行利润留成的规定》《关于开征国营工业企业固定资产税的暂行规定》等五个文件，标志着放权让利的企业改革正式启动。

7月13日，国务院发布《关于试行"收支挂钩、全额分成、比例包干、三年不变"财政管理办法的若干规定》，从1980年起在各省、市试行。同时，在四川省进行"划分收支，分级包干"办法的试点，总结经验。

7月15日，中共中央原则同意广东省、福建省的两个报告，决定对两省的对外经济活动实行特殊政策和灵活措施。财政体制实行"划分收支，定额上缴（或补助），五年不变"的包干办法。

8月28日，国务院转发《关于基本建设试行贷款办法报告》和《基本建设贷款试行条例》，将一部分基本建设投资由拨款改为贷款。

1980 年

2 月 1 日，国务院发布《关于实行划分收支，分级包干财政管理体制的暂行规定》。实行"分灶吃饭"，即"划分收支，分级包干"财政体制。这一体制的基本内容，是按照企事业单位的隶属关系，明确划分中央与地方的收支范围，并按此范围确定各地的包干基数。

9 月 10 日，第五届全国人民代表大会第三次会议通过《中华人民共和国中外合资经营企业所得税法》《中华人民共和国个人所得税法》。

11 月 18 日，国务院批转国家计委、国家建委、财政部、中国人民建设银行《关于基本建设拨款改贷款的报告》，决定从 1981 年起，凡实行独立核算、有还款能力的企业都实行基本建设投资拨款改贷款的制度。

1981 年

1 月 16 日，国务院会议通过《中华人民共和国国库券条例》。同年，我国首次开始发行国库券。

1 月 26 日，国务院发布《关于平衡财政收支，严格财政管理的决定》。

3 月 10 日，财政部发布《关于国营工业企业试行以税代利的几项规定》。把试点企业原来向国家缴纳的利润，改为征收资源税、收入调节税、所得税、固定资金占用费和流动资金占用费。

12 月 13 日，第五届全国人民代表大会第四次会议通过《中华人民共和国外国企业所得税法》，自 1982 年 1 月 1 日起执行。

1982 年

4 月 19 日，财政部发布《增值税暂行办法》。

11 月，国家决定三年内在国营大中型企业分两步推进"利改税"。即把国有企业上缴的利润改为按照国家规定的税种缴纳税款，税后利润完全归企业支配，用法律手段规范国家与企业的利润分配关系。

12 月 4 日，国务院发出《关于改进"划分收支、分级包干"财务管理体制的通知》，决定从 1983 年起，除广东、福建两省外，对其他省、自治区一律实行收入按固定比例总额分成的包干办法。

1983 年

2 月 28 日，财政部发布《预算外资金管理试行办法》。

4 月 6 日，国务院批转国家计委等部门《关于编制综合财政信贷计划的报告》，要求把预算外资金纳入综合财政信贷计划。

4月24日，国务院发出通知，批转财政部《关于全国利改税工作会议报告》和《关于国营企业利改税试行办法》。

6月1日，在600个国营企业进行试点的基础上，实行第一步利改税。

1984年

9月18日，国务院批转财政部《关于在国营企业推行利改税第二步改革的报告》和《国营企业第二步利改税试行办法》，从10月1日起试行。

9月18日，国务院颁布《中华人民共和国产品税条例（草案）》《中华人民共和国增值税条例（草案）》和《中华人民共和国营业税条例（草案）》，这是我国税制改革的里程碑，标志着我国新的流转税体系初步建立起来。

10月，第二步利改税在全国展开。规定国有企业按产品税、增值税、营业税、盐税、资源税等11种税向国家上缴财政收入，税后利润全部归企业支配。允许企业用所得税税前利润归还固定资产投资借款，并按还款提取职工福利基金和奖励基金。

12月14日，国家计委、财政部、中国人民银行联合下达《关于国家预算内基本建设投资全部由拨款改为贷款的暂行规定》。

1985年

1月1日，进一步加快拨改贷改革的步伐，基本建设投资全部实行银行贷款。执行中考虑到偿还能力微弱的单位，从1986年开始实行拨款和贷款并行的双轨制。

3月21日，国务院发出《关于实行"划分税种、核定收支、分级包干"财政管理体制的通知》。其主要内容：划分中央和地方财政的固定收入；划分各级财政支出，隶属于中央企事业单位的支出由中央财政负责，隶属于地方企事业单位的支出由地方财政提供；制定中央和地方财政共享收入，由中央财政与地方财政按比例分成；继续实行分级包干。

4月11日，国务院发布《中华人民共和国集体企业所得税暂行条例》。同年5月，《中华人民共和国会计法》开始实施。

1986年

1月7日，国务院发布《中华人民共和国城乡个体工商户所得税暂行条例》。

4月21日，国务院发布《中华人民共和国税收征收管理暂行条例》，对税务登记、纳税鉴定、纳税申报、税款征收、账务、票证管理、税务检查、违章处理等方面都作了明确规定。

9月15日，国务院发布《中华人民共和国房产税暂行条例》，从当年10月1日起实施。

9月25日，国务院发布《中华人民共和国个人收入调节税暂行条例》，决定从1987年1月1日起实行。

1987年

1月1日，个人收入调节税开征。应纳税的个人收入包括工资、薪金收入，承包、转包收入，劳务报酬收入，投稿、翻译收入，利息、股息、红利收入以及经财政部确定征税的其他收入。

4月1日，耕地占用税开征。

5月至6月，中国分别与荷兰、民主德国、捷克斯洛伐克等国签订对所得避免双重征税的协定。

1988年

8月，国家决定设立国有资产管理局，由财政部归口管理。

9月26日，财政部发布《关于事业单位财务管理的若干规定》，事业单位的预算管理形式主要分为：全额预算管理、差额预算管理、自收自支管理。

12月5日，国务院决定，在全国实行个人收入调节税应税收入申报制度，并首先在北京海淀区进行试点。

1989年

1月12日，财政部发布《城市维护建设资金预算管理办法》。

2月和4月，国家税务总局先后发出了《关于对彩色电视机征收特别消费税的通知》《关于对小轿车征收特别消费税有关问题的规定》两个文件，开征彩电、小轿车特别消费税。

3月，国务院发出《关于进一步做好农林特产农业税征收工作的通知》，决定从1989年起全面征收农林特产农业税，并对征税办法做了若干改进。

1990 年

1月23日，财政部发出《关于完善全民所有制企业承包经营责任制有关财务问题的意见》。

5月19日，国务院发布《中华人民共和国城镇国有土地使用权出让和转让暂行条例》。

7月2日，国务院发布《关于加强国有资产管理工作的通知》，指出按照统一领导、分级管理的原则，逐步建立和健全国有资产管理机构。

1991 年

2月23日，国家税务局发出《关于私营企业若干税收政策规定的通知》。

4月9日，第七届全国人民代表大会第四次会议通过《中华人民共和国外商投资企业和外国企业所得税法》，自1991年7月1日起施行。

4月16日，国务院发布《中华人民共和国固定资产投资方向调节税暂行条例》，规定纳税人为在我国境内进行固定资产投资的单位和个人，实行差别税率。

6月26日，国务院发布《关于企业职工养老保险制度改革的决定》。

8月14日，财政部、国家体改委颁布《关于〈国营企业实行"税利分流、税后还贷、税后承包"的试点办法〉的通知》。税利分流是将国营企业实现的利润分别以所得税和利润形式上缴国家一部分，并实行所得税后还贷、所得税后承包。取消调节税税种，企业缴纳所得税后利润应当上缴国家的部分，可实行承包等各种形式的分配办法。

10月21日，国务院发布《国家预算管理条例》，强调了收支平衡的原则；实行复式预算，即把国家预算分为经常性预算和建设性预算。

1992 年

1月1日，《国家预算管理条例》开始施行。

9月4日，第七届全国人民代表大会常务委员会第二十七次会议通过《中华人民共和国税收征收管理法》。

11月30日，经国务院批准，财政部颁布《企业财务通则》《企业会计准则》，随后相继颁布分行业的企业财务会计制度，并从1993年7月1日起实施。

1993 年

8月4日，国务院发布《中华人民共和国税收征收管理法实施细则》，对税务登记、账簿、凭证管理、纳税申报、税款征收、税务检查、法律责任、文书送达等做了规定和解释。

10月31日，第八届全国人民代表大会常务委员会第四次会议通过《关于修改〈中华人民共和国个人所得税法〉的决定》。

12月13日，国务院颁布《中华人民共和国增值税暂行条例》《中华人民共和国消费税暂行条例》《中华人民共和国营业税暂行条例》。

12月13日，国务院发布《中华人民共和国企业所得税暂行条例》，统一内资企业所得税。

12月13日，国务院发布《中华人民共和国土地增值税暂行条例》。

12月15日，国务院发布《关于实行分税制财政管理体制的决定》。分税制财政体制主要由三个方面的内容所构成：中央与地方税收的划分、中央与地方事权和支出的划分、中央对地方税收返还数额的确定。与此同时，还进行了其他方面的配套改革。

12月29日，第八届全国人民代表大会常务委员会第五次会议通过《关于外商投资企业和外国企业适用增值税、消费税、营业税等税收暂行条例的决定》。

1994 年

1月1日，我国税制进行全面改革。一是建立以增值税为主体的新流转税制度；二是对部分产品开征消费税；三是改革营业税；四是统一企业所得税制度；五是简并个人所得税；六是改革农业税；七是其他税收制度的改革和调整。

1月23日，国务院发出《关于取消集市交易税、牲畜交易税、烧油特别税、奖金税、工资调节税和将屠宰税、宴席税下放给地方管理的通知》。

1月28日，国务院发布《中华人民共和国个人所得税法实施条例》，对个人所得税的征收对象、征收范围、征收办法等做了规定。

1月30日，国务院颁布《关于农业特产收入征收农业税的规定》。

2月4日，财政部印发《中华人民共和国企业所得税暂行条例实施细则》，对企业应纳税所得额的计算、资产的税务处理、税收优惠、税额扣除、征收管理等做了说明和解释。

3月22日，第八届全国人民代表大会第二次会议通过《中华人民共和国预算法》。

1995年

1月1日，《中华人民共和国预算法》开始施行，标志着我国的预算管理正式纳入法律管理的轨道。

3月18日，第八届全国人民代表大会第三次会议通过《中华人民共和国教育法》，对国家财政对教育投入做了规定。

11月22日，国务院发布实施《中华人民共和国预算法实施条例》。

12月26日，国务院发出《关于改革和调整进口税收政策的通知》。

1996年

3月26日，财政部下发《关于完善省以下分税制财政管理体制意见的通知》，要求各地区要参照中央对省级分税制模式，结合本地区的实际情况，将分税制体制落实到市、县级，有条件的地区可落实到乡级。

7月6日，国务院发布《关于加强预算外资金管理的决定》。

11月18日，财政部发布《预算外资金管理实施办法》，对预算外资金的范围、财政专户管理、用预算外资金发放工资、奖金、津贴以及福利开支、安排基本建设投资、购买专控商品等做出了相应规定。

1997年

1月23日，国务院办公厅转发《国家税务总局关于深化税收征管改革的方案》。

12月23日，财政部、国家计委发布《关于取消第一批行政事业性收费项目的通知》。

1998年

1月27日，财政部、劳动部、中国人民银行、国家税务总局联合发布《企业职工基本养老保险基金试行收支两条线管理暂行规定》。

7月10日，为应对亚洲金融风暴，中国政府做出了拉动经济增长、扩大内需的战略决策，实施积极财政政策。

12月14日，国务院发布《关于建立城镇职工基本医疗保险制度的决定》，要求在全国范围内建立以城镇职工基本医疗保险制度为核心的多层次医疗保障体系。

12月，全国财政工作会议提出构建公共财政体制框架的目标。

1999年

8月30日，第九届全国人民代表大会常务委员会第十一次会议通过《关于修改〈中华人民共和国个人所得税法〉的决定》（第二次修正），对储蓄存款利息所得征收个人所得税。

9月30日，国务院发布《对储蓄存款利息所得征收个人所得税的实施办法》，自1999年11月1日起施行。

2000年

1月1日，所有中央一级预算单位试编部门预算。

1月1日，国库集中收付制度改革开始起步，拟订改革方案并组织试点。

3月2日，中共中央、国务院发布《关于进行农村税费改革试点工作的通知》，明确农村税费改革的主要内容。

2001年

3月16日，财政部、中国人民银行发出《关于财政国库管理制度改革试点方案的通知》。

3月24日，国务院发布《关于进一步做好农村税费改革试点工作的通知》。

5月1日，《中华人民共和国税收征收管理法（修订案）》开始实施。

12月10日，国务院办公厅转发《财政部关于深化收支两条线改革，进一步加强财政管理意见的通知》，成为新时期加强财政资金管理方面的纲领性文件。

2002年

1月1日，实施所得税收入分享改革。2002年中央与地方各分享50%；2003年中央分享60%、地方分享40%；2003年以后根据实际情况确定中央与地方分享比例。

10月，中央决定在全国建立新型农村合作医疗制度，从2003年开始在全国试点推广。新型农村合作医疗制度是由政府组织、引导、支持，农民自愿参加，个人、集体和政府多方筹资，以大病统筹为主的农民医疗互助共济制度。

12月26日，国务院发出《批准财政部〈关于完善省以下财政管理体制有关问题意见〉的通知》。

2003年

6月11日，财政部、国家税务总局日前发出通知，要求实施农村税费改革试点的地区按照国务院统一部署，逐步取消农业特产税。

9月17日，《国务院关于进一步加强农村教育工作的决定》发布，要求落实农村义务教育"以县为主"管理体制的要求，加大投入，完善经费保障机制。

10月13日，改革出口退税机制。按照"新账不欠，老账要还，完善机制，共同负担，推动改革，促进发展"的指导思想，实施出口退税机制改革，建立中央和地方共同负担的新机制。从2004年起，由中央和地方按75∶25的比例共同负担。

2004年

7月23日，财政部下发《关于加强政府非税收入管理的通知》，明确政府非税收入管理范围包括行政事业性收费、政府性基金、国有资源有偿使用收入、国有资产有偿使用收入、国有资本经营收益、彩票公益金、罚没收入、以政府名义接受的捐赠收入、主管部门集中收入以及政府财政资金产生的利息收入等。社会保障基金、住房公积金不纳入政府非税收入管理范围。

9月20日，财政部、国家税务总局制定《2004年东北地区扩大增值税抵扣范围暂行办法》，自2005年1月1日起在东北老工业基地八大行业进行增值税转型改革试点。

2005年

5月8日，财政部印发《2005年中央财政对地方缓解县乡财政困难奖励和补助办法》的通知，实施"三奖一补"政策，解决县乡财政困难。

11月1日，全国36个省、自治区、直辖市和计划单列市全部实施国库集中收付制度改革。

12月24日，国务院印发《关于深化农村义务教育经费保障机制改革的通知》，逐步将农村义务教育全面纳入公共财政保障范围，建立中央和地方分项目、按比例分担的农村义务教育经费保障机制。

2006 年

1月1日，个人所得税工资、薪酬扣除标准从800元提高到1600元。

3月14日，十届人大四次会议通过决议，在全国范围内彻底取消农业税。

11月6日，国家税务总局下发《个人所得税自行纳税申报办法（试行）》，以进一步规范自行纳税申报行为，加强个人所得税征收管理，保障国家税收收入，维护纳税人的合法权益。

12月21日，财政部下发《关于将中央单位土地收益纳入预算管理的通知》。中央单位土地收益作为一般预算收入纳入中央财政预算，全部缴入中央国库，实行"收支两条线"管理。

2007 年

1月1日，我国财政预算开始实行新的政府收支分类科目，这是新中国成立以来我国财政收支分类统计体系最为重大的一次调整。

3月16日，十届全国人民代表大会第五次会议通过《中华人民共和国企业所得税法》，自2008年1月1日起施行。

6月29日，十届全国人民代表大会常务委员会第二十八次会议通过《全国人民代表大会常务委员会关于修改〈中华人民共和国个人所得税法〉的决定》。

7月10日，《国务院关于开展城镇居民基本医疗保险试点的指导意见》发布，决定开展城镇居民基本医疗保险试点。

7月11日，国务院公布《国务院关于在全国建立农村最低生活保障制度的通知》，2007年在全国建立农村最低生活保障制度。

2008 年

1月1日，《中华人民共和国新企业所得税法》正式实施。

12月19日，国务院颁布《关于全国实施增值税转型改革若干问题的通知》，决定从2009年1月1日起，在全国实施增值税转型改革。

2009 年

3月17日，中共中央、国务院发布《关于深化医疗卫生体制改革的意见》，其中提出了有关税收的措施。

12月31日，国务院发布《关于推进海南国际旅游岛建设发展的若干意见》，其中提出了有关税收的措施。

2010年

1月8日，中共中央政治局就世界主要国家财税体制和深化我国财税体制改革进行第十八次集体学习，中共中央总书记胡锦涛在主持学习时强调，必须深化财税体制改革。

10月18日，根据1993年12月29日第八届全国人民代表大会常务委员会第五次会议通过的《关于外商投资企业和外国企业适用增值税、消费税、营业税等税收暂行条例的决定》，国务院发出《关于统一内外资企业和个人城市维护建设税和教育费附加制度的通知》。

2011年

6月30日，第十一届全国人民代表大会常务委员会第二十一次会议通过《全国人民代表大会常务委员会关于修改〈中华人民共和国个人所得税法〉的决定》，自9月1日起施行。

7月26日，国家税务总局发布《关于进一步加强国家税务局、地方税务局合作的意见》。

11月16日，财政部、国家税务总局发布《营业税改征增值税试点方案》；财政部、国家税务总局据此发出《关于在上海市开展交通运输业和部分现代服务业营业税改征增值税试点的通知》，附发各项规定文件。

2012年

4月12日，卫生部、国家发展和改革委员会、财政部联合发布《关于推进新型农村合作医疗支付方式改革工作的指导意见》，推进新农合支付方式由单纯的按项目付费向混合支付方式转变，由后付制向预付制转变。

7月31日，财政部、国家税务总局联合发布《关于在北京等8省市开展交通运输业和部分现代服务业营业税改征增值税试点的通知》，明确将交通运输业和部分现代服务业营业税改征增值税试点范围，由上海市分批扩大至北京市、天津市、江苏省、浙江省（含宁波市）、安徽省、福建省（含厦门市）、湖北省、广东省（含深圳市）等8个省（直辖市）。

2013年

6月25日，财政部、国家发改委联合印发《关于公布取消和免征一批行政事业性收费的通知》，决定自 2013 年 8 月 1 日起取消和免征 33 项行政事业性收费。

6 月 28 日，财政部、中国人民银行、国家税务总局联合印发《关于营业税改征增值税试点有关预算管理问题的通知》。

11 月 9 日－12 日，中共十八届三中全会举行。全会审议通过《中共中央关于全面深化改革若干重大问题的决定》。财政改革的总目标是："财政是国家治理的基础和重要支柱，科学的财税体制是优化资源配置、维护市场统一、促进社会公平、实现国家长治久安的制度保障。必须完善立法、明确事权、改革税制、稳定税负、透明预算、提高效率，建立现代财政制度，发挥中央和地方两个积极性。"

2014 年

4 月 17 日，财政部发布通知，决定从 2014 年起，适当提高中央企业国有资本收益收取比例，更多用于保障和改善民生。国有独资企业应交利润收取比例在现有基础上提高 5 个百分点。

6 月 13 日，财政部、国家税务总局宣布，为进一步规范税制、公平税负，经国务院批准，决定简并和统一增值税征收率，将 6% 和 4% 的增值税征收率统一调整为 3%。

6 月 30 日，中共中央政治局召开会议，审议通过了《深化财税体制改革总体方案》。方案指出，深化财税体制改革的目标是建立统一完整、法治规范、公开透明、运行高效，有利于优化资源配置、维护市场统一、促进社会公平、实现国家长治久安的可持续的现代财政制度。新一轮财税体制改革 2016 年基本完成重点工作和任务，2020 年基本建立现代财政制度。

2015 年

1 月 1 日，修改后的《中华人民共和国预算法》实施。

4 月 21 日，财政部、国土资源部等联合印发《关于运用政府和社会资本合作模式推进公共租赁住房投资建设和运营管理的通知》，明确合作模式和条件、支持政策等，促进提高公共租赁住房供给效率。

4 月 25 日，发展改革委、财政部等联合印发《基础设施和公用事业特许经营管理办法》，要求鼓励和引导社会资本参与基础设施和公用事业建设运营。

9月29日，财政部、发展改革委联合印发通知，决定自2015年11月1日起，在全国统一取消和暂停征收37项行政事业性收费。

12月25日，《亚洲基础设施投资银行协定》达到生效条件，亚投行正式成立。

2016年

3月15日，财政部印发《政府非税收入管理办法》，明确非税收入设立和征收管理等内容。

3月23日，财政部、国家税务总局联合印发《关于全面推开营业税改征增值税试点的通知》，决定自2016年5月1日起全面推开营改增试点，并公布《营业税改征增值税试点实施办法》等文件。

5月9日，财政部、国家税务总局联合印发《关于全面推进资源税改革的通知》，决定自2016年7月1日起全面推开资源税改革。

10月11日，财政部印发《关于在公共服务领域深入推进政府和社会资本合作工作的通知》，要求加大推广运用力度、引导社会资本参与、规范推进项目实施等。

2017年

3月13日，财政部、国务院扶贫办、国家发展改革委、国家民委、农业部、林业局印发《中央财政专项扶贫资金管理办法》，加强中央财政专项扶贫资金管理，提高资金使用效益。

4月28日，财政部、税务总局发布《关于简并增值税税率有关政策的通知》，自2017年7月1日起，简并增值税税率结构，取消13%的增值税税率。

11月19日，中华人民共和国国务院令第691号《国务院关于废止〈中华人民共和国营业税暂行条例〉和修改〈中华人民共和国增值税暂行条例〉的决定》公布，自公布之日起施行。

2018年

3月30日，财政部、税务总局、生态环境部发布《关于环境保护税有关问题的通知》。

4月4日，财政部、税务总局发布《关于调整增值税税率的通知》，下调增值税税率1个百分点。

7月6日，习近平主持召开中央全面深化改革委员会第三次会议，审议通过了《关于建立健全基本公共服务标准体系的指导意见》。

8月31日，第十三届全国人民代表大会常务委员会第五次会议通过关于修改《中华人民共和国个人所得税法》的决定。这意味着从2019年1月1日起，中国将建立起综合与分类相结合的个人所得税制。

12月18日，国务院公布新修订的《中华人民共和国个人所得税法实施条例》。

12月22日，《国务院关于印发个人所得税专项附加扣除暂行办法的通知》发布。

2019年

3月7日，财政部发布《关于推进政府和社会资本合作规范发展的实施意见》，旨在充分发挥政府和社会资本合作（PPP）模式的积极作用，在公共服务领域推广运用，引入社会力量参与公共服务供给。

5月13日，财政部发布《关于开展2018年度政府财务报告编制试点工作的通知》，决定开展2018年度政府财务报告编制试点工作。

5月20日，财政部、自然资源部发布《关于印发〈土地储备项目预算管理办法（试行）〉的通知》，试点在土地储备领域按项目实行全生命周期预算管理。首批试点地区包括北京、天津、河北、河南、山东、浙江（含宁波）、厦门等7省（市）。

参 考 文 献

［1］阿图·埃克斯坦著，张愚山译：《公共财政学》（中译本），中国财政经济出版社 1983 年版。

［2］安体富：《公共财政的实质及其构建》，载于《当代财经》1999 年第 9 期。

［3］安体富：《积极财政政策的"淡出"：必要性、条件与对策》，载于《当代财经》2003 年第 10 期。

［4］安体富、高培勇：《社会主义市场经济体制与公共财政的构建》，载于《财贸经济》1993 年第 4 期。

［5］薄一波：《若干重大决策与事件的回顾》（上、下卷），中共中央党史出版社 2008 年版。

［6］财政部办公厅编：《中华人民共和国财政史料·第二辑·国家预算决算（1950～1981）》，中国财政经济出版社 1983 年版。

［7］财政部地方司：《中国分税制财政管理体制》，中国财政经济出版社 1998 年版。

［8］财政部工业交通财务司编：《中华人民共和国财政史料》（第 5 辑），中国财政经济出版社 1985 年版。

［9］财政部预算司：《中央部门预算编制指南》，中国财政经济出版 2007 年版。

［10］财政部综合计划司编：《中华人民共和国财政史料·第一辑·财政管理体制（1950～1980）》，中国财政经济出版社 1982 年版。

［11］财政出版社编：《中华人民共和国十年财政的伟大成就》，财政出版社 1959 年版。

［12］财政科学研究所编：《十年来财政资料汇编》（第一、二辑），财政出版社 1959 年版。

［13］《财政事权：强中央保地方减共营》，中华人民共和国财政部网站（http://www.mof.gov.cn/zhengwuxinxi/caizhengxinwen/201608/t20160826_2403506.htm）。

［14］蔡昉、林毅夫：《中国经济》，中国财政经济出版社2003年版。

［15］陈秉元、徐世友：《试论具有中国特色的新财政模式》，载于《吉林财贸学院学报》1985年第3期。

［16］陈共：《财政学》，中国人民大学出版社2012年版。

［17］陈共：《关于"公共财政"商榷》，载于《财贸经济》1999年第3期。

［18］陈帅飞、曾伟：《美好生活需要与民生政策供给的优化》，载于《中国地质大学学报（社会科学版）》2019年第3期。

［19］陈喜强：《需求管理政策及我国的宏观经济调节》，载于《广西大学学报（哲学社会科学版）》1991年第2期。

［20］陈学慧、林火灿：《"三期"叠加是当前中国经济的阶段性特征》，载于《经济日报》2013年8月8日。

［21］陈云：《陈云文选》（1949～1956），人民出版社1984年版。

［22］陈云：《陈云文选》，人民出版社1986年版。

［23］楚双志：《晚清中央与地方关系演变史纲》，中共中央党校出版社2006年版。

［24］丛进：《曲折发展的岁月》，河南人民出版社1989年版。

［25］戴柏华等：《从放权让利到制度创新》，广西师范大学出版社1999年版。

［26］戴园晨、徐亚平：《财政体制改革与中央地方财政关系变化》，载于《经济学家》1992年第4期。

［27］《当代中国财政》编辑部：《中国社会主义财政史参考资料（1949～1985）》，中国财政经济出版社1990年版。

［28］《当代中国丛书》编辑部编：《当代中国财政》（上、下卷），中国社会科学出版社1988年版。

［29］邓子基：《深化财政改革理顺分配关系》，载于《经济研究》1992年第11期。

[30] 董辅礽主编：《中华人民共和国经济史》，经济科学出版社1999年版。

[31] 董志凯：《1949～1952年中国经济分析》，中国社会科学出版社1996年版。

[32] [美] 费正清、麦克法夸尔主编，王建朗等译：《剑桥中华人民共和国史（1949～1965)》，上海人民出版社1990年版。

[33] 费正清著，薛绚译：《费正清论中国》，台北正中书局1994年版。

[34] 高培勇：《2008：新一轮税制改革步入实质操作阶段》，载于《经济》2008年第1期。

[35] 高培勇：《财税形势财税政策财税改革（下）：面向十一五的若干重大财税问题盘点》，载于《财贸经济》2006年第2期。

[36] 高培勇：《公共财政为和谐社会奠基》，载于《人民日报》2007年2月26日。

[37] 高培勇：《国债运行机制研究》，商务印书馆1995年版。

[38] 高培勇：《积极财政政策：在思路和举措两个层面寻求突破》，载于《财贸经济》2003年第7期。

[39] 高培勇：《市场经济体制与公共财政框架》，载于《建立稳固、平衡、强大的国家财政——省部级主要领导干部财税专题研讨班讲话汇编》，人民出版社2000年版。

[40] 高培勇：《新一轮税制改革评述：内容、进程与前瞻》，载于《财贸经济》2009年第2、4期。

[41] 高培勇：《演变中的中国财政运行机制：困难、走势及政策选择》，引自袁宝华、黄达主编：《市场化改革整体推进条件下的中国经济》，中国人民大学出版社1995年版。

[42] 高培勇：《由"积极"转向"中性"：财政政策经历艰难抉择》，载于《财贸经济》2004年第8期。

[43] 高培勇：《有感于内外资企业所得税合并改革受阻》，载于《经济》2005年第3期。

[44] 高培勇：《中国税收持续高速增长之谜》，载于《经济研究》2006年第12期。

[45] 高培勇、温来成：《市场化进程中的中国财政运行机制》，中国人民大学出版社 2001 年版。

[46] 高培勇、杨志勇、杨之刚、夏杰长：《公共经济学》，中国社会科学出版社 2007 年版。

[47] 高培勇等：《财政体制改革攻坚》，中国水利水电出版社 2005 年版。

[48] 高培勇主编：《中国财税体制改革 30 年研究》，经济管理出版社 2008 年版。

[49] 高培勇主编：《中国财税制度 30 年：回顾与展望》，中国财政经济出版社 2009 年版。

[50] 高培勇主编：《走向国家治理现代化：中共十八届三中全会决定研究》，中国社会科学出版社 2018 年版。

[51] 高文舍、高拴平：《搞活企业：财政应扮演的角色》，载于《陕西财经学院学报》1987 年第 4 期。

[52] 国家税务总局计划统计司：《关于中外宏观税负的比较》，2007 年 8 月 3 日。

[53] 国家统计局：《光辉的三十五年》，中国统计出版社 1983 年版。

[54] 国家统计局：《伟大的十年》，人民出版社 1959 年版。

[55] 国家统计局：《中国统计年鉴》（1981），中国统计出版社 1981 年版。

[56] 国家统计局：《中华人民共和国 2018 年国民经济和社会发展统计公报》，2019 年 2 月 28 日。

[57] 《国务院关于推进中央与地方财事权和支出责任划分改革的指导意见》，中华人民共和国中央人民政府网站（http://www.gov.cn/zhengce/content/2016-08/24/content_5101963.htm）。

[58] 《国务院关于印发全面推开营改增试点后调整中央与地方增值税收入划分过渡方案的通知》，中华人民共和国中央人民政府网站（http://www.gov.cn/zhengce/content/2016-04/30/content_5069490.htm）。

[59] 郝昭成等编著：《财税：体制突破与利益重组》，中国财政经济出版社 1993 年版。

[60] 何振一：《新时期财政分配模式的探索》，载于《中央财政金融学

院学报》1987年第6期。

［61］胡鞍钢：《中国政治经济史论（1949～1976）》（第2版），清华大学出版社2008年版。

［62］胡锦涛：《高举中国特色社会主义伟大旗帜为夺取全面建设小康社会新胜利而努力奋斗——在中国共产党第十七次全国代表大会上的报告》，人民出版社2007年版。

［63］胡书东：《经济发展中的中央与地方关系——中国财政制度变迁研究》，上海三联书店、上海人民出版社2001年版。

［64］贾康：《财政怎样"胜任愉快"——抓住财政改革与发展中的主导性因素》，载于《广东财政》2001年第12期。

［65］贾康：《对公共财政的基本认识》，载于《税务研究》2008年第2期。

［66］贾康：《我国财政体制改革的回顾与评析》，载于《财经科学》1999年第5期。

［67］贾康：《走向"现代国家治理"的财税配套改革》，载于《财政监督》2018年第2期。

［68］贾康、阎坤：《中国财政：转轨与变迁》，上海远东出版社2000年版。

［69］姜长青：《"税利合一"：试点4个月被紧急叫停》，载于《中国税务报》2009年3月27日。

［70］蒋一苇：《经济民主论》，载于《世界经济文汇》1989年第1期。

［71］金人庆：《2007年财政工作的八大重点》，载于《中国经济周刊》2007年第1期。

［72］寇铁军：《中央与地方财政关系研究》，东北财经大学出版社1996年版。

［73］李成瑞：《财政、信贷与国民经济的综合平衡》，人民出版社1982年版。

［74］李剑农：《中国近百年政治史：1840～1926》，复旦大学出版社1996年版。

［75］李岚清：《健全和完善社会主义市场经济下的公共财政和税收体

制》，载于《人民日报》2003年2月22日。

[76] 李岚清：《深化财税改革确保明年财税目标实现》，载于《人民日报》1998年12月16日。

[77] 李岚清：《新形势下的积极财政政策和公共财政改革》，载于《经济日报》2002年4月1日。

[78] 李梁、许桐珲：《2004-2006"第三次改革论争"始末》，载于《领导文萃》2006年第6期。

[79] 李扬：《学会在全球经济"新常态"下生活》，载于《北京日报》2013年12月23日。

[80] 梁尚敏：《论建设具有中国特色的社会主义财政》，载于《湖北财经学院学报》1985年第3期。

[81] 林毅夫、蔡昉、李周：《中国的奇迹：发展战略与经济改革》，上海人民出版社1994年版。

[82] 林蕴晖、范守信、张弓：《凯歌行进的时期》，河南人民出版社1989年版。

[83] 刘国光主编：《中国十个五年计划研究报告》，人民出版社2006年版。

[84] 刘尚希：《公共财政：我的一点看法》，载于《经济管理》2000年第5期。

[85] 刘尚希、傅志华等：《中国改革开放的财政逻辑：1978~2018》，人民出版社2018年版。

[86] 刘树成：《论又好又快发展》，载于《经济研究》2007年第6期。

[87] 刘树成：《五年来宏观调控的历程和经验》，载于《人民日报》2008年4月2日。

[88] 刘佐：《社会主义市场经济中的税制改革：1992~2002》，中国税务出版社2002年版。

[89] 柳随年、吴敢群主编：《中华人民共和国经济史简明教程》，高等教育出版社1988年版。

[90] 楼继伟：《深化财税体制改革建立现代财政制度》，载于《求是》2014年第20期。

[91] 楼继伟主编：《新中国50年财政统计》，经济科学出版社2000年版。

[92] 马国贤、郭代模：《财政宏观调控理论与政策依据的探讨》，载于《当代财经》1986年第5期。

[93] 庞松：《毛泽东时代的中国（1949～1976）》（一），中共党史出版社2003年版。

[94] 齐力、岳福斌：《全国第六届财政基础理论讨论会综述》，载于《中央财政金融学院学报》1992年第5期。

[95] 全国干部培训教材编审指导委员会：《中国公共财政》，人民出版社、党建读物出版社2006年版。

[96] 任晶晶：《在"百年未有之大变局"中奋力实现中华民族伟大复兴》，载于《东北亚学刊》2019年第3期。

[97] 邵红烈：《论财政的社会政策功能》，载于《浙江财经学院学报》1991年第4期。

[98] 史鉴：《1994年财税改革的历程和经验——国家税务总局原副局长许善达访谈录》，载于《百年潮》2013年第7期。

[99] 史志宏、徐毅：《晚清财政：1850～1911》，上海财经大学出版社2008年版。

[100] 汪海波：《中国国有企业改革的实践进程（1979～2003年）》，载于《中国经济史研究》2005年第3期。

[101] 汪洪涛：《制度经济学——制度及制度变迁性质解释》，复旦大学出版社2004年版。

[102] 王洪模等：《改革开放的历程》，河南人民出版社1989年版。

[103] 王年一：《大动乱的年代》，河南人民出版社1988年版。

[104] 王绍飞：《建立有中国特色的社会主义财政新模式》，载于《湖北财税》1991年第6期。

[105] 王绍光：《从税收国家到预算国家》，载于《经济观察报》2007年8月1日。

[106] 王绍光、胡鞍钢：《中国国家能力报告》，辽宁人民出版社1993年版。

[107] 王小卫：《宪政经济学——探索市场经济的游戏规则》，立信会计出版社 2006 年版。

[108] 王一江：《财政支出结构需根本改变》，载于《经济观察报》2007 年 8 月 19 日。

[109] 王雍君、吴强：《走向公共财政：摆脱财政困境的根本出路》，载于《当代经济科学》1990 年第 4 期。

[110] 温来成：《政府经济学》，中国人事出版社 2004 年版。

[111] 吴承明、董志凯主编：《中华人民共和国经济史（第一卷）：1949～1952》，中国财政经济出版社 2001 年版。

[112] 吴敬琏：《吴敬琏自选集（1980～2003）》，山西经济出版社 2003 年版。

[113] 吴俊培：《论"公共财政"的误区》，载于《中南财经大学学报》1998 年第 4 期。

[114] 武力、温锐：《1949 年以来中国工业化的"轻、重"之辨》，载于《经济研究》2006 年第 9 期。

[115] 夏国祥：《近代中国税制改革思想研究》，上海财经大学出版社 2006 年版。

[116] 夏国祥：《中国近代税制改革思想研究：1900～1949》，上海财经大学博士学位论文，2003 年。

[117] 项怀诚：《"分税制"改革的回顾与展望——在武汉大学 110 周年校庆"专家论坛"上的报告》，载于《武汉大学学报（哲学社会科学版）》2004 年第 1 期。

[118] 项怀诚：《财政体制改革的回顾及对今后的总体设想》，载于《管理世界》1989 年第 1 期。

[119] 项怀诚：《建立公共财政体制框架推进财政改革和制度创新》，载于《国有资产研究》2000 年第 9 期。

[120] 项怀诚：《我国财税改革十年回顾与思考》，载于《财经研究》2001 年第 6 期。

[121] 项怀诚：《我国公共财政体制框架初步形成》，新华网 2002 年 11 月 21 日。

[122] 项怀诚：《中国财税体制改革回顾》，载于《上海财经大学学报》2007年第6期。

[123] 项怀诚：《中国财政50年》，中国财政经济出版社1999年版。

[124] 项怀诚编著：《中国财政管理》，中国财政经济出版社2001年版。

[125] 项怀诚主编：《中国财政通史》（当代卷），中国财政经济出版社2006年版。

[126] 肖冬连：《1978－1984年中国经济体制改革思路的演进——决策与实施》，载于《当代中国史研究》2004年第5期。

[127] 辛向阳：《百年博弈：中国中央与地方关系100年》，山东人民出版社2000年版。

[128] 熊文钊：《大国地方：中国中央与地方关系宪政研究》，北京大学出版社2005年版。

[129] 徐中约：《中国近代史（上、下册）》，香港中文大学出版社2001、2002年版。

[130] 许善达：《减税还有很大空间》，载于《经济观察报》2008年3月8日。

[131] 许毅、沈经农：《经济大词典·财政卷》，上海辞书出版社1987年版，第1页。

[132] 杨斌：《税收原则理论的反思和创新》，载于《厦门大学学报（哲学社会科学版)》1989年第4期。

[133] 杨斌、胡学勤：《政府税外收费的理论研究与实证分析》，引自高培勇主编：《费改税：经济学界如是说》，经济科学出版社1999年版。

[134] 杨灿明：《关于国家财政的公共性问题》，载于《财政研究》1999年第5期。

[135] 杨荫溥：《民国财政史》，中国财政经济出版社1985年版。

[136] 杨之刚：《公共财政学：理论与实践》，上海人民出版社1999年版。

[137] 杨之刚：《完善转移支付制度，深化分税制改革》，载于《发展》2004年第11期。

[138] 杨之刚等：《财政分权理论与基层公共财政改革》，经济科学出版

社 2006 年版。

[139] 杨志勇：《财政学科建设刍议：结合中国现实的研究》，载于《财贸经济》2007 年第 12 期。

[140] 杨志勇：《中国财政 70 年：建立现代财政制度》，载于《中国经济学人》（英文版），2019 年第 1 期。

[141] 杨志勇：《中国财政体制改革理论的回顾与展望》，载于《财经问题研究》2006 年第 7 期。

[142] 杨志勇、陈工：《解读"公共财政"》，载于《中国财政信息资料》2001 年第 7 期。

[143] 叶振鹏：《适应社会主义市场经济的要求重构财政职能》，载于《财政研究》1993 年第 3 期。

[144] 叶振鹏、张馨：《双元结构财政——中国财政模式研究》，经济科学出版社 1995 年版。

[145] 叶振鹏、张馨：《双元结构财政》，载于《光明日报》1993 年 11 月 9 日。

[146] 尹文敬：《国家财政学》，立信会计图书用品社 1953 年版。

[147] 于中一：《简论我国财政政策的三大目标》，载于《中央财政金融学院学报》1991 年第 6 期。

[148] 曾培炎主编：《中国投资建设五十年》，中国计划出版社 1999 年版。

[149] 张馨：《"公共财政"与"国家财政"关系析辨》，载于《财政研究》1997 年第 11 期。

[150] 张馨：《财政公共化改革：理论创新·制度变革·理念更新》，中国财政经济出版社 2004 年版。

[151] 张馨：《公共财政论纲》，经济科学出版社 1999 年版。

[152] 张馨：《构建公共财政框架问题研究》，经济科学出版社 2004 年版。

[153] 张馨：《论公共财政》，《经济学家》1997 年第 1 期。

[154] 张馨、杨志勇、郝联峰、袁东：《当代财政与财政学主流》，东北财经大学出版社 2000 年版。

[155] 张宇:《"新常态"孕育发展新机遇》,载于《人民日报》2014年6月18日。

[156] 张振斌:《财政体制改革十年的回顾与思考》,载于《财经问题研究》1989年第10期。

[157] 张振斌、解学智:《经济体制改革中的财政转轨》,载于《经济研究》1986年第1期。

[158] 赵赴越、黄瑞新:《对我国财政走出低谷的思考》,载于《财经问题研究》1991年第12期。

[159] 赵梦涵:《新中国财政税收史纲(1927~2001)》,经济科学出版社2002年版。

[160] 赵忆宁:《分税制改革背景回放》,载于《瞭望新闻周刊》2003年第37期。

[161] 赵云旗:《中国分税制财政体制研究》,经济科学出版社2005年版。

[162] 郑有贵:《中华人民共和国经济史(1949~2012)》,当代中国出版社2016年版。

[163]《中共中央关于构建社会主义和谐社会若干重大问题的决定》,载于《学习与参考》2006年第31期。

[164]《中共中央关于全面深化改革若干重大问题的决定》,人民出版社2013年版。

[165] 中共中央文献研究室:《关于建国以来党的若干历史问题的决议(注释本)》,人民出版社1985年版。

[166] "中国财政改革的历史评价与战略机遇期发展设计"课题组:《我国财政改革中几个全局性问题的思考》,载于《财贸经济》2003年第8期。

[167]《中国共产党中央委员会关于建国以来党的若干历史问题的决议》(单行本),人民出版社1981年版。

[168] 中国人民建设银行总行编:《中华人民共和国财政史料》(第6辑),中国财政经济出版社1987年版。

[169] 中国社会科学院、中央档案馆编:《1949~1952中华人民共和国经济档案资料选编·财政卷》,经济管理出版社1995年版。

[170] 中国社会科学院、中央档案馆编：《1953~1957 中华人民共和国经济档案资料选编·财政卷》，中国物价出版社 2000 年版。

[171] 中国社会科学院财政与贸易经济研究所：《中国财政政策报告 2003/2004》，中国财政经济出版社 2003 年版。

[172] 中国社会科学院财政与贸易经济研究所：《中国财政政策报告 2004/2005》，中国财政经济出版社 2004 年版。

[173] 中国社会科学院财政与贸易经济研究所：《中国财政政策报告 2005/2006》，中国财政经济出版社 2005 年版。

[174] 中国社会科学院财政与贸易经济研究所：《中国财政政策报告 2006/2007》，中国财政经济出版社 2007 年版。

[175] 中国社会科学院财政与贸易经济研究所：《中国财政政策报告 2007/2008》，中国财政经济出版社 2008 年版。

[176] 中华人民共和国财政部、财政科学研究所、中央财政金融学院编：《中国财政问题》，天津科学技术出版社 1981 年版。

[177] 中华人民共和国财政部《中国农民负担史》编委会：《中国农民负担史》（第 4 卷），中国财政经济出版社 1994 年版。

[178] 中华人民共和国财政部综合计划司编：《中国财政统计（1950~1985）》，中国财政经济出版社 1987 年版。

[179]《中华人民共和国国民经济和社会发展第十一个五年规划纲要》，载于《经济日报》2006 年 3 月 17 日。

[180]《中华人民共和国经济大事记》编选组编：《中华人民共和国经济大事记 1949 年 10 月~1984 年 9 月》，北京出版社 1985 年版。

[181]《中心城市的综合改革研究》课题组：《中心城市经济体制中期综合改革纲要》（第三稿），载于《经济体制改革》1989 年第 1 期。

[182] 周冰：《策略型过渡性制度安排——中国财政大包干体制研究》，载于《浙江大学学报（人文社会科学版）》2006 年第 6 期。

[183] 周波：《基于文献的现代治理框架下的中国财税体制研究》，载于《财政监督》2017 年第 14 期。

[184] 周飞舟：《分税制十年：制度及其影响》，载于《中国社会科学》2006 年第 6 期。

[185] 周叔莲：《二十年来中国国有企业改革的回顾与展望》，载于《中国社会科学》1998 年第 6 期。

[186] 周天勇、王长江、王安岭主编：《攻坚：十七大后中国政治体制改革研究报告》，新疆生产建设兵团出版社 2007 年版。

[187] 朱佳木：《由新民主主义向社会主义的提前过渡与优先发展重工业的战略选择》，载于《当代中国史研究》2004 年第 5 期。

[188] 邹进文：《民国财政思想史研究》，武汉大学出版社 2008 年版。